●本の未来を考える＝出版メディアパル No.41

未来を生み出す
新たなパラダイムと本の力

韓国出版産業の現状と変化

韓国出版学会・出版政策研究会 編著
舘野晳・宗実麻美・山口裕美子 共訳

SMP
mediapal
出版メディアパル

序文

韓国出版産業の現状と変化

“本”は人間の知識と知恵、息遣いが凝縮された記録媒体である。人類の歴史とともに最も長く最も奥深い媒体が“本”なのだ。現在、デジタルメディア中心に媒体環境が再編されつつあるが、“本”は相変わらず社会各分野の核心的テキストであり、情報源として高い信頼を得ている。

“本”の生産—流通—利用（消費）を包括するのが出版産業である。出版産業は教育と生涯の学習はもちろん個人と社会の発展のための豊富な知的栄養源であり、文化産業の基盤としての役割を絶えることなく果たしてきた。

未来を生み出す新たなパラダイムとしての第４次産業革命が迫っており、これまでのわれわれの成長公式とも言うべき“模倣と追跡のモデル”は、その持続可能性を主張することが困難になってきた。個人、企業、社会のすべてにおいても同様である。

こうした環境のもとで、未来を見出す道は“本”と読書にある。多様な分野の深みのある読書を通じて手にする柔軟な創意力と想像力だけが、われわれの生存と発展における最も信頼に足るエネルギーをもたらしてくれる。これが“本”と読書をサポートする出版産業の重要性で、矜持ともいえるのである。

出版環境は日毎に激しい変化を遂げている。社会の変化とともに“本”と出版市場の変化、デジタル化、グローバル化、読書環境変化の影響が大きい。出版の概念、範囲、様式、価値創出、ビジネスモデルもまた変わらざるを得ない。したがって出版産業の内側と外側にいる人々に、出版産業をめぐる生態系の変化の様相を立体的にわかりやすく紹介する必要性がある。

こうした要請に応じ、社団法人 韓国出版学会「出版政策研究会」のメンバーが心をひとつにして共同執筆した成果が本書である。

第１章は白源根、第２章は韓珠利、第３章は李建雄、第４章は金貞明と朴燦洙、

第5章は李銀浩、第6章は崔俊蘭、第7章は朴益淳、第8章は朴燦洙が担当し、付録は各自が分担してまとめた。

本書はこのように「韓国出版産業の現在」を知りたい人たちのために、第一歩を踏み出した結果のまとめである。主要分野ごとに理解を助ける文章とデータを組み合わせ、最新の統計を最大限に収録している。

読者の要請と必要性に応じて今後は毎年改訂版を発行し、韓国出版産業の座標と現況を伝える羅針盤となることを願っている。多くの人々の韓国出版産業に対する理解を助けるために、多少なりとも寄与できるなら望外の幸いである。

日本語版は、2021年2月に発行したオリジナル版『韓国出版産業の理解』を基に翻訳しているが、日本語版の発行に当たり、多くのデータを最新データに差し替えた。その意味では、日本語版は2022年版と言えるかもしれない。

日本語版発行に至るまでは、次のような経過をたどっている。

オリジナル版『韓国出版産業の理解』の広報を兼ねて、電子版「韓国出版学会会報」に『韓国出版産業の理解』の概要が掲載された。この広報への反応は、意外なところから来た。これを見た日本の出版メディアパルから翻訳出版のオファーが届いたのである。出版メディアパルでは、2006年に同社が発行した『韓国の出版事情』の後継書の発行を模索していた。『韓国出版産業の理解』の企画意図が幸いにも合致しているので、「ぜひ日本語版を翻訳発行したい」との申し出であった。

韓国出版学会・出版政策研究会のメンバーで協議した結果、『韓国出版産業の理解』の日本語版発行を歓迎するとの結論に達した。

しかも、その翻訳は、長年、韓国書の翻訳出版に携われた舘野晳氏が担当していただけるとのこと、私たちにとっては二重の喜びである。

2022年5月

出版政策研究会・執筆者一同

韓国出版産業の現状と変化
未来を生み出す新たなパラダイムと本の力

目次

第1章

“本”・出版・出版産業と生態系

本章の内容

韓国出版産業の概要を紹介し、出版産業を理解するガイドとしたい。

まず、普遍的な出版の定義と特性について述べ、デジタル革命でメディア環境が大きく変化したもとで、出版の本質やその範囲を確認する。

さらに他の文化商品とは異なる“本”と出版の特性について言及する。人類文化の結晶体であり、多品種少量生産商品の“本”の商品的特性についての理解を深めてこそ、出版流通の特殊性や政策支援の必要性などが理解できるからである。

出版は、独立しては存在できない。読者―著者―出版社―流通会社―書店―図書館―行政と政策など複合的な構成部分が“本”の生態系において有機的な関係を結んでいる。

したがって、出版産業と文化が発展する要素は、ただ産業的な側面だけではなく、“本”の需要を創出する社会的環境要素と読書文化など生産―流通―利用の価値連鎖がすべて豊かでなければならない。

本章では教育出版分野が特に発達した環境で、出版文化産業振興法と振興機関などの政府政策の関与が高い韓国出版の特性を紹介し、さらに出版産業の産業的分類体系と出版産業関連統計に活用する主要指標を紹介する。

第 1 節

“本”の生態系の意味と主体

人類の学問と思想、社会的行為の記録は“本”に集められ、それが再び社会に広がる循環構造の中心に出版がある。人類が成し遂げた創造・文化・歴史の精髄は“本”になり、共有のうえ後世に伝承されて人類の記録として維持・拡張される。それゆえ“本”は人類文化の宝庫で結晶体とも称される(白源根)[*1]。

出版は近代以降、知識の広がりにおいて核心的役割を担ってきた。社会と知識を連携し、経済的価値を創出する複合的な生態系を構成する。出版は文化及

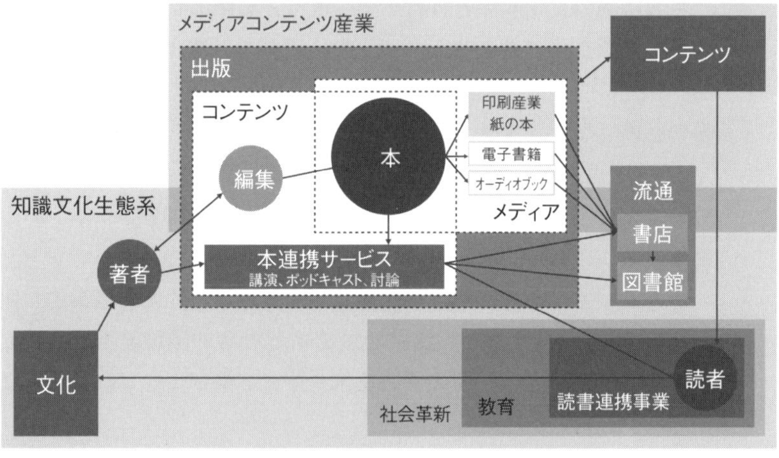

図 1-1 文化・コンテンツ産業生態系の中心にある“本”と出版
出所：イ・ソンミンほか（2018)、『出版の未来ビジョン 2030』、韓国出版文化産業振興院、p28

*1 『出版産業』、人文コンテンツ学会編、『文化コンテンツ入門』、2006 ブックコリア。

びメディアコンテンツの源泉を生み出し、文化・コンテンツ産業の生態系の中心にある(**図1-1**、イ・ソンミンほか)*[2]。

出版産業は多様な出版物(紙の書籍、電子書籍、定期刊行物、オーディオブック、Webコンテンツなどの出版コンテンツ)を作り読者に伝える。これを読者が読み、新しい創作物を創出する最適の循環構造によって発展していく。

これらの行為の主体は著者、出版社、流通業者(または電子書籍のプラットフォーム)、書店、図書館、読者である。出版産業を生産―流通―消費の構造でみると、著者及び出版社は生産領域、流通業者及び書店は流通領域、図書館及び読者は利用領域に属する。

“本”と関連する生産―流通―利用における各種主体を総称して「“本”の生態系」という。「生態系(ecosystem)」とは、本来は生物の群集とそれらが接する多様な環境が互いに分離されずに有機的な集合をすることを意味する(**図1-2**)。

「“本”の生態系」は、“本”と関連した包括的な環境(産業、文化、制度など)を構成する多様な要素の総体である。また「出版生態系」、「出版産業生態

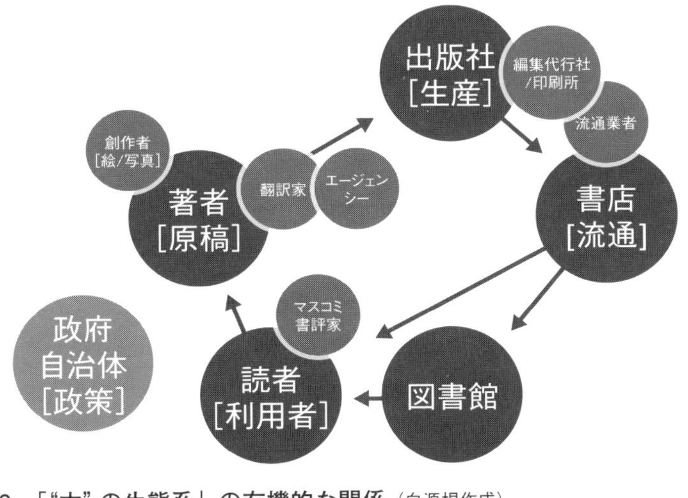

図 1-2 「“本”の生態系」の有機的な関係（白源根作成）

＊2　『出版の未来ビジョン2030』、2018　韓国出版文化産業振興院。

系」、「読書生態系」などともいう。

“本”や出版を媒体または生産者の側面からだけでなく、“本”の生態系の観点からも見分けねばならないのは、“本”と関連する様々な要素が互いに密接に影響しながら、変化し進化する相互依存性が極めて強いからである。

一国の出版産業の規模は、国民の読書率や購買力を持つ読者層の存在と強い相関関係があり、有名国内著者の層の厚さによっても翻訳出版比率は異なってくる。全国単位の流通・販売網や魅力的な書店の存在は、著者・出版社と読者をつなぐ大動脈である。このように生産—流通—消費の量的・質的レベルは緊密に連携している。

特に出版産業の再生産構造と読書環境とは不可分の関係にあり、“本”の生態系発展の核心要素なので、“本”の生態系において出版と読書は相互依存関係にある。読書は出版の需要創出の基盤であり、出版は読書活動の源泉を提供する。それゆえに読書文化の土台を拡大する出版環境の構築、“本”の購買力を伴う実効性のある読書の活性化が必要とされる(図1-3)。

著者—出版社—書店—図書館—読者とつながる“本”と出版の価値連鎖には、多くの主体が関連している。

一冊の本は創作者(著者)の原稿が根幹になるが、文章、図表、イラスト、写真など多様な素材が集積されて“本”のコンテンツを形成する。外国の著者が著した“本”の場合は、出版社が著作権エージェントを通じて翻訳出版契約を締結し、語学に堪能な翻訳者が翻訳を担当する。

出版社に属する編集者は、文章と図表で形成された原稿を読みやすく手入れし、デザイナーは視覚的に内容を整え、可読性の高い文章と魅力的な装丁を作成する。

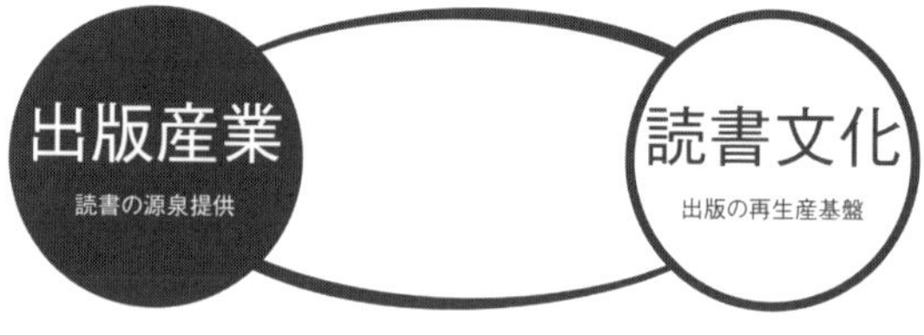

図 1-3 出版生態系と読書生態系の関係 (白源根作成)

多くの人の英知を集めて完成された最終ファイルは、印刷所において印刷・製本され、“本”が生まれる。または電子書籍になる。

こうして生まれた“本”は、出版流通会社を経て、書店(オンライン／オフライン書店)に供給されて、初めて読者と出会うことになる。

出版社は、読者に新刊の発行を知らせるために広報資料を用意し、新聞などメディアの読書欄やテレビ番組、“本”と関連のある専門媒体、書評家やユーチューブでの“本”の紹介者などに提供しなければならない。

“本”の販売対象は個人だけでなく、図書館・学校・企業・機関・団体・研究所などである。

また、出版や読書活動と関連した法律と制度、これの運営に当たる中央政府と地方自治体も、出版物に関連する生産と利用の促進面において、重要な役割を果たす点で、出版環境の構成主体のひとつに挙げることができる。

(1) 読　者

“本”は需要者である読者のために生産される知識文化商品である。一般人だけでなく、著者から“本”の生産―流通に関係するすべての関係者が読者または潜在的な読者である。したがって“本”の生態系を構成する諸要素のうち、最も広い領域が「読者」ということになる。“本”の再生産構造において出発点の位置にいる書き手も、既存の本を読んだ読者の中から誕生し、著者になってからは、さらに多くの本を読む読者になる。出版活動の最終的目標は“本”を媒介にして人間の思考と知識を共有することで、“本”は読者、すなわちすべて人々のための言語・文字の伝達(コミュニケーション)手段なのである。

(2) 著　者

著者は“本”の素材である創作物を執筆する当事者である。“本”には文学書・一般教養書・専門書・学術書・実用書・児童書と多様なジャンルがあり、それぞれ書き手が存在している。

これまで多くの読者を持った著者は、作家、大学教授、ジャーナリストなど物書きを仕事とする人々だったが、いまでは出版の内容と形態が簡便で自由なものになり、誰でも“本”を出せる「万人著者の時代」となった。今では、著者と読者の境界が緩やかになったようだ。

（3） 出版社

出版社は出版活動の主体であり、著者と読者をつなぐ架け橋の役割をする。出版社は著者や翻訳者から受け取った原稿を“本”の形にするだけでなく、発行した“本”を読者に届けるために、流通業者とオン／オフライン書店に供給し、メディアとマーケティングチャネルを通じて“本”の広報及び販売促進をする。

出版社には編集者(エディター)と営業マン(マーケター)が必要で、規模に応じて出版企画者(開発者)、デザイナー、コンテンツ開発者らを内部または外注形態で配置している。

出版社は“本”の制作の点では、外見上はそれぞれ似ているように見えるが、どのような分野の“本”を出版するかによって形態は完全に異なってくる。

例えば学術書の出版社は、各学問分野の関心事や学術的研究の成果に依存し、大学や研究者を中心に著者／読者の市場が形成される。児童書は年少者を読者対象とし、宗教書はそれぞれの聖職者や信者との連携に留意する。学習参考書は受験制度や受験生市場の動向と結び付いている。

このようにコンテンツ伝達のための出版という形式と方式は類似しているようでも、特定分野の出版の場合は著者・読者・市場が大きく異なるため、各社はそれぞれの特性を持つ。したがってその出版社の主要出版分野は何かということが、「コンテンツ企業」としての出版社の役割と個性を見分けるうえで重要になってくる。

（4） 流通業者

出版社が作った本は、大型のオン／オフライン書店には、通常、直取引方式で供給されるが、小規模の地域書店には流通業者の手を経て供給される。

流通業者は多数の出版社と書店をつなぐ図書販売流通の媒介の役割をする。営業範囲が広い全国範囲の取次会社、広域営業を担当する地域取引取次会社、出版社と特約を結ぶ特定分野(一時的に流通量が多い学習参考書や雑誌など)の本を地域別に分けて供給する「総販」が流通業者に該当する。

図書商品の生産者である出版社から受け取った“本”を、小売業者である書店に伝達する取次業務が中心である。

最近では、出版社の商品を保管し出版社の指示に応じて書店に納入する物流業務を総合的に担当する3PL(サードパーティー・ロジスティクス；Third

Party Logistics）がある。独自の仕入れ・販売機能を持つ取次会社とは異なり、３PLは出版社業務のうち出版物の保管と配送機能だけを代行している。

（5） 書　店

書店は読者に代わって出版物を仕入れ、出版社に代わって販売する機能を持ち、読者に直接販売する小売業である。売り場を持つ伝統的な書店（オフライン書店）、電子商取引を通じて販売するインターネット書店（オンライン書店）が代表的である。オフライン書店には多様な分野の本を取り扱う総合書店と特定分野の“本”に特化した書店がある。

最近は学習参考書を販売せずに個人が出版した個性的な出版物や特定分野の“本”を選別し、販売する独立系専門書店、全国の大都市に売り場を設けて中古図書だけを売買する書店（新古書店）が増加している。

（6） 図書館

図書館は各種公共文化施設のうち市民の利用が最も多い。公共財の特性の強い“本”に、市民が自由にアクセスできる空間の公共図書館と児童図書館、小型図書館、小・中・高校の図書館、大学図書館、専門図書館、兵営（軍隊）図書館など各種の形態が存在する。

出版産業の立場からすれば、図書館は代表的な「機関購買者」で、安定的な出版物の需要先とも言えるが、図書館での利用者の図書閲覧と貸出しが、図書の購買を部分的に代替するという、出版社の立場とは相反する性質を持っている。

（7） 政府と地方自治体

中央政府と地方自治体が実施する出版・雑誌・書店・読書及び図書館関連法律や条例による支援根拠づくり、各種支援策及び振興事業の施行は大きな意味を持っている。個人（国民）の需要だけに依存しては存立と発展が難しい、出版産業の維持・発展にとって、極めて重要な役割を持っているからである。

例えば図書に対する付加価値税の免除、「出版文化産業振興法」に基づく出版産業の支援根拠、図書定価制の維持（不完全な形態であるが）、世宗図書（優秀図書の指定）などの優秀コンテンツの選定・購入、国際図書展の開催及び参加支援、グローバル市場進出支援事業などは、出版産業の重要性や産業全体の規模から見ても中小零細事業者が大部分を占める出版産業と事業者(出版社、書店など)の特性、出版物の公共財的属性から極めて大切なものである。教育部の「“一学期一冊” 本を読む活動」や、各学校の活動として実施する「朝の読書運動」も、生徒に読書習慣を身に付けさせるために重要な役割を果たしてきた。

地方自治体では地域出版振興条例や地域書店育成条例を制定し、「本を読む都市づくり」、「一都市一冊読書運動」、母親と子ども対象の読み聞かせプログラム「ブックスタート事業」などに取り組んだ地域は全国的で相当数に達している。京畿道は広域自治体レベルで「地域書店認証制度」を設け、道内書店共通の商品券を発行している。順天市、城南市、大田広域市などでは市民の図書購入費を補助する事業が施行された。

政府と自治体の施策や事業は国民の読書環境づくりをサポートするだけでなく、出版需要の拡張を図るものなので、出版産業の振興の面でも大きな効果をもたらした。さらに国民の知識文化の水準を高め、創造力を育む文化基盤政策として重要な意味を持っている。

紙魚の目

地域書店の育成を打ち出した出版文化産業振興法

2022 年 2 月に施行された「出版文化産業振興法」の改正では、地域書店の活性化のために国と自治体が一定の役割を果たすべきことが規定された。地域書店に関する定期的な実態調査の実施、書店のない地域に対して文化体育観光部長官と自治体の長が支援策を講じること、自治体の地域書店活性化条例の制定、自治体の公共図書館蔵書購買において地域書店を仕入先として優先することなどの規定を盛り込んだ。

また、韓国出版文化産業振興院で地域書店の活性化を支援するようにも規定した。この法改正によって書店の生き残りの悩みが解消されたわけではないが、書店のない地域の問題は解決されると期待されている。町の本屋を支援するのは、小売り事業者への支援策にとどまらずに、市民の読書権や読書文化の確保につながる点で重視されるべきである。

第2節 出版の定義と特徴

2.1　出版の定義

出版(publishing)に関する定義は様々である。『出版事典』(韓国出版研究所、2002)では、「文書・図画・写真などの著作物を印刷物及びその他の機械的・化学的・電子的方法で複製し、各種出版物の形態にして人々に配布する一連の行為」と記述している。

また、出版文化産業振興法は、「出版」の定義を「著作物などを紙や電子媒体にして編集・複製し刊行物(電子媒体を利用し発行する場合は電子出版物だけが該当する)を発行する行為をいう」と定めている。

最近の論議をみると、韓珠利[*3]は、「出版は人間の思想や感情を表現するために創意的な編集活動を通じて印刷及びその他の技術的な方法を活用して具現した出版物を発行する行為」とし、「出版文化産業」については「出版物の出版・流通産業及びそれに密接に関係する産業」と定義している。

これ以外にも研究者や議論の主体によって出版に対するかなり多様な定義が存在しているようだ。

このような定義において共通するのは、「何を、どのように、誰に伝えるか」ということである。したがって「人間の思考が詰まった言語・文字中心の著作物を、目的によって編集し各種メディアの様式で一般の人々を対象に発行・公表する行為」を出版と定義するのが一般的である。

＊3　「出版の再概念化研究：出版の概念拡張を中心に」、『出版雑誌研究』、2009　第27巻、出版文化学会。

すなわち「人類の知的財産の根源である言語・文字基盤の記録媒体を発行する行為」、または「人の思想や知識が詰まった言語著作物などのコンテンツを編集し多様な形態の記録・伝達方法で公刊する行為」を出版と称している(白源根)*4。

狭い意味では「紙の“本”・電子書籍・オーディオブック・Webコンテンツ(Web小説、Webトゥーン(訳注：Webコミックの一種)、その他)を発行すること」、広い意味では「新聞や雑誌などの定期刊行物、知識・文化コンテンツを各種媒体を活用して無償で公開または有償で販売する行為」のすべてを出版とみなしている。

進化するメディア環境のもとでコンテンツの内容と形態、伝達媒体、公表の可否が、出版の概念的定義と社会的同意の水準に影響を及ぼす主要因なのである。

2.2 出版の特徴

① 出版は人間の活動と直結した最も包括的な「記録と共有」の伝達方式である。教科書などの教育分野から文化・教養・娯楽・実用・児童・宗教分野と範囲が広く、出版物が活用されない分野はない。これは出版物が言語・文字を用いて人間の思考を伝達する有用な道具であり、コミュニケーションの手段であるためである。

人間の知識と思考を様々な形態の本や伝達手段に込めて社会に共有し、後代に伝承することで人間活動の根幹を支えるのが出版である。出版産業が人間の精神活動の中心の産業としての役割を果たすのは、出版物が知識・教育・教養・情報・娯楽などすべての人間活動の基本テキストだからなのだ。

② 出版は最も古い伝統的な媒体であり、文化産業の原型である。記録を残し世の中に知らせる出版の歴史は、人間の歴史と共に始まった。機械的な印刷方式を導入し、現代出版の起源とされるグーテンベルクの活版印刷術が始まったのは1440年代だった。

文化産業には出版のほかに音楽・映画・放送・アニメーション・ゲーム・公演芸術などがあるが、最初に産業的基盤を確立したのは出版だった。世界

*4 『出版産業』、人文コンテンツ学会編、『文化コンテンツ入門』、2006 ブックコリア。

史的にはルネサンス以降であり、韓国内では旧韓末（朝鮮時代の末期から大韓帝国までの時期）以降と見られる。

出版以外の文化産業は古くは産業革命以降、近くは20世紀前後から産業的な立地が固まり始めた。国内で文化産業が本格的に成長したのは1960年代以降で、出版はそれより半世紀以上も前になるだろう。出版は文化コンテンツ生態系の「根幹産業（基礎産業）」に該当する。

③　出版活動を通じて生産された結果である“本”は、「少品種大量生産」する一般消費財や大衆メディアとは異なり、「多品種少量生産」を特徴とする。毎年、韓国内では年間８万点もの“本”（新刊）が平均1600部ずつ発行される。

「多品種少量生産」で採算が取りにくいのは、“本”の商品特性でもあり、出版が知識文化多様性の砦であることを示している。

④　パンは食べ終えたら再購入されるが、“本”は一度読んでもそのまま残る。同一商品に対する消費者の反復購入がほとんどなく、需要者の読書能力（リテラシー）を前提とするのが出版媒体の商品的特性である。

“本”は、メディアのうち最も個人的で、他の媒体に比べて需要者の個人的能力と能動的な利用への努力が要求される。出版物は需要者が受動的な他の媒体とは異なり、読む媒体である。需要者の積極的な介入と利用意思を前提にしている。

出版産業は知識集約型特性の強い文化産業に分類される。これは知識自体が商品で、知識の社会的基盤である教育—著者—流通—読者を前提に産業発展が可能なことを意味している。

⑤　出版社は出版物の生産から販売に至るまで、外注に依存する特性が強い。原稿は著者と翻訳者が記述し、校正・校閲を含む編集とデザインは外部に委託して処理することが多い。

製作は、印刷所に発注・委託し、流通業者と書店を通じて読者に販売する。このように出版社はコンテンツの企画力さえあれば、外注システムを利用することにより、生産プロセスと流通・販売過程に参入することが可能である。

⑥　出版市場は一般商品や他の文化コンテンツとは異なり、知識文化商品である出版物に対する社会的消費能力を前提としている。消費者である読者の言語圏の人口数が市場規模の基礎的範囲を示し、教育水準と経済能力が購買力と連動し、媒体利用習慣（読書習慣）から直接的な影響を受ける。

2.3 韓国出版の特徴

① 韓国の出版においては、教育及び学習教材の比重がとても大きい。これは伝統的な教育熱に加え成績と入試中心の教育風土が主な要因である。出版市場の60%程度が教科書、学習参考書、学習紙、学校教材など教育関連書となっている。

② 翻訳書の発行比率20%台は、他の先進国に比べ高いほうに属する。これは販売競争力が検証された外国の人気著者や図書に対する出版社の関心の高まり、韓国内での未出版分野に対する販売需要の強さに起因している。

③ 出版関連企業の零細性と過当競争が顕著である。出版社や書店などの関連する企業の大部分が、零細な中小規模の個人事業所中心で、企業のうち株式会社の比率、従業員10名以上の企業の割合が低い。売上額の少ない小規模企業は個人経営及び家族経営の比重が高く専門経営者による経営比率は低い。

④ ソウル及び首都圏所在の出版社と出版量の偏重が目立つ。活動中の出版社はソウルと首都圏所在の出版社が大部分で、新刊図書発行総点数の大部分を占めている。そのため地域出版（地方出版）の割合はかなり低くなっている。

⑤ 出版流通の制度として「図書定価制」が採用され、流通過程では契約によって委託販売の慣行が適用されている。最終消費者販売価格（定価）を出版社が決める義務的な図書定価制になっているが、現在は、直／間接的割引率を定価の15%まで許容している（出版文化産業振興法の規定）。

また、出版社と取引する流通業者と書店の取引リスクを低めるために、現金取引ではない委託販売制を活用する取引方式も存在している。

⑥ 出版社—書店の取次業務は、小規模地域書店向けになっている。一般的に大型オンライン／オフライン書店は、利益率の高い出版社との直取引方式を好む。出版先進国とは異なり、大部分の出版社ではオフライン書店よりもオンライン書店の売上比率が高くなっている。

⑦ 中央政府や地方自治体の施策の関与度が高い。1960年代から80年代までは、出版社設立や出版活動に対する規制中心のネガティブな関与があった。

2000年代以降になると、出版振興のための支援制度が拡充された。「出版文化産業振興法」の制定及び法定振興機関である韓国出版文化産業振興院の設立

／運営、出版物に対する付加価値税の免除、図書定価制の維持、出版産業団地（坡州(パジュ)出版都市[*5]）の造成、「世宗図書[*6]（優秀図書）選定・購入をはじめとする出版活動への支援、出版流通活性化及び海外輸出の支援、納本補償金制度などがその例に該当する。

文化体育観光部は「出版文化産業振興法」に基づく出版文化産業振興計画（５か年計画）を、2003年から５年ごとに樹立・施行している。現在は、「第5次出版文化産業振興計画（2022～2026）」を施行中である。

紙魚の目

アンウィン卿に学ぶ“出版の心”

編集者の仕事は、「著者からいただいた原稿を本や雑誌の形で、商品として、世に送り出す」ことである。そして、それらの著作物を適法に使用し、「わかりやすく、美しい形で、読者に提供する」ことでもある。

スタンリー・アンウィンは、『出版概論』（布川角左衛門・美作太郎訳、日本エディタースクール出版部刊）において「出版業者になることは容易であるが、出版業者として永つづきすること、あるいは独立を維持することはむずかしい。出版界の幼児死亡率は、ほかのどんな事業や職業に比べても高いのである」と述べ、出版業の厳しさを指摘している。翻訳者の布川氏と美作氏は、「書物の執筆――編集―製作―販売という、物心両面にわたる複雑微妙な過程に関係あるすべての人びとに、「出版の真実の姿」を理解してもらいたいと志している」と著者の心を紹介している。

（出所：『新版 本づくりこれだけは』下村昭夫ほか）

＊5　坡州出版都市については、224ページの「参考資料」を参照のこと。
＊6　世宗図書については、24ページのコラム参照のこと。

第3節

出版産業の分類と統計

3.1 出版産業の分類：情報通信業

統計庁では国連統計委員会の国際標準産業分類に基づき、国内の産業構造と技術変化を反映した韓国標準産業分類を制定・告示している。生産主体が行う各種商品とサービスの生産活動を、一定の分類基準と原則を適用し体系的に類型化したものが、韓国標準産業分類(Korean Standard Industrial Classification)である。

韓国標準産業分類は、統計目的以外にも一般行政及び産業政策関連法令において適用対象産業領域を決定する基準として準用されている。産業の許認可、租税及び資金サポートなど行政と産業政策関連法令で韓国標準産業分類を準用する事例は、約110の法令、施行令、施行規則にまで及んでいる(統計庁、2019.12)。

生産単位(主に事業所単位、企業単位)は、産出物だけでなく投入物と生産プロセスを共に考慮し、それらの活動を最も正確に説明した項目に分類する。産業活動が結合している場合は、その活動単位の主たる活動によって分類する。活動単位は大分類を決定し、中・小・細・微分類と段階的に項目が決定される。

分類構造及び統計品目番号を見ると、分類構造は大分類(1桁の数字、英文大文字)、中分類(2桁の数字)、小分類(3桁の数字)、細分類(4桁の数字)、微分類(5桁の数字)の5段階で構成されている。

韓国標準産業分類では過去44年間、製造業に属していた出版業を2007年分類体系の全面改正の際に、「出版、映像、放送通信及び情報サービス業」という大分類に含めることになった。2017年7月から施行された第10次改正では、その名称が「情報通信業」に変わり、また単行本を含む「その他書籍出版業」の名称は「一般書籍出版業」に変更された。

情報通信業は「情報及び文化商品を生産、供給する産業活動、情報及び文化商品を伝達、供給する手段を提供する産業活動、通信サービス活動、情報技術と資料処理及びその他情報サービスを提供する産業活動」と規定された。ここには出版、ソフトウェア制作・開発・供給、映像及びオーディオ記録物制作・配給、ラジオ及びテレビ放送、放送用番組の供給、電気通信、情報技術及びその他情報サービス活動が含まれている。

ここで「出版業(Publishing activities)」とは、「“本”、定期及び不定期刊行物などの印刷物の発刊やソフトウェアを出版する産業活動として出版に関連する法的・財政的・技術的・芸術的遂行活動と販売に関する活動を含む。出版物は自社で直接創作、または他の人によって制作された創作物を購入または契約して出版する。提供方式は伝統的な印刷物方法または電子媒体によってなされる」と説明されている。出版権なしに各種の“本”や定期刊行物を印刷する場合は「印刷業」に分類される(表1-1)。

3.2 出版産業関連統計

韓国出版文化産業振興院(KPIPA)では、出版産業と関連する統計として出版産業の７分野(出版社、取次、総販、オン／オフライン書店、電子書籍出版

表 1-1　韓国標準産業分類の「出版業」関連改正内容

第９次分類		第 10 次分類(現行)	
大分類	出版、映像、放送通信及び情報サービス業	大分類	情報通信業
分類コード	(項目)	分類コード	(項目)
58111	教科書及び学習書籍出版業	58111	教科書及び学習書籍出版業
58112	漫画出版業	58112	漫画出版業
58113	その他書籍出版業	58113	一般書籍出版業

〈第 10 次分類に含まれる分類範囲〉
58111：教科書、学習問題集 、受験書、百科事典、辞書、語学教材、資格用学習教材
58112：漫画書籍、Web トゥーン、漫画本
58113：文学書籍、小説、Web小説、詩集、随筆、教養書籍、児童図書、童話本、児童用絵本、旅行ガイド書籍、事業所目録、人名簿、情報目録、観光地図、電話帳、判例集、海図

社、電子書籍流通会社対象の実態調査及び図書著作権輸出統計）を毎年調査して発表する「出版産業実態調査」、半期別報告書としての産業統計、景気動向、上場会社及びトレンド分析を含む「KPIPA出版産業動向」を発刊している。

韓国コンテンツ振興院では、毎年出版産業の規模と従事者規模を知ることのできる「コンテンツ産業統計調査」とともに「半期別コンテンツ産業動向分析」、海外産業統計などコンテンツ産業全般に関する統計と基礎資料を提供している。最も利用率が高い「コンテンツ産業統計調査」は出版／漫画／音楽／ゲーム／映画／アニメーション／放送／キャラクター／広告／知識情報／コンテンツソリューションの各産業の事業所数、売上高、付加価値額構成、従事者現況についての調査結果を提供する。

この他にも出版物の発行実績を知る方法がある。大韓出版文化協会の『韓国出版年鑑』は、出版社から国（国立中央図書館、国会図書館）への納本代行統計と韓国内外の出版関連統計及び資料を整理し毎年提供している。

韓国書店組合連合会の『韓国書店便覧』は、出版流通において重要な全国の書店数を２年ごとに集計したものであり、教保文庫（大型書店の代表格）とYES24（オンライン書店の代表格）は、年間売上集計をもとに出版市場動向とベストセラー情報を発表する。文化体育観光部はホームページで「出版社・印刷所検索システム」を開設しているので、出版社や印刷所の検索や地域別事業所数を把握するのに便利である。

世界出版市場統計としては、PwC（プライスウォーターハウスクーパース）のグローバル出版市場統計、IPA（国際出版連合）が提供する出版関連資料、APA（アメリカ出版社協会）をはじめとする各国出版協会やフランクフルト・ブックフェアのサイトが提供する出版市場関連資料、日本の出版科学研究所が発刊する『出版指標年報』など多様な情報があり、それぞれ活用されている。

国民の読書実態関連では,文化体育観光部が隔年に実施する「国民読書実態調査」、統計庁で隔年実施する「社会調査」がある。前者は成人と小中高生に分けて各種読書行動と関連した総合的な読書指標調査、後者は13歳以上の国民の読書率と読書量を調査したものである。

図書館界の統計では、文化体育観光部が運営する国家図書館統計システムがある。毎年、韓国図書館協会が発刊する『韓国図書館年鑑』も役立つ。図書館界における年間主要動向と活動、図書館別の各種統計を整理のうえ掲載している。また、大学図書館関連統計資料には、韓国教育学術情報院が毎年発行する『大学図書館統計分析資料集』がある。

これらの統計資料は、出版産業の産業規模と変化を知るうえで有用な指標という点で利用価値が高いが、主要企業の調査参与度の向上、調査から結果発表までの短縮、徹底した時系列指標管理など、出版産業の多様な変化を把握するためのいっそうの努力を望んでおきたい。

出版と直接関連する統計及び統計システムについては、部分的に改善を要する点がいくつかあるが、更なる努力が必要だろう。例えば分野別／著者別／出版社別／テーマ別の出版情報、２刷以上発行図書の増刷情報、“本”の発見可能性を高めるキーワード検索及び内容検索システム、図書別販売量確認情報、細部出版分野別の出版市場規模、流通経路別の販売市場情報、図書購買者の消費行動関連統計、分野別出版輸出点数及びタイトル情報などで、科学的管理法と読書環境の整備のために再開発に努める必要がある。

紙魚の目

大手出版社と書店の経営数値を知るには

大韓出版文化協会の韓国出版読書政策研究所が 2021 年に発表した『2020 年出版市場統計』で、大手出版社や書店の売上高の推移を把握できる。金融監督院の電子公示システムの公示資料や中小企業現況情報システムを用いてまとめた結果、2020 年の上位出版社 77 社の総売上高は 4 兆 8036 億ウォン（およそ 4804 億円）で、前年対比 3.7%減少した。売上高は、児童向け学習紙や教科書・学参に強い出版社が好調である。

部門別にみると、教育出版関連の 43 社の売上高が 3 兆 5796 億ウォンで圧倒的だが、前年対比 10.4%の減少だった。反面、単行本の 23 社は 4187 億ウォンで前年対比 9.5%増加し、電子書籍プラットフォーム企業 9 社も前年対比 33.9%も成長した。一方、書店では、教保文庫が 6942 億ウォン（前年対比 13.8%増加）、オンライン書店の YES24 が 6130 億ウォン（同 19.7%増加）、アラジンが 4295 億ウォン（同 20.3%増加）と成長が著しかった。

紙魚の目

「世宗図書」選定・購入支援事業

世宗大王は朝鮮時代の第四代国王で、ハングル（韓国語の文字）を創製するなど歴史に残る業績が多く、韓国人に最も尊敬される人物だろう。

行政首都の役割をする「世宗特別自治市」があり、ソウルを象徴する光化門広場には世宗大王の銅像や世宗文化会館が立地する。1万ウォン札の主人公も世宗大王である。

以前からあった「優秀図書選定・購入支援事業」は、今では「世宗図書選定・購入支援事業」に取って代わった。政府が出版社の良書出版意欲と国民読書文化の向上を図るため、学術書と教養書の両部門で優秀図書を選定し、全国の図書館などに普及する事業である。

2021 年の場合、学術書 400 点、教養書 550 点を 1 点当たり 800 万ウォン（およそ 80 万円）に相当する図書を購入して図書館や福祉施設などに送った。

予算は 85 億ウォン（およそ 8.5 億円）で、様々な出版振興予算のうち最も多い。ある意味では、出版社に対しての直接的支援にもなる。だから出版社の関心が高い。競争率を見ると、2021 年の場合、学術書は 8 対 1、教養書（下半期）は 20 対 1 だった。選定において大手出版社の独占を防止するためのルールも設けられている。

申請の段階では、出版社当たりに学術書は 20 点以下、教養書は（上下半期それぞれ）10 点以下で、選定の段階では、学術書は 8 点以下、教養書は 4 点以下に制限される。

また、国内著作を優先するため、翻訳書の選定比率は 30％に制限されている。審査委員は 270 余りの団体からの推薦をもとに学術書と教養書部門でそれぞれ 180 人が参加する。まさに国を挙げての事業なのだ。

第2章

出版及び
出版関連産業の現況

本章の内容

本章では、韓国出版の産業構造に対する理解を基盤に、産業現況をさまざまなデータを用いて解説する。

韓国出版産業でも、インターネットを基盤にコンテンツ（C）、プラットフォーム（P）、ネットワーク（N）、デバイス（D）を連携させたビジネスモデルが次々に登場し、伝統的な出版産業構造の変貌が加速化している。

周知のように出版コンテンツ生態系は“形態”中心から“コンテンツ”中心に進化し、グローバル出版環境の重要性は日々増大しているのだ。

統計では、まず、出版産業の過去10年間の内需市場の推移、輸出額と輸入額の変化を調査し、最近数年間の出版分野別出版社数、出版社及び流通会社などの売上高、従事者規模をまとめた。

さらに、出版卸・小売業、オンライン出版流通業、出版賃貸業の事業所数、従事者数、売上高の推移についても調査した。

出版関連産業では、印刷産業、製紙産業、漫画産業、Web小説及びWebトゥーン産業、雑誌産業などに関連する多くの統計資料を紹介している。これら各種統計データを通じて、韓国出版が身近になるように工夫した。

第1節 出版の産業構造と産業組織

1.1 出版生態系と出版の産業構造

出版の産業組織には、たくさんの人々が関わっているため、その構造については「出版生態系」という概念で説明することが可能である。

出版生態系(publishing ecosystem)とは、出版が成立する環境を生態系に比喩し、制作・流通・消費だけでなく、それらに関連する政策と法律、関連産業を包括した概念である。

出版を取り巻く環境を生態系と認識し、直線的な構造で出版がなされるとするのではなく、様々な方向から進行、進化することを「出版生態系」と称し、「出版生態系における出版産業の生産要素は資本・人材・技術である」とみなすのである(韓珠利ほか)*1。

創意的な出版コンテンツの企画、高品質な出版コンテンツの制作、効率的な出版コンテンツの流通には、優秀な人材の確保及び運用のための人件費、最先端の制作施設・設備・技術投資・読者市場分析・マーケティング・広告などに対する莫大な規模の資本の持続的な投資が必要である。

特に、出版コンテンツの生産・流通・消費の全過程において、デジタル化とスマート化が進行し、さらなる多機能・高品質の出版コンテンツ(全二重通信(full duplex)・高画質・高音質・リアルな体験・SNS連携)の制作、コンテンツ流通のNスクリーン化、多様に個別化された消費欲求充足のための、高度なハイテク施設・装備・技術・ソフトウェアが必要になってきた。

＊1 韓珠利ほか(2014)、『本は冊ではない：21世紀出版キーワード研究』

NスクリーンはC-P-N-T(Contents-Platform-Network-Terminal)に区分される産業系システムで、より進歩したスマートなシステムを通じていつどこにいても、多重コンテンツを共有し実行することが可能で、途切れることもなく続けて見ることのできるユーザー中心のサービスを意味する。

ビジネス生態系とは、一連の相互に作用する組織と個人によって維持・進化する経済的共同体を指している。したがって市場で、財貨やサービスが生産・流通・消費される過程を直線的に分析する価値連鎖概念とは異なり、ビジネス生態系は、行為者(agent)、資源(resource)、環境(environment)間の相互作用を通じて、全体のシステムと個別構成要因が共進(co-evolution)する活性化を重視する。

ビジネス生態系は、基本的に自然生態系原形の概念から始まったもので、適者生存、食物連鎖、自浄作用、相利共生の原理を持つ。

これを出版産業に適用すると、出版生態系(以後「出版ビジネス生態系」についても「出版生態系」とする)に対する図式化が可能となり、これを表現したものが、**図2-1**である。

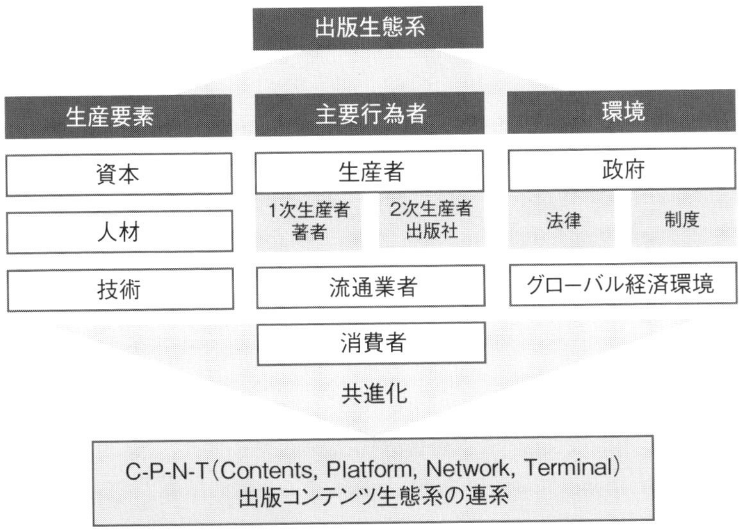

図 2-1　出版生態系の構成要素

出所：韓珠利ほか（2014)、『本は冊ではない：21 世紀出版キーワード研究』

1.2 出版の価値連鎖

著者、出版社、流通業者によって付加されたすべての価値は消費者に対する最終販売を通じて補償されねばならない。段階別に見ると、「市場調査及び編集計画(コンテンツ開発)」、「財源調達と出版決定(投資及びリスク管理)」、「製品開発及び制作(品質管理／プロセス管理)」、「マーケティング・販売・流通(流通経路管理)」、「マーケティング、消費者満足度(市場に対するコミュニケーション)」と続く(Smith)*2。

インターネットを基盤として、コンテンツ(C)—プラットフォーム(P)—ネットワーク(N)—デバイス(D)を密接に連携させるグローバル企業のビジネスモデルが成功し、コンテンツ産業の新たな生態系が加速化された。出版も例外ではなくグローバル技術企業(アップル、アマゾン、グーグル)では、C-P-N-Dを密接に連携させる新たな出版コンテンツ生態系モデルを成功させている。

1.3 出版ビジネス生態系としての出版コンテンツ産業

出版ビジネス生態系において、出版コンテンツ産業の主要行為者は、生産者・流通業者・消費者、そして政府である。

「生産者」は、出版コンテンツのアイデアを計画化したり、実際にコンテンツを制作する行為者で、第１次生産者と第２次生産者に分けられる。

第1次生産者は創意性と多様性をもとに、出版コンテンツを企画／創作する個人または少数集団を意味し、著者グループ(小説家、作家、芸術家、漫画家ら)が、これに該当する。

第２次生産者は、出版コンテンツを企画・生産・流通する事業を実施するために第１次生産者を組織し、出版コンテンツを生産する企業を指している。

その他のコンテンツ分野は、新聞社・映画制作会社・公演企画会社・レコード会社・放送局(地上波放送・番組提供会社)・芸能事務所・ゲーム制作会社・ポータルサイトなどが該当する。出版社は出版産業の代表的な第２次生産者である。

*2 Kelvin Smith (2013).『The Publishing Business: From P-Books to E-Books』. AVA Publishing.

流通業者は、第１次、第２次生産者によって生産された出版コンテンツを、多様な流通経路を通じて読者（消費者）に供給する企業を意味し、通常は第２次生産者と垂直に結合している場合が多い。

読者は、生産者と流通業者によって、市場に供給された出版コンテンツを利用／享受する主体で、厳密な意味で、すべての消費者は有料消費者である。

政府は、国家を単位にコンテンツ産業及び市場構造を組織し、全般的な管理・規制・支援を通じて、コンテンツ産業の量的・質的発展を図り、経済的・社会的弊害を遮断・防止する役割を担う（ファン・ジュンホほか）*3。

これ以外にもFTA（訳注：特定の国や地域の相互に、物品の関税やサービス貿易の障壁等を削減・撤廃を目的とする協定）など世界的な協定や複数の国家との交流も、出版生態系に影響を与える。これらすべてを含む概念を「出版生

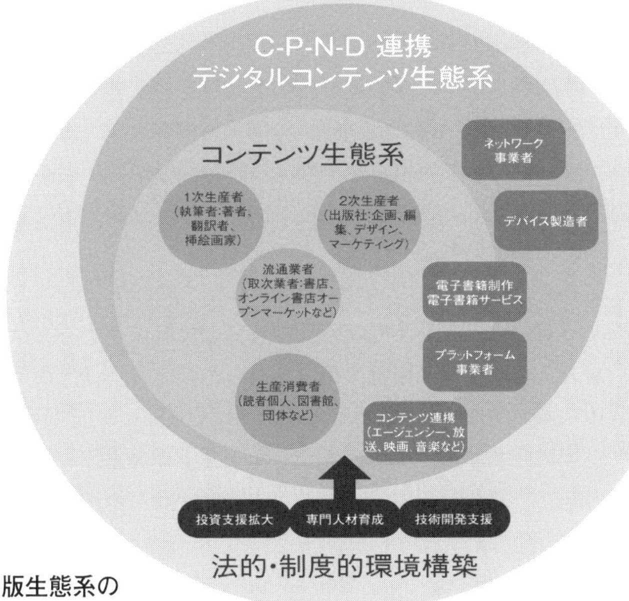

図 2-2　出版生態系の構成要素

出所：韓珠利ほか (2014).『本は冊ではない：21 世紀出版キーワード研究』

*3　ファン・ジュンホほか(2012)、『コンテンツ産業の生態系診断と今後の政策課題』、情報通信政策研究院。

態系」と呼んでいる。

図2-2(前頁)に、その出版生態系の構成要素を示した。

すでに構築された出版産業全般の制作・流通・消費環境に加えて、新たな形態のビジネス主体及びデジタル環境が、出版生態系の構成に影響している。

書籍は、デジタル環境における「形態の中心(Form Centric)」から抜け出し、「コンテンツの中心(Content Centric)」への変化が要求されてきた(イ・ジュンホ)[*4]。

優秀な出版コンテンツは、多様なコンテンツに活用させるために多角的な次元で付加価値を創出する。

このほかに、出版ビジネス生態系における出版コンテンツ産業の環境要因としては、出版法制度環境、出版制作環境、グローバル出版環境がある。出版生態系の自己組織化原理による安定的なシステムの構築は、出版コンテンツ産業の環境要因として政府が法的・制度的な仕組みを通じて形成する出版コンテンツ産業及び出版市場の基本方向である。

自己組織化された出版コンテンツ産業構造が維持・発展できるように、投入される生産要素(資本・技術・人材)は生態系に関わる全ての行為者によって供給される。特に政府の政策的支援を通じて提供される生産要素は出版コンテンツ産業分野の行為者の生産・流通・消費領域に多大な影響を与える環境的要因として機能する(韓珠利ほか)[*5]。

出版生態系の外部に存在する環境的要因は、「内部生態系の進化と淘汰に大きく影響するが、グローバル経済時代だけに、出版コンテンツ産業や国際複合企業、両双方／多国間貿易協定、グローバルスタンダードなど多様なグローバル環境要因に直面する」(ファン・ジュンホほか)[*6]。

したがって出版生態系では過去よりもかなり多様な主体が国内外を含む全世界市場において、新たな形態の出版ビジネスを営むための努力を重ねており、今後さらに多くの変化と変革に直面するだろう。

＊4　イ・ジュンホ(2012)、スマート時代の出版物制作先進化方案、「スマート時代、出版を話す」、韓国出版文化産業振興院.

＊5　韓珠利ほか(2014)、『本は冊ではない：21世紀出版キーワード研究』

＊6　ファン・ジュンホほか(2012)、『コンテンツ産業の生態系診断と今後の政策課題』、情報通信政策研究

第2節 韓国出版産業の現況

2.1　出版産業の市場規模

「出版文化産業振興法」によれば「出版文化産業」とは、刊行物の出版、流通産業及びそれと密接に関連する産業を意味する。すなわち、書籍、雑誌・新聞取次及び書籍／雑誌類小売業を含む書籍取次業、書籍小売業を網羅したものだ。

大韓出版文化協会『韓国出版年鑑(2018)』によれば、メディア環境の変化によって、出版需要は鈍化し、出版産業の停滞が続いている。韓流の拡散、FTA締結の増加などグローバル環境の変化によって輸出は好調を持続しているが、言語的制約、市場インフラ不足などにより「出版韓流」は相変わらず初

紙魚の目

韓国の出版流通用語 （韓国は日本と類似しているが、実情は違うことがある。）

委託	図書の所有権利と管理責任を取引契約者に委任し、返品条件付きで一定期間販売する販売方法
任置	委託に類似しているが、図書の所有権利は出版社がもち、取引先は管理責任だけをもつ。
納品	取引先が特殊な目的から個人あるいは団体に図書を販売するために、出版社との協議により図書を供給する制度。出版社は委託価格から通常5％程度安く出荷する。取引先はおおよそ1か月以内に代金を支払う。
買切り	積極的な販売を図るため、取引先が図書を一定部数以上買い取る制度。原則的に返品はできない。卸売書店の委託価格よりも通常10％安く出荷する。
現金販売	定期的な取引先でない相手と一時的あるいは時限的に取引をする場合、代金を現金で支払ってもらい図書の所有権利と管理責任を相手方に任せる(例：テキスト関連図書、会社納品など)。原則的として返品はできない。

歩段階にとどまっている。

「e-国家指標の出版の現況」によれば、出版市場の規模は2010年は２兆7258億ウォン、2011年は２兆8504億ウォン、2012年は２兆4133億ウォン、2013年は２兆5397億ウォン、2014年は２兆9438億ウォン、2015年は２兆5385億ウォン、2016年は３兆163億ウォン、2017年は２兆6922億ウォン、2018年は３兆3262億ウォン、そして2019年は３兆2904億ウォンと拡大を続けている(**図2-3、表2-1**)。

(1)　調査母集団の数値について

韓国出版文化産業振興院(KPIPA)が実施した「出版産業実態調査」によれ

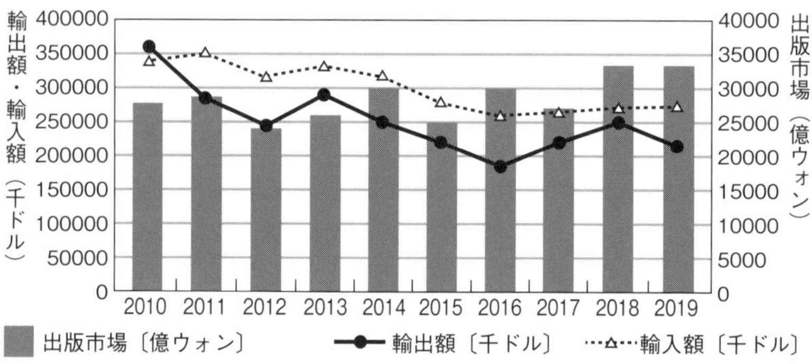

図 2-3　韓国出版の市場規模 (1)

出所：「e- 国家指標」、文化体育観光部、韓国出版文化産業振興院、大韓出版文化協会編『韓国出版年鑑』、コンテンツ産業統計、統計庁

表 2-1　韓国出版の市場規模 (2)

年度	2010	2011	2012	2013	2014	2015	2016	2017	2018	2019
出版市場〔億ウォン〕	27,258	28,504	24,133	25,397	29,438	25,385	30,163	26,922	33,262	32,904
輸出額〔千ドル〕	358,741	283,437	245,154	291,394	247,268	222,736	187,388	220,951	248,991	214,732
輸入額〔千ドル〕	339,555	351,604	314,306	331,481	319,219	277,329	256,006	264,110	268,114	275,426

出所：e- 国家指標、文化体育観光部、韓国出版文化産業振興院、大韓出版文化協会『韓国出版年鑑』、コンテンツ産業統計、統計庁

ば、「出版・出版流通・電子書籍」を調査対象母集団と定め、これの重複確認及び排除作業を行い、目標母集団を設定のうえ、休業・廃業・欠番を確認し調査母集団を再設定のうえ調査を実施した。2015～19年では、この３分野の企業を調査対象としているが、調査母集団の調査結果は、**表2-2**の通りである。

2015～19年について推移を見ると、出版事業所数は年を追って増えているが、2018年には若干減少し、翌19年には再び増加に転じた。これに対し取次や総販においても同様な傾向を示していたが、オフライン書店は大きく減少し、2017年基準で2014年よりも減少している。

反面、2018年と2019年は増加傾向をたどっている。電子書籍流通会社の場合は、母集団が2014年に比べて毎年増加しているものの該当年度基準で売上実績のある事業所は５％ラインにとどまっている。

表 2-2　出版流通業者などの調査母集団の数値

年度区分		2015年			2016年			2017年			2018年			2019年		
区分		予備母集団***	目標母集団****	調査母集団*****	予備母集団	目標母集団	調査母集団	予備母集団	目標母集団	調査母集団	予備母集団	目標母集団	調査母集団	予備母集団	目標母集団	調査母集団
出版事業所		44,734	5,075	3,675	47,972	5,403	3,497	49,531	5,776	3,473	44,342	5,402	3,404	48,243	5,811	3,466
出版流通事業所	取次・総販	787	607	316	820	646	336	1,289	1,030	301	1,263	1,050	377	1,285	948	329
	オフライン書店	4,581	2,277	1,754	5,003	2510	1,820	4,933	2,397	1,661	5,182	2,590	1,744	5,326	2,765	1,734
	オンライン書店	632	232	144	661	245	156	710	253	164	682	263	205	683	272	202
電子書籍事業所	電子書籍流通会社	493	28	21	534	31	28	572	77	27	263	33	29	276	36	35
	電子書籍出版社	4492	3675	584*	4968	3791	618**	5011	2849	928	5402	3404	932	5811	3466	986
全　体		55,719	11,894	6,494	59,958	12,626	6,455	62,046	13,382	6,554	57,134	12,742	6,691	61,624	13,298	6,752

*2018 年基準出版事業所 3675 の電子書籍出版事業も手持ちしているのは 584 社、2019 年基準出版事業所 3466 のうち電子書籍出版事業を並行しているのは 986 社
**2015 年基準出版事業所 3497 のうち電子書籍事業を並行する 534 社、電子書籍制作は 84 社
*** 予備母集団は重複チェックを確認した数である。
**** 目標母集団は休業、廃業、欠番を除外（拒否含む）した数字。
***** 調査母集団は調査した年基準で販売実績のある事業所
出所：韓国出版文化産業振興院（2020)、『出版産業実態調査』

スマート機器の普及や流通会社増加の影響で、国内の電子書籍市場は成長を続けてはいるものの、コンテンツ不足などで活性化には程遠い状態にある。

(2) 事業所数の推移

韓国出版文化産業振興院の「出版産業実態調査」における事業分野別事業所数の推移(2015〜19)は、**表2-3**のとおりである。

全体数では2015年の3623社、2016年の3489社、2017年の3473社、2018年の3404社、2019年は3325社と徐々に減少傾向を示している。

これを2018年を基準にすると、「一般単行本」は全体比で67%、次いで「学術書/専門書」の18.1%である。2019年には全体に対し「一般単行本」のシェアが70.9%、「学術書/専門書」が16.6%と明らかに下降している。

(3) 販売額の推移

韓国出版文化産業振興院の「出版産業実態調査」から分野別事業所数(2015〜19)を見ると、表2-3のとおりだった。

また、同じ調査から、類型別販売額を見ると、**表2-4**のようになる。2018〜19年の「電子書籍流通会社」の場合は、主要事業所である通信会社とポータルサイトは無回答だったため数値は計上されていない。

これは前年度の場合(2016年)も同様である。出版事業所及び出版流通事業所

表 2-3 事業分野別事業所数(2015〜19)

区 分	2015年	2016年	2017年	2018年	2019年	2018年シェア〔%〕	2019年シェア〔%〕
一般単行本	2,325	2,173	2,251	2,283	2,359	67	71
学術書/専門書	693	705	694	619	553	18	17
教科書/学習参考書	239	265	233	212	150	6	5
児童図書	216	176	148	172	172	5	5
学習誌	126	100	71	98	66	3	2
全集	24	18	61	20	25	1	1
電子出版	*	55	15	*	*	0	0
全体	3,623	3,489	3,473	3,404	3,325	100	100

注:* 規模推定基準により電子出版主力事業所除外
出所:韓国出版文化産業振興院(2020)、『出版産業実態調査』

は調査母集団を基準に規模を推定した値である。

2019年における韓国出版産業の販売規模は約８兆571億ウォンであり、電子書籍流通会社の販売額上昇率が最も高かった。2018年基準の国内出版産業の販売規模は約７兆8037億ウォンで前年に比べ0.1％増加したが、これはオンライン書店と電子書籍流通会社の販売額が前年より増加したことによるものである。

2017年には約７兆7164億ウォンで前年に比べ0.2％減少し、従事者規模は３万9894名で前年に比べ4.1％減少した。2017年、販売額の比重が最も大きい出版事業所の販売規模は前年に比べて1.3％減少したが、オンライン書店、電子書籍流通会社などネット上での取引関連事業所の販売額は増加した。

2016年の韓国出版産業の総販売規模は約７兆8130億ウォンで、前年に比べて2.0％増加した。販売額の50.7％を占める出版事業所（紙の書籍の出版）の売上額は1.6％減少したが、オンライン書店は15.7％、電子書籍流通会社は37％も増加した。

一般単行本の電子書籍については特別な動きは見られないが、ジャンル小説及びWeb小説の成長が電子出版の伸びを主導しており、コンテンツの多様化と同様に市場成長の可能性と推移が注目される。このうち電子出版市場を牽引するWeb小説は、主にサブスクリプション形態で読者に提供され、媒体は専らモバイルチャンネルを使用している。

表 2-4　類型別販売額（2015 ～ 19）　（単位：〔百万ウォン〕）

区　分		2015年	2016年	2017年	2018年	2019年
出版事業所		4,027,849	3,963,403	3,912,197	3,908,372	3,975,224
出版流通事業所	取次・総販	872,087	839,664	791,275	789,652	788,913
	オフライン書店	1,380,101	1,385,241	1,308,984	1,269,198	1,258,213
	オンライン書店	1,183,836	1,369,698	1,484,595	1,566,285	1,614,892
電子書籍事業所	電子書籍流通会社	125,823	172,437	219,350	270,202	419,921
小計		7,589,696	7,729,443	7,716,401	7,803,709	8,057,163
	電子書籍出版社	70,941	83,569	-	-	-
全体		7,660,637	7,813,012	7,716,401	7,803,709	8,057,163

出所：韓国出版文化産業振興院（2020）、『出版産業実態調査』

表 2-5　従事者数の変化（2015 ～ 19）（単位：〔名〕）

区　分		2015年	2016年	2017年	2018年	2019年
出版事業所		28,483	28,682	27,169	27,086	27,120
出版流通事業所	取次・総販	2,917	2,823	2,684	2,681	2,675
	オフライン書店	6,290	6,328	6,153	6,117	6,083
	オンライン書店	3,002	3,086	3,162	3,175	3,189
電子書籍事業所	電子書籍流通会社	498	680	726	863	1,362*
小　計〔名〕		41,190	41,599	39,894	39,992	40,429
	電子書籍出版社	1,136	1,175	－	－	－
全　体〔名〕		42,326	42,774	39,894	39,922	40,429

注：* 電子書籍流通会社の従事者数は推定値
出所：韓国出版文化産業振興院 (2020).『出版産業実態調査』

(4)　類型別従事者数（2015 ～ 19）

「出版産業実態調査」における出版産業従事者数の推移(2015～19)は、**表2-5**のとおりである。

2019年の従事者数は２万7120名で、電子書籍と関連したオンライン書店と電子書籍流通会社の従事者が増加している。

2018年は、従事者数が２万7086名となったが、前年に比べると0.4%のマイナスだった。

2017年の従事者数は前年に比べ5.3%減少したが、オンライン書店、電子書籍流通会社では増加した。

2016年度の従事者数は約４万2774名で前年に比べると1.1%の増加だった。このうち出版事業所の従事者数の比重は67.1%で、前年に比べると0.7%の増加である。

2015～18年における従事者数は2015年が４万2326名、2016年が４万2774名と増加し、2017年は３万9894名に減少した。

2018年は３万9922名で前年より若干増加した。特記すべきは出版事業所、取次・総販、オフライン書店が2015年に比べ2016年は多少上昇に転じ、2017年に再び減少したのに対し、オンライン書店、電子書籍流通会社と電子書籍出版社は2015年から18年まで徐々に増加している点である。

第3節 出版産業の事業所数、従事者数、販売額の現況

3.1 事業所数、従事者数、販売額（2015～18）

コンテンツ産業調査は、出版文化産業振興法が定義する「出版文化産業」についての統計資料を提供してくれる。書籍、雑誌及び新聞取次業と書籍及び雑誌類小売業を含む書籍取次業、書籍小売業を網羅する刊行物の出版、流通産業及びそれに密接に関連する産業の統計数値が該当する。

韓国コンテンツ振興院の「コンテンツ産業調査」によれば、2018年の「出版」の母集団に適正標本数が占める比率は23％で、「知識情報」の12.4％、「音楽」の10.9％、「広告」の10.2％よりも高かった。2019年の場合も「出版」が12.2％で、さらに「知識情報」12.1％、「広告」10.5％、「ゲーム」10.2％と続いている（**表2-6**）。

韓国コンテンツ振興院は、「コンテンツ産業2018年決算と2019年展望セミナー」において、独自に集計したジャンル別コンテンツ産業の販売及び輸出概算額は116兆3000億ウォンで、2017年に比較すると5.2％の成長だったと発表した（**図2-4**）[*7]。

まず、書籍出版事業所数は2015年の1856社から2017年には1851社と微減だった。しかし2018年には再び1972社に増えた。これに対して教科書／学習書籍出版業は2015年の695社から2017年には747社へと増加、2018年には728社と若干減少している。

インターネット／モバイル電子出版事業所は、2015年の174社、2016年の181

＊7　韓国コンテンツ振興院（2019）、「2019上半期コンテンツ産業動向分析報告書」

表 2-6　コンテンツ産業標本設計基準ジャンル別母集団及び適正標本数

ジャンル	2018年			2019年		
	母集団	適正標本数	構成比〔%〕	母集団	適正標本数	構成比〔%〕
出版	25,452	555	23	25,829	305	12
漫画	7,726	120	5	7,172	156	6
音楽	35,501	264	11	36,066	246	10
ゲーム	12,363	185	8	12,937	254	10
映画	1,398	120	5	1,409	245	10
アニメーション	447	138	6	492	149	6
放送	957	120	5	980	164	7
広告	7,229	245	10	7,234	263	11
キャラクター	2,213	182	8	2,261	202	8
知識情報	8,719	300	12	9,149	302	12
コンテンツソリューション	1,798	184	8	1,872	214	9
全体	105,803	2,413	100	105,401	2,500	100

注：比率は全体標本数対比産業別標本数比率
出所　韓国コンテンツ振興院（2018)、「2018 上半期コンテンツ産業動向分析報告書(出版・漫画産業編)」。韓国コンテンツ振興院(2019)、「2019 上半期コンテンツ産業動向分析報告書」

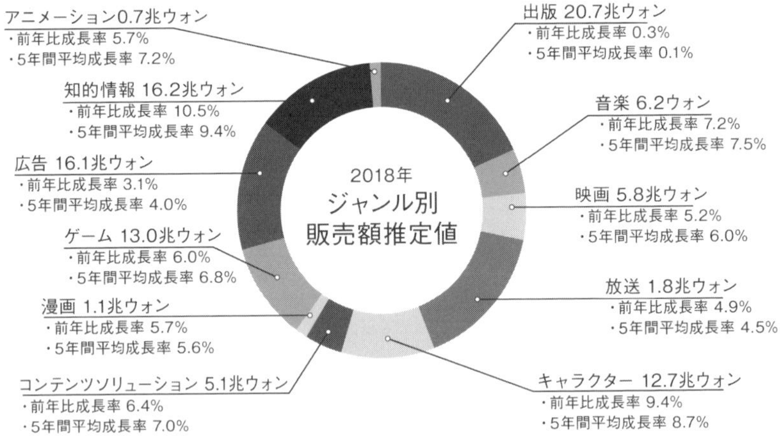

図 2-4　2018 年、コンテンツ産業ジャンル別推定値

出所:パク・ソクカン(2019)、数字でみる 2018 漫画、Web トゥーン産業界の話題、〈2018 年マンガ、Web トゥーンの決算〉、デジタル漫画奎章閣
(http://dml.komacon.kr/webzine/cover/26840)

表 2-7　分野別事業所数、従事者数、販売額（2017 ～ 18）

	2017年			2018年		
出版産業統計分類	事業所〔社〕	従事者〔名〕	販売額〔百万WON〕	事業所〔社〕	従事者〔名〕	販売額〔百万WON〕
書籍出版業	1,851	9,268	1,169,848	1,972	9,392	1,153,340
教科書/学習書籍出版業	747	15,537	2,828,654	728	15,681	2,857,646
インターネット/モバイル電子出版制作業	186	2,080	340,357	176	2,292	383,026
新聞発行業	603	17,284	2,854,363	640	17,521	2,884,617
雑誌及び定期刊行物発行業	1,355	10,079	1,122,841	1,367	10,482	1,148,805
定期広告刊行物発行業	366	5,151	491,792	334	5,247	504,443
その他印刷物出版業	264	1,166	201,033	277	1,194	203,844
合　計	5,372	60,566	9,008,888	5,494	61,809	9,135,721

出所：文化体育観光部、「2019 コンテンツ産業統計調査報告書」

社、2017年の186社と微増していたが、2018年には176社と若干減少した。

新聞発行業は2013年の390社、2015年の422社、2016年の497社、2017年基準の603社と大きく増加した。コンテンツ産業調査の出版産業事業所、従事者、販売額規模(2017～18)は、**表2-7**のとおりである。

雑誌及び定期刊行物発行業は2014年の1160社から2016年は1311社に、2017年には1355社へと増加した。

定期広告刊行物発行業は2015年の398社から2016年には387社と減少し、2017年には366社、2018年には334社と減じた。その他印刷物出版業は2015年の237社、2016年の246社、2017年の264社、2018年の277社と増加傾向にある。

第4節 出版関連産業の現況

4.1 出版卸小売業、オンライン出版流通業などの現状

コンテンツ産業調査から出版卸小売業、オンライン出版流通業、出版賃貸業の事業所数、従事者数、販売額(2016〜18)を取り出すと、**表2-8**のとおりである。

出版卸小売業は、2015年の6158社から2016年は6119社に減少し、2017年には6203社へ増加し、2018年には6078社と再び減少に転じた。他方、2015年の従事者数は3万7908名、販売額は7兆7166億3700万ウォンから、2017年には従事者数3万6742名、販売額7兆5195億8900万ウォンに減少した。2018年にも従事者数は3万6646名、販売額は7兆5007億3800万ウォンと前年比では多少の下落を

表2-8 コンテンツ産業調査の出版産業事業所、従事者、販売額(2016〜18)

		2016年			2017年			2018年		
分類	区分	事業所〔社〕	従事者〔名〕	販売額〔百万WON〕	事業所〔社〕	従事者〔名〕	販売額〔百万WON〕	事業所〔社〕	従事者〔名〕	販売額〔百万WON〕
出版卸小売業	書籍及び雑誌類取次業	1,608	9,866	2,664,220	1,599	9,814	2,630,776	1,600	9,715	2,577,298
	書籍及び雑誌類小売業	4,511	27,022	4,975,420	4,604	26,928	4,888,813	4,478	26,931	4,923,440
	小計	6,119	36,888	7,639,640	6,203	36,742	7,519,589	6,078	36,646	7,500,738
オンライン出版流通業	インターネット/モバイル電子出版サービス業	44	524	215,236	48	551	238,846	56	581	259,677
	小計	44	524	215,236	48	551	238,846	56	581	259,677
出版賃貸業	書籍レンタル(漫画除外)	2,025	1,836	53,855	1,735	1,873	55,145	1,679	1,903	55,685
	小計	2,025	1,836	53,855	1,735	1,873	55,145	1,679	1,903	55,685

出所:文化体育観光部(2020)、「2019 コンテンツ産業統計調査報告書」

示している。

オンライン流通業の事業所数は2015年43社、2017年48社、2018年56社と若干増加したが、販売額はかなり増加した。書籍レンタル業は、事業所数、従事者数、販売額のすべてにおいて減少傾向をたどっている。

4.2　出版関連産業の現況

（１）　印刷産業の事業所数、従事者数、販売額の推移

印刷産業は伝統的に印刷物を発注する企業が消費者を獲得するために、必要な製品である印刷物を制作する産業形態として存在してきた。

この産業は典型的なB2B産業で、外部環境に大きく影響される（チョ・ガプジュン）[*8]。最近はデジタル印刷機の普及もあって、フォトブック事業においてはB2C領域に拡張を図っている。

コンテンツ産業調査による印刷産業の事業所数、従事者数、販売額の推移（2015～18）は、**表2-9**のとおりである。

印刷産業は2015年１万2025社、2016年１万2105社、2017年１万2471社と漸増したが、2018年には１万1688社に減少してしまった。従事者数も増加傾向にあり、2017年５万1576名、2018年５万2056名となった。販売額は2015年から徐々に増加しており、2018年には４兆19億5100万ウォンと頂点に達した。

（2）　製紙産業の国内外の需給現況（2017 ～ 18）

2018年は、韓国内の製紙業界は内需不振、輸出環境の悪化と厳しい環境の中

表 2-9　印刷産業の事業所数、従事者数、販売額（2015 ～ 18）

分類	2015年			2016年			2017年			2018年		
	事業所〔社〕	従事者〔名〕	販売額〔百万WON〕	事業所〔社〕	従事者〔名〕	販売額〔百万WON〕	事業所〔社〕	従事者〔名〕	販売額〔百万WON〕	事業所〔社〕	従事者〔名〕	販売額〔百万WON〕
印刷業	12,025	49,922	3,839,549	12,105	50,125	3,895,442	12,471	51,576	3,932,866	11,688	52,056	4,001,951
小計	－	－	－	12,105	50,125	3,895,442	12,471	51,576	3,932,866	11,688	52,056	4,001,951

出所：文化体育観光部（2020）、「2019 コンテンツ産業統計調査報告書」

＊8　チョ・ガプジュン　(2019)、2019年印刷産業を取り巻く環境変化、『プリンティングコリア』、通巻199号。

で主原料価格の騰落のあった1年だった。紙の生産と輸出は２年連続して減少し、韓国内出荷も前年比で減少を示した。主原料であるパルプ価格は、強気基調が続き印刷用紙業界の経営実績は大きく悪化している。

『韓国出版年鑑』から製紙業界の紙種別需要状況(2017～18)をみると、**表2-10**のとおりである。

用紙類は前年比3%の生産減だった。スマート機器の普及で、新聞、印刷出版など第一線産業の需要不振と輸出需要鈍化により新聞用紙、印刷用紙の生産が減少したためで、2年連続の不振を記録するにいたった。

（３） 漫画産業の事業所数、従事者数、販売額（2015 ～ 18）

漫画産業は1995年に政府の方針が「統制中心から振興中心へ」変わって以降、持続的な成長を見せた。2013年の「第3次漫画産業中長期計画」による「2018年、漫画産業の売上１兆ウォン達成」という目標を2019年には、１兆1000億ウォンで達成した。これは2013年以降、有料Webコミック市場が本格化したため可能になったと分析されている。また2018年９月に、カカオページは伝統的な漫画出版社大元 C.I.に150億ウォン(持分19.8％)、鶴山文化社に146億ウォン(持分19.8％)、ソウルメディアコミックスに100億ウォン(ソウル文化社の漫画事業部門子会社、持分22.22％)、総400億ウォンを投資したと発表した。これらによってカカオページはデジタル化に積極性を示した日本漫画コンテンツを安定的に確保し、カカオページのデジタル基盤コンテンツを流通し得

表 2-10　製紙産業の紙種別供給現況（単位：〔千トン〕）

紙	生産		国内出荷		輸出		輸入	
	2017年	2018年	2017年	2018年	2017年	2018年	2017年	2018年
新聞用紙	1,121	986	612	550	536	439	-	-
印刷用紙	2,742	2,680	1,539	1,513	1,212	1,150	315	320
包装紙	176	198	163	166	17	20	82	85
衛生用紙	512	556	467	507	46	47	64	62
特殊紙	138	126	123	112	9	11	340	325
小計	4,689	4,546	2,904	2,848	1,820	1,667	801	792

注：2018 年韓国内紙類生産・出荷現況 (韓国製紙連合会)、輸入は関税庁の通関実績基準。
出所：大韓出版文化協会 (2019)、『韓国出版年鑑』

るオフライン窓口を準備した（パク・ソクカン）*9。

コンテンツ産業調査の漫画産業事業所数、従事者数、販売額の推移（2015～18）を見ると、**表2-11**のとおりである。

漫画産業の事業所数は2015年の8145社、2016年の7726社、2017年の7172社、2018年は6628社と次第に減少した。これに対して従事者数は2015年の１万３名から2016年の１万127名に増え、2017年は１万397名、2018年は１万761名に増加した。

一方、販売額の規模も毎年増加し、2015年の9194億800万ウォン規模から2017年には１兆822億2800万ウォン、2018年には１兆1786億1300万ウォン規模にまで成長した。付加価値も次第に増加し、輸出額は毎年増加傾向をたどっている。

（４）Web小説及びWebトゥーン産業の主要トレンド（2018～19）

韓国コンテンツ振興院の『2019漫画産業白書』は、Webに接続してアップロードされた小説をオンライン閲覧方式で読むWeb小説市場が急成長していることを明らかにした。Web小説とはインターネット上に連載される小説でネイバーWeb小説、カカオページなどのWeb小説専用プラットフォームを通じてWeb上で連載／消費される形態の小説のことである。

Web小説は１編が3～5分程度の短時間で読める分量の小説を区切って販売

表2-11　漫画産業事業所数、従事者数、販売額の推移

漫画産業	2015年	2016年	2017年	2018年
事業所（箇所）	8,145	7,726	7,172	6,628
従事者（名）	10,003	10,127	10,397	10,761
販売額（百万WON）	919,408	976,257	1,082,228	1,178,613
付加価値（百万WON）	362,028	392,558	432,681	427,238
付加価値率（%）	39.4	40.2	40	36.2
輸出額（百万WON）	29,354	32,482	35,262	40,501
輸入額（百万WON）	6,715	6,554	6,570	6,588

出所：文化体育観光部（2020）、「2019 コンテンツ産業統計調査報告書」

*9　パク・ソクカン（2019）、「数字でみる2018漫画、Webトゥーン産業界の話題」『2018年マンガ、Webトゥーンの決算』、デジタル漫画奎章閣。（http://dml.komacon.kr/webzine/cover/26840）

する方式である。このようなWeb小説は何よりもスマートフォンでの閲覧に最適なコンテンツであり、Web小説の大衆化が進むにつれ、大勢の創作者と消費層が流入し、その規模は急速に拡張している。Web小説のジャンルとしてはロマンス・ファンタジー・武侠物などがある。また、Webトゥーンの場合はドラマ化、映画化されて海外輸出されているケースも見られる。

先ごろ、韓国出版文化産業振興院は、Webトゥーン及びWeb小説に国際標準図書番号(ISBN)を付与するように勧告し、出版流通審議委員会では電子出版物に定価表示を義務化する内容の公文書を各電子書籍流通会社及びプラットフォームの代表あてに送った。

「2019年、漫画利用者実態調査」では、全国17の市・道の満10～59歳の国内居住漫画利用者3000名を対象に、オンライン定量調査を実施した。回答は男性1535名(51.2%)、女性1465名(48.8%)だった。漫画利用頻度は1週間に1～2回が19.6%と最も多く、形態別利用経験は「デジタル漫画のみの利用」とする回答者の比率が67.4%で最も大きな比率を占めた。「デジタル漫画と紙の漫画を並行して読む」は28.6%、「紙の漫画だけを読む」は4%だった。

(5) 雑誌産業の事業所数(2012～17)

韓国言論振興財団の『2018年、雑誌産業実態調査報告書』によれば、雑誌産業の全体の売上額は2017年1兆354億ウォンで、2014年の1兆3754億ウォンに比べると24.7%の減少となった。

反面、定期購読者を持つ雑誌の比率は76.2%から88.7%に増加し、広告市場において雑誌が占める比重は減少した。雑誌産業全体が経営上の困難に直面しているため定期購読者の確保が極めて重要な課題になっているようだ。

雑誌の主要収益源のうち広告の比重は、2012年の39.2%から2017年には37.7%に減少し、販売収益割合は2012年の37.9%から2017年の42.4%に上昇した(チョン・ジュンギ)*10。

韓国言論振興財団調べから雑誌産業事業所数の推移を見ると、**表2-12**のとおりである。雑誌産業の定期刊行物登録現況については、2010年の3437件から

*10 チョン・ジュンギ(2019.2.20.)、雑誌市場の変化:個性あふれる雑誌のみが生き残る、「韓国日報」。(https://www.hankookilbo.com/News/Read/201902180151738389)

2017年の4093件に増加した。企業形態別では「個人事業者」の事業所数は2012年に478だったのに対し、2017年には356に減少している。他方、「会社以外の法人」は2012年の７から2017年の1257に増加した。

（6） 雑誌産業の従事者数

表2-13のように雑誌産業従事者数は2012年の１万7748名から2014年の１万8314名に増加したが、2017年には１万2154名に減少した。１社平均従事者数も次第に減少している。

（7） 雑誌産業の販売額（2012 ～ 17）

販売額も従業者数の傾向と同様に、2012年の１兆8625億1500万ウォンが、

表 2-12　雑誌産業の事業所数（2012 ～ 17）

区分	2012年	2014年	2017年
雑誌産業母集団	1,965	2,509	2,021
定期刊行物登録現況	3,712	4,316	4,093

雑誌産業	区分	2012年	2014年	2017年
		事業所数	事業所数	事業所数
企業形態別	個人事業者	478	275	356
	会社法人	994	295	408
	会社以外の法人	7	1,939	1,257
発行点数別	１種	1247	2,386	1,789
	２種	155	98	171
	３種以上	77	25	61
販売額規模別	１億ウォン未満	174	1,239	677
	1-10億ウォン未満	1022	877	1,163
	10-100億ウォン未満	228	380	165
	100億ウォン以上	55	13	16
従事者規模別	１～４人	474	1,250	1,179
	５～９人	634	691	626
	10～49人	337	549	200
	50～99人	9	10	6
	100人以上	25	9	10
事業所合計		1,479	2,509	2,021

出所：韓国言論振興財団（2018）、「2018 年雑誌産業実態調査報告書」

2017年には１兆353億500万ウォンとなった(**表2-14**)。

ここまで出版産業と関連した現況を統計に基づき概括的に見てきた。出版統計(publishing statistics)は、出版産業内で発生した現象の記述、資料の組織化により使用者が容易に活用できるようにまとめた資料であり、出版の生産・流通・消費に関連する各種統計と、これと関連した図書館、読書実態等を含んでいる。

分野別統計については市場調査・企画・マーケティングに活用することが可

表2-13　雑誌産業の類型別従事者数（2012～17）

区分	2012年	2014年	2017年
雑誌産業従事者数〔名〕	17,748	18,314	12,154
１社平均従事者数〔名〕	12	7	6

雑誌産業	区分	2012年	2,014年	2,017年
		従事者数	従事者数	従事者数
販売額規模別	１億ウォン未満	711	3,659	2,113
	1～10億ウォン未満	4,424	6,074	6,578
	10～100億ウォン未満	6,427	6,958	2,335
	100億ウォン以上	6,186	1,623	1,128
従事者規模別	１～４人	1,348	3,179	3,209
	５～９人	3,605	4,138	4,017
	10～49人	5,087	8,989	3,448
	50～99人	654	654	353
	100人以上	7,055	1,354	1,127
雇用形態別	正社員	13,588	12,880	10,386
	非正規社員	4,160	5,434	1,768
性別	男性	9,834	9,208	6,385
	女性	7,914	9,106	5,769
学歴別	高卒以下	1,634	445	66
	短大卒	2,224	1,014	1,178
	大卒	11,707	15,378	10,186
	大学院卒以上	2,183	1,477	724
年齢別	29歳以下	3,273	2,817	1,202
	30-39歳	6,117	8,015	4,658
	40歳以上	8,358	7,482	6,294

出所：韓国言論振興財団(2018)、「2018年雑誌産業実態調査報告書」

表 2-14　雑誌産業の事業市場規模（2012 ～ 17）

区分		2012年	2014年	2017年
雑誌産業販売額〔億ウォン〕		18,625	13,754	10,354
1 社平均販売額〔百万ウォン〕		1,259	548	515

雑誌産業	区分	2012年	2014年	2017年
		販売額	販売額	販売額
販売額規模別	1 億ウォン未満	4,991	85,596	28,135
	1～10億ウォン未満	315,336	243,196	297,784
	10～100億ウォン未満	624,578	576,407	401,467
	100億ウォン以上	917,610	470,195	307,966
従事者規模別	1 ～ 4 人	165,069	107,097	235,392
	5 ～ 9 人	200,605	138,624	251,076
	10 ～ 49人	887,170	629,736	298,601
	50 ～ 99人	118,584	110,410	82,104
	100人以上	491,087	389,526	168,178
販売額〔百万ウォン〕		1,862,515	1,375,393	1,035,351

出所：韓国言論振興財団（2018）、「2018 年雑誌産業実態調査報告書」

能で、国家的レベルでは出版分野の市場状況を把握するために、欠かせないものとなっている。

国内の出版統計関連の現況を知るには、この章で見た「KPIPA出版産業の動向」、「KPIPA出版産業実態調査」、「コンテンツ産業統計調査」、『韓国出版年鑑』のほかに、「図書館の統計システム」「ベストセラー集計」「出版流通情報システム発行統計」「出版著作権輸出DB関連調査研究」「文化流通ブックス出版市場統計情報」「国民読書実態調査」「電子書籍読書実態調査」「電子書籍パロセンターの電子書籍統計」『韓国書店便覧』などでも探し出すことができる。

紙魚の目

日本における電子書籍の市場規模

2010年は「電子出版元年」と話題になり、市場は活性化し始めたが、その後の日本と韓国の電子書籍の発展状況の違いを比較すると面白い。

日本の電子出版の統計に関しては、インプレス総合研究所の『電子書籍ビジネス調査報告書』のデータが広く使われてきたが、その2019年版では、2018年度の電子書籍市場規模を2826億円と推計し、2017年度の2241億円から585億円(26.1%)増加、電子雑誌市場規模は296億円(前年比6.0%減)と初めてマイナス成長となり、電子書籍と電子雑誌を合わせた電子出版市場は3122億円(前年比24.7%増)としている。

日本の電子書籍市場の売上高推移

年度	電子書籍	前年比	電子雑誌	前年比	電子出版市場合計	前年比
2010年度	650億円	—	6億円	—	656億円	—
2011年度	629億円	96.7%	22億円	333.6%	651億円	99.2%
2012年度	729億円	115.8%	39億円	177.2%	768億円	117.9%
2013年度	936億円	128.4%	77億円	197.4%	1013億円	131.9%
2014年度	1266億円	131.8%	145億円	188.3%	1411億円	139.2%
2015年度	1584億円	125.1%	242億円	168.9%	1826億円	129.4%
2016年度	1976億円	127.4%	302億円	124.8%	2278億円	124.7%
2017年度	2241億円	113.4%	315億円	104.3%	2556億円	112.2%
2018年度	2826億円	126.1%	296億円	94.0%	3122億円	122.1%

出所:『電子書籍ビジネス調査報告書 2019』より引用(インプレス総合研究所 2019)

出版科学研究所の『出版指標年報(2019年版)』によると、2018年の電子書籍の市場は電子書籍321億円(前年比10.7増)、電子コミック1965億円(同14.8%増)、電子雑誌193億円(同9.8%減)、電子市場の合計は2479億円(同11.9%増)と発表している。

なお、インプレスの統計では、「年度」が基準になっており、出版科研の統計では「暦年」が基準になっている。また、電子書籍という定義そのものが違っており、インプレスの統計では「文字もの(文学、評論など)」と「コミックス単行本」の合計を電子書籍としているのに比べ、出版科研のデータでは「文字もの」を電子書籍に、「コミックス」は電子コミックと集計している。

出版科研の『出版指標年報』(2019年版)では、取次ルートを経由した紙媒体の出版物推定販売金額については、2018年(1月〜12月期)は、前年比5.7%減の1兆2921億円と発表しており、金額ベースでは、同511億円のマイナスとなった。 内訳は、書籍が6991億円(前年比2.3減)、雑誌が5930億円(同9.4%減)と落ち込みが激しく、雑誌分野のなかで、月刊誌(週刊誌を除く、ムック、コミックスを含む)は同9.3%減、週刊誌は同10.1%減となり、「書高雑低」傾向が一段と進み、書籍の販売金額を下回った。「紙の本や雑誌」はいっそう厳しい状況が明らかとなった。「紙と電子」の合計では、1兆5400億円(同3.2%減と公表している。

今後は、産業構造の変化に伴い、「紙+電子」の総合で出版産業の動向を見ることが大切である。 (出所:『新版 本づくりこれだけは』(下村昭夫ほか、出版メディアパル)

第3章

出版産業の需要と供給

本章の内容

出版産業は、需要と供給の調和を通じて進化する。まず、需要側面では人々が書籍から遠ざかり、読書率の下落が悩みに登場する中で、リーディングテイメント(readingtainment、書籍読みを楽しむ新たなトレンド)が成長する現象に注目した。

日本でライフスタイルを提案する蔦屋書店や新しい図書館空間構成で注目された武雄市立図書館のように、韓国では新世界グループの新たな企画がソウルCOEXモールにオープンした“ピョルマダン図書館”や“知的遊戯”を楽しむ人々のためにのトレバリが運営するメンバーシップ読書会と、アグレアーブルの運営事例が大きな関心を集めている。

また、読書文化振興法により5年ごとに策定する韓国政府の主要読書政策を紹介し、教養教育と連携した韓国大学の読書認定制の施行事例、韓国人の読書生活と公共図書館現況についてまとめた。

書籍の供給側面では出版生産と出版社の現況を見た後、韓国社会の変化と読者の関心事が反映された出版市場の流れ、主要出版トレンドを紹介した。韓国のベストセラーとロングセラー、人気書籍の再出版の動きなど多様な出版現象についても取り上げている。

第1節

読者と読書

1.1　読書率と読書量

読書率や読書量に関連する調査に、OECDの「国際成人力調査(PIAAC)」[*1]と、韓国で隔年に実施されている「国民読書実態調査」がある。

「国際成人力調査」から、関連するデータを抜き出してみると、韓国の「読書率」は、国際平均値よりはやや低いが、「言語能力」においては優れている側に属する(キム・ウンハ)[*2]。

一方、「国民読書実態調査」によれば、モバイル環境及び経済・社会的文化変貌の影響なのか読書指標は下降している。

2019年の「国民読書実態調査」を見ると、“紙の本”の年間読書率は成人52.1%、生徒90.7%で、ともに減少傾向にある。一方、電子書籍の利用体験は成人16.5%、生徒37.2%で、双方とも増勢に向かっている。また、“紙の本”と電子書籍のいずれかでの読書率は成人55.4%、生徒91.9%で双方ともに減少している。

この年度には初めての「オーディオブック読書率調査」も実施されているが、結果は成人3.5%、生徒18.7%、“紙の本”と電子書籍、またオーディオブッ

*1　「国際成人力調査」は、年齢・性別・学力・経済力・文化資本・仕事と日常生活において利用する「読み書き/問題解決能力」を広範囲に調査したもので、読書実態との関連で「読書活動の頻度」を確かめている。成人のスキルを「読解力(literacy)」「数的思考力(mathmatics)」「ITを活用した問題解決能力(Problem solving in technology-rich enviroments)」について測定したものである。

*2　キム・ウンハ(2015)、『海外主要国の読書実態及び読書文化振興政策事例研究』、文化体育観光部、15～16項。

クのいずれかでの読書経験は成人55.7%、生徒92.1%で、「“紙の本”+電子書籍」の読書率とほぼ同じだった。さらに、この実態調査によれば、“紙の本”の年間読書量は成人6.1冊、小中高校生32.4冊で、生徒は増加、成人は減少だった。

電子書籍の読書量は成人1.2冊、生徒5.6冊で大きな変化はみられない。オーディオブックの読書量は成人0.2冊、生徒2.7冊で、“紙の本”と電子書籍の双方よりも、まだ多いとは言えない。

“紙の本”と電子書籍を合わせた読書量は成人7.3冊、生徒38.8冊で、成人は減少、生徒は増加である。結果として“紙の本”・電子書籍・オーディオブックを合計した「年間総合読書量」は成人7.5冊、生徒41冊だった。

表3-1のように、韓国の読書率は世界の平均よりは多少低めで、毎日読書する者の比率は8.4%で、調査対象国のうちで最下位だった。反面、1か月に1、2回読書する者の数は最も多い。韓国の年齢別読書率は16～24歳が最上位にあり、年齢が高まるにつれ低下している。注目すべきは世界の読書量比較で、韓国の16～24歳世代は最も高位にあることだ。これは韓国の中高校生の学習量が相対的に高いことを傍証するもので、大学入学から卒業までの学習量と読書量の高さを物語っている(キム・ウンハ)[*3]。

読書においては「言語能力(読解力)」が極めて重要なファクターとなる。特に年齢別言語能力に注目しなければならない。韓国では16～24歳の言語能力が最も高くなっており、加齢とともに下降する特徴が見られる。

世界の年齢別言語能力を確かめてみると、最も高いのは25～34歳で、次いで

表3-1 「国民読書実態調査」と「国際成人力調査」の結果

区分		毎日	一週間に数回	1か月に1、2回	数か月に1回	全く読まない
国民読書実態調査	成人	5.3	19.2	16.6	21.2	37.7
	学生	14	35.6	19.3	17	6.6
国際成人力調査	OECD平均	20.2	19.9	14.3	22.1	23.5
	韓国全年齢	8.4	16.7	26.2	23.1	25.6

出所:文化体育観光部(2019)、『第3次読書文化振興基本計画』

＊3　注2に同じ。

16～24歳、さらに高年齢になるにつれて低下する。書籍の主要読者は16～34歳であり、言語能力は最も高くなっている。

国家別の言語能力では、日本がトップで、フィンランド・オランダ・韓国・オーストラリア・スウェーデン・ノルウェイ・エストニア・ベルギーと続いている。韓国は言語能力が高い方に属しているが、学業や仕事に関連する書籍の読書比率が圧倒的に高い(キム・ウンハ)[*4]。

2019年、教育部(省)は、学校における読書及び書籍執筆などのクラブ活動の活性化、読書教育教材開発及び事例の拡大、読書教育総合支援システムの機能改善を重点的に推進すると発表し、合計14億200万ウォンの予算措置をした。そして初等・中等教育の読書教育活性化と、学校図書館及び読書教育支援システムの改善に関連する支出を行った。

1.2　読書と読解力

「読書」と「読むこと」は意味が類似しているが、厳密に言えば異なっている。1938年に出版された文世栄(ムン・セヨン)の『朝鮮語辞典』によれば、「“読書”は“文章や本を読むこと”」であり、項目として「読むこと」は設けられていない。

こうした流れはハングル学会編の『ウリマル大辞典』(乙酉文化社、1957年)にも踏襲された。だが国語教育社では「教授要目」(1946年公布)に基づき、「読むこと」という用語の解説を初めて行った(ホ・ジェヨン)[*5]。

「読書」の意味は「人格修養、見聞拡張、教養教育の次元で必要な書籍を読むこと」である。この「読むこと」は「字を正しく読むように指導する。文字を読む。または解読(decoding)」と理解され、「文章だけでなく多様な媒体言語を読むなどの幅広い行為」と、その意味が拡大されている(チョン・ビョンギ／ベ・シッカン)[*6]。

一般的に、“読書”は「文章または文字を声を出して読む」という意味に使用されている。“読書”は英語で「reading」であり、「reading」は「読書、読むこと、

---

*4　注2に同じ。

*5：ホ・ジェヨン(2012)、「我が国の読書・作文研究の歴史的考察」、『リテラシー研究』Vol.5、リテラシー学会。

*6　チョン・ビョンギ／ベ・シッカン(2009)、「読書は文書きの基本」、『韓国思考と表現学会学術大会論文集』、韓国思考と表現学会。

読み物、本、状況に対する理解または解釈」などの意味を持っている(盧炳成)*7。

しかし、意外にも英語の名詞「lecture」にも「読書」の意味がある。普通は「講義」と「講演」を意味しているが、読むこと・読書・読み物・愛読書・解釈・読解という意味もある。フランス語で読書は「lectüre」であり、スペイン語では「lectura」、ドイツ語では「das Lesen」または「die Lekture」で、ラテン語の「lectio」が起源であり、古代と中世では「lecture」が「reading」よりも“読書”の意味が強かったことが分かる。

“読書”と「読むこと」の意味が異なるように、「識字率」と「読解力」も相違している。文字を読むことのできる成人の比率は「識字率」で、「読解力」は「文章を正確に解読できる能力を持つ者の割合」(https://namu.wiki/)である。

「識字率」は「文字を読む能力の持ち主の比率」で、「読解力(literacy proficiency)」は「文章を読む能力」のことである。最近では「デジタル読解力(Digital Proficiency)」なる用語も登場し、現代の読書は識字率よりも読解力に接近している点が注目される(Brad Grissom)*8。

また、「トランスリテラシー(Transliteracy)」の辞書的な意味は、「伝統的な活字媒体・電子機器・オンライン機器など多様な手段を利用し、読み書きできる能力」を意味する(ネイバー辞書、2020)。

さらにトランスリテラシーとは、「署名・話すこと・書くこと・印刷・TV・ラジオ及び映画からデジタルソーシャルネットワークに至るまで、多様なプラットフォーム、道具及びメディアにおいて、読み書きや相互作用する機能(https://suethomasnet.wordpress.com/)」をいう。

古代ギリシャ・ローマ時代の読書とは「訓練された専門の演説者(orator)が、連続原稿の形態で書かれたパピルス文書を大声で読む」ものだった。当時、読書はそれ自体が講演形式だったが、2〜3世紀に書物の形態が巻物から冊子形態(codex)になり、読書も音読から黙読に変化した(Martyn Lyons)*9。

18世紀後半になると、再び「リーディング革命(Reading Revolution)」が起きた。余暇のための文学や時事、教養的な内容を含む定期刊行物が爆発的に増

*7 盧炳成(2008)、「アナログとデジタルテキストの読書パラダイムに関する考察」、『韓国出版学研究』、第54号、韓国出版学会。

*8 Brad Grissom(2019)、Digital Proficiency：Literacy, Fluency and Mastery。(https://www.cmswire.com/digital-workplace/digital-proficiency-literacy-fluency-and-mastery/)

*9 Martyn Lyons(2011)、『本、その生きている歴史』、21世紀ブックス

え、「読むこと」は、ついに大衆化された。

こうした読書形態を憂慮したイギリスのロマン派詩人W・ワーズワースは、「思考と読解率(Literacy)が欠如した単なる「速読」であり、“皮相的な読書”にすぎない」と批判している(Martyn Lyons、注9参照)。また、21世紀の視点からすると、詩や小説の読書法の相違は大きくはないが、18世紀においては、詩と小説のような文学の範疇における読書の概念と方式は異なっていた。

1.3　読書パラダイムの変化

紙の発明と印刷術の発展によって冊子(codex)形態の書物が全世界に広がった。読書は自然に「本を読む行為」の意味で固定化し、印刷文化を基盤として最高の産物になった。印刷文化と読書は、近代を経て20世紀最大のコンテンツとして享受されるようになるが、“読書”が人生の知恵を得る最善の方策という考えも近代的な読書観である。

以来、新聞や雑誌を読むことを“読書”と称するようになり、インターネットの文章や電子書籍を読むことも“読書”になり、“読書”の概念と範囲が変化している (盧炳成)[*10]。

デジタル読書はデジタルメディアの環境が変化するに伴い、テキスト形態も“紙の本”に書かれるものとは別のものに変わり、読者の習性と行動様式も異なることになった。単語・節・文章がハイパーリンクで連結され、異なる文書とつながることもある。そのほかにも特定メッセージを伝達するための映像の利用など、情報源が提供するテキストも、以前とは別の形態を含むようになった(パク・ジュヒョン)[*11]。例えば、ePub2.0はテキスト中心の電子書籍で、ePub3.0は動画とコミュニケーション機能を強化したものである。電子書籍を基盤にデジタル読書環境は大きく変化を遂げている。

チェ・ヨンイム[*12]とシン・ミョンファン[*13]は、**表3-2**のように「所蔵読書パラダイムと接近読書パラダイムの比較分析調査」を実施した。読書資料の特徴

＊10　注7に同じ。

＊11　パク・ジュヒョン(2018)、「デジタル読書及び情報リテラシー評価問項分析を通じた読書及び情報サービスの方向探索：PIAACとPISAを中心に」、『韓国文献情報学会誌』、第52巻3号、韓国文献情報学会。

表 3-2　所蔵読書と接近読書のパラダイム

内容分類		所蔵読書パラダイム	接近読書パラダイム
知識共有の範囲		・個人の知識習得強調 ・閉鎖的読書	・多数の知識拡張強調 ・開放的読書
読書治療	技術発明	紙と印刷術発明	インターネット発明
	資料類型	印刷本、電子書籍	Web資料
	読書時期	購入後可能	いつでも、どこでも可能
	読書資料の特徴	・テキストで構成 ・所有可能 ・質的に検証可能 ・長期的保存可能	・テキスト、サウンド、動画など多様な形態で構成 ・利用のみ可能 ・短命で流動的 ・一時的保存可能
読書様相	読書形態	線形的読書	ハイパーテキスト読書
	読書水準	平面的読書	立体的読書
	読者反応	受動的参与	能動的参与
	コミュニケーション類型	1対多数	1対多数及び多数対多数

出所：チェ・ヨンイム(2014)、「Web基盤読書戦略モデリング」『韓国ビブリア学会誌』。
シン・ミョンファン(2016)、「デジタルメディアを活用した読書活動現況と特性に関する研究」『韓国出版学研究』第42巻第2号(通巻第74号)、韓国出版学会。

と読書の状態を基準に、伝統的な読書環境とWeb環境下での読書環境を区分し、所蔵読書と接近読書のパラダイムについて比較分析した。

読書パラダイムは“紙の本”から電子書籍へと進化し、テキストはイメージと映像に進化した。読書パラダイムも技術の発展と読書行動により変化しつつある。

デジタル技術とデジタルコンテンツに習熟した現代の大学生は、読書のパターンと認識が異なっている。彼らは“紙の本”特有の質感や香りの感覚、アナログ的感性も愛好しているが、低価格で“紙の本”の読書よりも可読性が高く、共有の利点などの長所をもつ電子書籍をいっそう好んでいる。

つまり電子書籍は使い勝手が良く、“紙の本”にはアナログ的感性が充満している。こうした両者の利点を享受しているのだ(チョン・ダヒ／イ・スサン)[*14]。

このように読書奨励がされて読書環境は変化しており、世界各国は状況に応

*12　チェ・ヨンイム(2014)、「Web基盤読書戦略モデリング」『韓国ビブリア学会誌』。
*13　シン・ミョンファン(2016)、「デジタルメディアを活用した読書活動現況と特性に関する研究」『韓国出版学研究』、第42巻第2号(通巻第74号)、韓国出版学会。
*14　チョン・ダヒ／イ・スサン(2018)、「電子書籍の読書が読者に及ぼす影響要因分析」、『韓国図書館情報学会夏季学術大会論文集』、韓国図書館情報学会。

じて様々な政策を打ち出している。

イギリスは「大英図書館のビジョン2020(British Library 2020 Vision)」を宣言した。「世界の知識を先導する」と壮大な目標を定め、世界的な情報ネットワークの先導的中枢、所蔵場所と専門知識及び協力を通じた知識のリーダーになるとビジョンを掲げた(『2019年読書振興に関する年次報告書』、2020)。

アメリカは「読書奨励オンラインゲーム(Readers to the Rescue)」を開発し、児童・生徒がさらに読書に親しみを抱くように、ゲームと融合させている。

アメリカ議会図書館が2014年から提供しているインタラクティブ・ゲームは、「子どもが親しみながら名作を読む機会が増えるように、興味を募らせる」ことを目標に定めた。映画「ナイト ミュージアム」のように、夜になると図書館に童話のキャラクターが現れるコンセプトである(http://www.read.gov/readers/readers.html)。

1.4 デジタル環境と読書

韓国では2000年を「電子出版元年」と宣言し、電子書籍が新たなメディアとして登場してきた。しかし実際には電子出版の影響は予想よりは小さなものに終わった。とりわけ「ブックトピア事件」*15は、電子出版産業に大きな傷跡を残した。それから10年が経過した2010年を起点に、再び「電子出版元年」が宣言された。前回よりも、さらに本格的なメディア融合時代になり、特にスマートフォン・タブレットPCの図書関連アプリケーションやキンドルのような電子書籍専用端末の登場など、多角的な読書活動を可能にする有能で強力な読書プラットフォームが登場したからである。その結果、伝統的な書籍の概念と出版の環境は大きく変わった。こうした環境変化が読書文化にいかに作用し、影響を与えたか、読書文化の構成要素を探っていかねばならない。

ハイパーテキストやインターネットの普及で始まった電子書籍出版は、卓上

*15 ブックトピアは、韓国内に電子書籍市場を開拓すると宣言、意欲的に事業に着手したが、経営権をめぐる紛争が発生、経営難に陥り、最終的には破産してしまった。この過程でコンテンツを提供した一部の出版社は、ブックトピアからコンテンツ代金を受け取ることはできなかった。

出版のアナログプロセスとして残っていた印刷段階までもデジタル化させた。いまや書籍は、デジタルコンテンツとメディアデバイスと構成的インタフェースによって具現化されている。読書文化は、リアルタイムネットワークを通じて共有される新しいメディアの地形図の中に再構成されつつある。

アマゾンのDTP(Digital Text Platform)は、個人の電子書籍出版を可能にしたもので、これまでの印刷出版における個人出版や自費出版とは区別される。

個人出版、自費出版を選択した著者は、印刷本時代の紙代・印刷費・流通費などの経費負担が軽減され、メジャー出版社の強力なマーケティング活動の恩恵から見放されて孤独な体験をすることになる。反面、アマゾンのDTP出版などでは、出版費用を憂慮することなく、有名作家と同等な条件で、デジタル展示棚に一緒に作品が陳列される可能性が生まれた。

電子書籍コンテンツの特徴は、次のような点にある。

第1に、知識のフラット(Flat、出版権の単品購入、定額制)現象である。旧刊・新刊、有名・無名作家の区別なくコンテンツ構成を可能にさせた。電子書籍コンテンツの拡大は、幅広い知識世界の水平的関係から始まる。

第2は、拡張性で電子書籍のコンテンツは、専用デバイス・スマートフォン・タブレットPC・デスクトップPCなど、さまざまな機器の画面に適合したコンテンツも実現できている。

第3は、コンテンツの空間化である。既存の書籍はそれぞれに固有の思想を代表する表象であり、完結性を持つ世界観を提示してきた。電子書籍はコンテンツ化され、ネットワークを通じて有機的につながり、拡張されたポータルコンテンツとなり、検索機能・コマーシャル機能・ソーシャルコミュニケーション機能を結合しながら、多様な読書活動を促すある種の空間形成をしている。

読書文化は、印刷メディア時代を経た後に、本格的なデジタル時代に対面し、新たなパラダイムに再編された。既存の書籍の規範と秩序を表象する“紙の本”は、いまやアナログ的な物質性を薄めつつ、新しい形態の電子書籍やマルチメディア書籍を受け入れながら変容を続けている。

電子書籍は、“紙の本”が持つ限界と問題点を改善し、拡張する読書のプラットフォームである。それは著者を中心に構成される文筆空間と多様な読書活動で構築される読者のコンテクストが、同時に偏在して混じり合う相互創造性を持っている。こうしていっそう能動的な知的読書文化の創出を可能にするだろう。すなわち、“紙の本”から電子書籍へ転換するメディア型の漸進的な移行を通じて共存の構図を形成している。このように印刷時代からデジタル時代への転換とともに、活字文化はビジュアル文化へと移行の道を歩んでおり、読書文化は、“紙の本”の本質の回復と拡張を志向しながらも、より柔軟に秩序の再編へ向かっているのである。

1.5 リーディングテイメント

「リーディングテイメント(readingtainment)」とは、最近、出版界に新たに登場した文化トレンドの一つである。

「本を読む行為」を意味する「reading」と「楽しむ行為」の「entertainment」が結合した新造語なのだ。

書籍を読むことは難しくて興味深い行為とはいえない、書物は静かな場所で読まねばならないなどの、これまでの固定観念を打ち破り、読書を楽しむために、書籍を媒介に多彩な文化活動をエンジョイする文化現象、これがリーディングテイメントなのである(李建雄／コ・ミンジョン)[*16]。

図書館や文献情報分野では、リーディングテイメントの空間に注目している。出版界も複合文化空間としての書店や図書館に関心を持ち、少なくない事例研究が発表されている。例えば、ブックカフェは書籍とコーヒーなどの飲料が合体した空間で、その歴史は古い。最近は独立系書店を中心に「度数の低いアルコール(ワインやビールなど)」を飲みながら、読書をする空間が増えていて、アルコール提供のほかに、多彩な文化イベントを企画・開催し、既存書店とは異なる文化空間に変貌しようと努めている。

リーディングテイメントでは、本を読む行為がアルコール・空間・SNSなどの要素と合体し、書籍を媒介とする多様な文化活動を享受できる。ただ読書するのではなく、豊富な楽しみを味わう読書概念の刷新である。本を読みながら様々なコンテンツを受容できる、本と結合した多様な空間が登場し、今では人文学と読書の主要トレンドに位置づけられるようになった。

韓国にも上陸したこのリーディングテイメントブーム、実は日本で始まった

＊16　李建雄／コ・ミンジョン(2018)、「独立出版の概念と事例研究」、『韓国出版学研究』第44巻第3号、韓国出版学会。

ものだ。日本で最も地価の高い東京銀座のGINZA SIXの最上階に、蔦屋書店が開設されている。この書店は書籍だけでなく、インテリア雑貨・グッズ・衣服なども陳列／販売している。つまり、「ライフスタイルのコンセプトを提案する」という新概念の書店である。図書館･書店･カフェが融合された開放的な空間で、年間100万人もの来店者を迎えたことで注目されている（イ・ヨンフン）*17。

蔦屋は代表的なチェーン店で、1983年に大阪枚方市に最初の店舗をオープンさせ、2019年現在、全国に約300店舗を運営するまで成長した。増田宗昭代表は「“ライフスタイル書店”をコンセプトとし、書店＋CD＋DVD=MPS（Multi-Package Store）を結合した形態」であると語っている（チェ・テヒョク）*18。

現在は書店と図書館、商業施設と家電や生活用品が混合した新たな形態の複合文化空間へと発展を遂げた。つまり、書籍や個別製品だけを販売するのではなく、「ライフスタイル」そのものを販売しているのである。企画したCCCグループは、この新しいライフスタイルの提案とともに、生活に斬新なデザインを導入する目的で、「複合的文化空間づくり」を提案している。「CCC」は「Culture Convenience Club」の頭文字から取ったものである（イ・ミジョン／キム・ギス）*19。

CCCグループはこうした書店経営とは別に、2013年から武雄市図書館の運営を担当し話題になった。武雄市は佐賀県の人口5万人未満の小さな観光都市である。だが2013年には図書館経営の刷新効果もあって、年間来訪者数は100万人超となり、リーディングテイメント図書館の代表例として挙がるようにもなった。韓国の公共図書館の1館当たりの年間訪問者が約26万人であることを考えると、かなり多いほうに属する。

武雄市図書館の溝上館長は「1年に図書館を訪れる人は100万人を超えましたが、このうち40万人は観光客でした」と語っている（朝鮮日報、2019.1.15）。

武雄市図書館は一般の図書館とは異なり、民間企業が受託運営をしている。公共図書館の運営を民間企業、しかも図書館運営は未経験の民間企業へ委任することは公的機関にとっては、かなり大胆な決断を要したことだろう。けれど

＊17　イ・ヨンフン（2018）、『出版文化生態系と本文化拡散』、リディングフォコリア
＊18　チェ・テヒョク（2016）、『ライフスタイルを売る書店TSUTAYA』、セムト社
＊19　イ・ミジョン／キム・ギス（2018）、「複合文化空間としての日本ツタヤ書店に関する研究」、『韓国生態環境建築学会学術大会論文集』、Vol.19, No.1, 韓国生態環境建築学会

も敢えてCCCグループに委託したことを、武雄市長は「１次的には民間委託による経費節減と市民サービスの向上、さらに図書館を媒介にして大勢の利用者が訪問することによる、地域社会の経済的刺激効果を期待した」と説明している。武雄市長のこの発言の正しさは、改革以前に比べると、利用者が3.7倍に増加したことからも証明された。この図書館運営には特別な戦略が見られる。

第1は、開館時間を利用者中心に定めたことである。年中無休で９時から21時まで利用できるので、市民や観光客に歓迎されている。資料室は、夕方６時ごろにはサービス提供が終了し、その後の利用は不可能なところが多い。それを時間延長し、大勢の人が閉館時間まで利用できるように便宜を図った。

第2は、図書館の空間構成である。グラフィックデザイナーの原研哉氏が空間デザインを担当し、今回の改装においては、７億5000万円を投じて内部の改造・補修を実施した。企画段階では図書館を、書籍を媒介にしたリーディングテインメント空間として再生させようと知恵を絞った。書籍をインテリアの構成要素とみなし大きな本棚をつくり、それに見合う照明を効果的に配置するなど、一見、展示場のように華麗な空間構成を演出している。

この図書館では本を読まなくても、訪ねて行きさえすれば楽しめるようにコンテンツを提供している。また、広い空間を占拠していた館長室を思い切って廃止し、オープンな空間の拡張に当てた。誰でも、いつでも本に接触できるように、全館に開放型の書架を設置した。さらに音楽の流れる閲覧室、静かな閲覧室、電子機器を利用できる閲覧室など、多様な「コンセプト空間」を用意した。これらの形態はヨーロッパでよく見かけるが、ヘルシンキ中央図書館やシュトゥットガルト公共図書館も同じような考えに基づいている。さらに、図書館職員用の業務スペースは特に設けられていない。だから職員はオープンな空間で図書館利用者のガイド役を兼ねることにもなる。

第3は、日本で人気の高い「スターバックス」に図書館内部での営業を認めたことである。図書館を単なる読書空間ではなく、地域住民が本と「共に」集まり、コミュニケーションを図る複合型文化空間に変化させたのだ。図書館や書店などの読書・販売空間が、複合型文化空間に変身する事例は、最近、各地で目立つ文化現象になっている。

武雄市の場合は、人口流出が流入を上まわり、来訪者がさほど多くはない地方都市の「公共図書館」が、施設空間の思い切った刷新で息を吹き返した事例に当たる。3倍以上に増えた来訪客で地域経済にも肯定的な効果が現れた。

この武雄市図書館の事例は、日本国内で大きな話題になり、CCCグループはその後、「武雄を含めて公立図書館5館の運営を引き受けることになった」と報道されている(『光州日報』、2018.7.9)。

武雄市は市民の要求に応える英断で、厄介者扱いだった公立図書館をこうして優れた複合文化空間に再生させた。この事例をみると、刷新のメリットは、地方都市の住民に「リーディングテイメント」を味わえる複合文化空間を提供したこと、地域経済のランドマークを創出したこと、地元の経済活動を刺激し、経済的効果をもたらしたことだろう。

韓国の場合、武雄市図書館と類似した成果として、「ピョルマダン図書館」がある。この図書館は2017年5月にオープンした。ソウル江南のCOEXモールの中心部を新世界グループが60億ウォンを投じて改装したものだ。

モール中心部2800㎡規模の空間に、5万冊もの書籍とオープン展示の数百点の最新の雑誌を配置し、誰もが自由に利用できる施設が完成した。最も目を惹くのは高さ13mに達する巨大空間にそそり立つ書棚だろう。この書棚を埋め尽くす書籍に圧倒される。このような新しい形態の空間が人々の好奇心を誘ったのか、改装オープンから10か月で1700万人が参観に訪れるほど大きな反響を呼び起こした(イ・ヨンフン)*[20]。

リーディングテイメントは、図書館や書店などの空間利用のほかに、「読書会」の場づくりとしても広がっている。読書会は個人の領域だった読書経験を外部化し、他人との共有を意図したものである。その過程で各自の経験を比較検討し、新しい解釈と視線を発見する立体的読書を体験できるようになった。これが読書会の肯定的成果と言うべきもので、読書会は読書を個人の領域に終わらせることなく、複数の読者による知的活動の楽しみを味わうことのできる、「知的遊戯」のリーディングテイメントの場づくりの意味もあるのだろう。

最近は読書会の中でも「トレバリ(Trevari)」が大人気である。「世界をより知的に、人々をより仲良く」をモットーにしたスタートアップ企業だ。1～4月、5～8月、9～12月と４か月単位のメンバーシップへのサービスで運営している。４か月間共に「読み、書き、対話し、親しくなる」のである。トレバリ

＊20　イ・ヨンフン(2017)、「図書館空間変化の現在と新しい課題」、『企画会議』、第436号

は本を素材に知的な対話を交わす討論の場となる。本を読み、感想を書き、感性を共有する。1か月に一度集まり互いの意見を発表し、時には互いの意見に反対意見を述べながら親睦を図る。集まりの後には「アジト」なる空間で酒やお茶を飲みつつ語り合ったり、本と関連する様々な活動を楽しみ、新たな方式の読書会を開拓している。それが「トレバリ(https://trevari.co.kr/)」である。

このほかに「アグレアーブル(Agreable)」という団体がある。2013年7月にスタートしたこの会は、シーズン毎に毎週55～70人が参加する江南地区最大の読書会で、現在会員は1700名。「いつも人がいて、新しい人と対話できる場所」をコンセプトに組織された。参加者の年齢や社会的地位には関係なく、自由な対話ができる非営利読書会で、読書のほかに、ペン画・科学学習・ビジネスクラブなど多様なテーマの知的活動にも参加できる。トレバリに比べると費用負担のないのが特徴で、「アグレアーブル読書会」は、トレバリが自分の意思と無関係に「強いられて」席をともにする空間であるとするなら、こちらはそれよりは少し自由な空間である。このように“本”をただ感性だけで消費するのではなく、若干の当為性(責務)を負いつつ、読書を楽しめるリーディングテイメントが求められている。

1.6　読書振興と読書プログラム

文化体育観光部(省)が2019年4月に発表した「第3次読書文化振興基本計画(2019～23)」では、主に個人の選択と好みに依存していた従来の余暇活動中心の読書方式を、「共に読んで書き、討論して分かち合う」社会的読書の方向に転換させ、「読書共同体の形成と市民の成長」と「本を読む環境の醸成」を強調している。

韓国の出版産業育成と読書振興に関する予算は、2019年は418億5000万ウォンで前(2018)年の予算(472億7200万ウォン)に比べると54億2200万ウォン(11.5%)の減少だった。文化体育観光部は「読書文化の増進」に重点を置いており、2018年の国民読書文化増進のための振興事業予算として総336億ウォンを執行した。2018年は「本の年」の関連行事があり、さらに20億ウォンが策定された(「第3次読書文化振興基本計画、2019」)。

だが「2020年 読書振興に関する年次報告書」によって、中央政府と地方自治体の読書振興予算を確認すると、2019年は4410億ウォン（政府503億ウォン、地方自治体3907億ウォン）だったが、2020年は5366億ウォン（政府514億ウォン、地方自治体4852億ウォン）と21.7%の増加を示し、「第3次読書文化振興基本計画」を上回り、執行金額は増えた。国防部は陣中文庫の普及と兵営図書館運営など「兵営読書活動への支援事業」を進めている。文化体育観光部の「兵営読書活性化」事業の支援を受け、プログラムを推進し、総135億9800万ウォンの予算を執行した。法務部も「受刑者の読書活動支援のための読書プログラム」「図書担当者への図書管理実務教育」及び「優秀図書の確保」を推進している。

韓国の読書振興政策は「読書環境醸成政策」と「読書文化生活化政策」に二分されている。前者の優先順位は「地域読書環境の醸成」「学校読書環境の改善」「良書刊行と普及支援」「本を読む職場づくり」「読書治癒プログラムの拡大」「デジタル読書の推奨」であり、後者の優先順位は「児童から高齢者までの生涯周期別読書活動の支援」「多様な読書クラブの活性化」「読書教育、読書プログラムの普及」「読書情報システムの構築及び活用」である。

アメリカの場合、読書政策と読書振興または読書プログラムは、最終的に「読書の楽しさ」を気づかせる過程であり、単なる読解よりは読解力の向上に重点を置いている。読書政策や読書振興に関する措置は次のとおり。

①読解力の向上による国家経済力の引き上げ、②低所得者層の子どもや移民の読書環境改善と読解力の向上、③科学的方法論を基盤とする読書教授法の強調、④学校図書館における情報読解力と研究技術の向上、⑤青少年のための図書館空間とプログラムの提供。⑥1都市で1冊を読む活動、ブッククラブなど共同読書を推進すること（「2019年 読書振興に関する年次報告書」）である。このような政策に合わせてアメリカでは多様な読書プログラムが展開されている。「1都市で1冊を読む（One city One Book,OCOB）」、「文学作家に手紙を書く（Letters About Literature）」、「犬に本を読んであげる（The Reading Education Assistance Dogs,READ）」などもある。

イギリスでも様々な読書クラブへの支援策がある。全ての青少年と成人を対象にした「全市民向けの読書クラブ（Reading Group for everyone）」を運営している（http://readinggroups.org/）。日本でも超高齢化時代に対応し、シニア層向けの書店・出版・図書館のサービス改善事業への予算措置がなされた。

表 3-3 大学の読書認証制度

方式	大学	特徴
卒業資格認証	江原大学	図書館で準備した端末機評価で推薦図書に関する認証審査
	慶尚大学	図書認証コンピューター評価システム開発、運営、問題バンク(試験問題出題方式のひとつ)構築
	金烏工科大学	図書別指導教授選定、マイレージ優秀者奨学金及び海外研修優先権支給
読書マイレージ	KAIST	ホームページに書評を書いて認証、認証書差等交付
	仁川大学	正規教科として運営、優秀マイレージ積み立て者国外旅行券、奨学金支給
	朝鮮大学	読書メンタリング、読書討論活動、読書マイレージ優秀者授賞

出典：ソ・キジャ（2012)、「教養教育課程と連携した読書認証制に対する考察」、『教養教育研究』6（3)、韓国教養教育学会

最近、韓国の大学では読書振興政策として「読書認証制度」が積極的に活用されている。読書をさらに効率的かつ体系的な運営にしようというもので、江原大学、慶尚大学、仁川大学、金烏工科大学では「読書認証制度」を、KAISTと朝鮮大学は「読書マイレージ制度」を推進している。大部分は大学の中央図書館が主管／運営するもので、読書認証制度は大学で運営する読書クラブや読書ゴールデンベル(クイズ大会)などのイベントより一段階上の概念にあたる大学レベルの公式的な制度である。卒業資格と義務的に連携する場合や、単位取得や教育課程と連携するケースもあるという(**表3-3**)。

大学における読書認証制度は、読書運動の拡大という形式的な認証に意味があるのではなく、「読んで」「書いて」「聞いて」「話す」統合的な観点の読書を通じて拡散的思考と言語能力を向上させるためにある(パク・ジョンギル)*[21]。

このような制度を施行する理由は、最近の大学生が人文書や科学書、古典や文学書をあまり読まないからだ。ファンタジーや興味本位の書物は読むにしても、文化系は人文書だけ、理科系は科学技術系の書籍ばかり読むという偏りが見られる。特に名作や古典を遠ざける傾向が目立つ。このような偏りの改善と、正しい読書生活を勧めるための読書プログラムが運営されており、そこに読書認証制度と読書クラブも含まれている。

＊21 パク・ジョンギル(2006)、「大学生読書不尽解決方案に関する研究」、『韓国図書館情報学会誌』、Vol.37, No.4, 韓国図書館情報学会

第2節 読書環境と本の需要

2.1 読書生活

「2019年 国民読書実態調査」によれば、成人と生徒(小中高校生)ではメディアの利用頻度が異なっている。“紙の本”を「毎日読む」は成人2.3%、生徒は15.4%とかなりの開きがみられ、利用頻度の最も高いメディアは、成人は「インターネットニュース」、生徒は「Webトゥーン」である。

読書率が高い中高校生が好む図書ジャンルは推理・ロマンス・ファンタジーなどの「ジャンル小説」(30.3%)、次いで詩・一般小説・随筆などの「文学書」(17.3%)、恋愛・娯楽・スポーツ・趣味・旅行(9.9%)だった。小学生が好むジャンルは「小説」(19.7%)、「偉人伝・人物物語」(12.2%)、「趣味」(10.6%)、「歴史」(10.4%)となっており、生徒のうち女子は「小説」を、男子は「歴史」を特に好んでいた。

紙の本の読書時間は、成人は平日25分、休日21.9分。生徒は平日69.5分、休日56.9分で、成人と生徒の双方ともに平日の方が長かった。生徒の余暇生活における読書時間の比率では、平日の場合、平均読書時間が全体では22.9%を占めていた。週末及び祝日は14.4%となり、野外活動が多くなる週末よりは平日の読書活動のほうが多くなっている(「2019年 読書振興に関する年次報告書」)。

一般的に読書する場所は「自宅」である。成人は「自宅」「職場」「移動時間中」で、生徒は「自宅」「教室」「学校の図書館」の順だった。“本”を読む目的は「新たな知識と情報を得るため」が第1位で、以下「心を癒し落ち着かせるため」「教養と常識を身につけるため」「時間つぶしに」の順。

2.2　読書の選択

「国民読書実態調査」による分析を続けると、読む本を選択するための情報を得る方法としては、約30%が「書店や図書館で直接現物を見て好きなものを選ぶ」と回答している。生徒が図書を選択する際の「参考にする情報源」としては、「書店や図書館で本を直接見て選ぶ」(34.2%)ケースが最も多かった。

次いで「家族・先生・友達の推薦」(15.9%)、「ベストセラー目録」(9.3%)、「インターネットのブックレビューや広告」(8%)、「ドラマ、映画の原作だから」(7.7%)の順である。

低学年になるにつれて、「家族・先生・友達の推薦」が相対的に高くなり、反対の場合は「ベストセラー目録」と「インターネットの利用」が若干高くなる傾向が現れている。

こうした書籍選択基準の相違は、成人はインターネットのブックレビューや広告の影響を受けやすいこと、生徒の場合はSNSなどソーシャルメディアの影響が大きいことを示すものだろう。

図書購入先は成人と生徒ともに「大型書店」と「オンライン書店」が多かった。こうした現象は韓国だけに見られるものではなく世界共通である。しかし、特色のある独立系書店が営業力を発揮し、好ましい成果を出しているケースも見られ、書店が増えているのは肯定的に評価される点である。

成人は市内の大型書店、オンライン書店、インターネットショッピングモールなどで本を買い求めることが多く、街の書店や小型書店での購入は9%と低いのが現実である。

電子書籍分野では、デジタルの特性からか、「ポータルサイト」(24.3%)や「オンライン書店」(15.2%)が多くを占め、「電子書籍総合サイト」(15.2%)が続いている。「ジャンル小説専門サイト」は3.3%と予想外に低かった。近年はオーディオブックが人気を集めているが、まだ大衆化されたとは言えないようだ。オーディオブックは「オーディオブックプラットフォーム」や「ポータルサイト」での購入が中心になっている。

“紙の本”の年間購入数は、成人が平均2.5冊、生徒の場合は、本人が購入するのは平均4.3冊で、双方ともに以前に比べると減少している。「電子書籍の非読者まで含めた成人全体」の電子書籍購入数は0.9冊(購入者基準では6.9冊)、生徒0.9冊（購入者基準では9.6冊）だった。平均1冊に達しない点は残念であるが、電子書籍の購買者でも成人は約7冊、生徒は9冊を超えている程度なのは、さらに読書推進運動を活性化すべきことを示唆するものだろう。もちろん読書推進においてデジタル読書の重要性を見逃してはならない。

オーディオブック非利用者を含めた成人全体のオーディオブック購入数は0.1冊（購入者基準では5.2冊）、生徒0.2冊（購入者基準では5.5冊）で、低学年の者ほど購入数が多くなっている。

成人の“紙の本”の年間購入金額は3万5000ウォン、生徒本人が購入する場合は3万7000ウォンで、以前に比べるとかなり減少している。

隔年実施の「国民読書実態調査」の結果を勘案すると、成人は約2万ウォン、生徒は6000ウォンの減少だった。電子書籍の非読者を含めた電子書籍購入額は成人5000ウォン（購入者基準3万9000ウォン）、生徒3000ウォン（購入者基準では4万3000ウォン）と“紙の本”よりも支出額は少なかった。オーディオブック非利用者を含めたオーディオブック購入額は成人平均1000ウォン（購入者基準では2万9000ウォン）、生徒1000ウォン以下（購入者基準では2万4000ウォン）とごく少額にとどまっている。

2.3　図書館と図書購入

韓国の公共図書館数は着々と増加している。2000年に420館（全体は9336館、分館などを含む）だったが、2010年には人口5051万人に対して759館と増加し、全体の図書館数は1万3248館に達した。だが相変わらず多い方とは言えない。図書館あたりの人口が1万人前後のヨーロッパ諸国とは異なり、韓国は6万人を超えている。

図3-1に示すように公共図書館数を国際比較をすると、2010年時点でアメリカ（9221館）、ドイツ（8256館）、イギリス（4517館）、フランス（4319館）、日本（3196館）などに比べると非常に少ないほうに属する。

もちろん図書館数も問題であるが、それよりも大きな問題は図書館の利用率である。韓国成人の公共図書館利用率は22.9%に過ぎない。フランス（72%）、スウェーデン（70%）、イギリス（53%）などヨーロッパ主要国に比べるとかなり低い。韓国は「K防疫」（新型コロナ対策）や韓流では、世界最高水準にあるが、図書館インフラに関しては後進国程度と言わざるを得ないのである。

2010年、国会に報告された資料「OECD加盟国公共図書館の現況」によると、国民1人あたりの蔵書数は1位がフランスの7.6冊、2位はデンマークの4.5冊、3位はスウェーデンの4.3冊で、韓国は1.3冊となり、調査10か国のうちで最下位だった。だが韓国の公共図書館数が増勢に向かっていることは率直に認めるべきだろう。2017年1042館、2018年1096館、2019年1134館、2020年1172館と着実に増加している**(図3-2)**。

全国公共図書館1館あたりのサービス人口は、4万9350名である。ソウル市の場合、1館当たりの人口数は6万888名で、サービス人口が最も多いのは釜山市

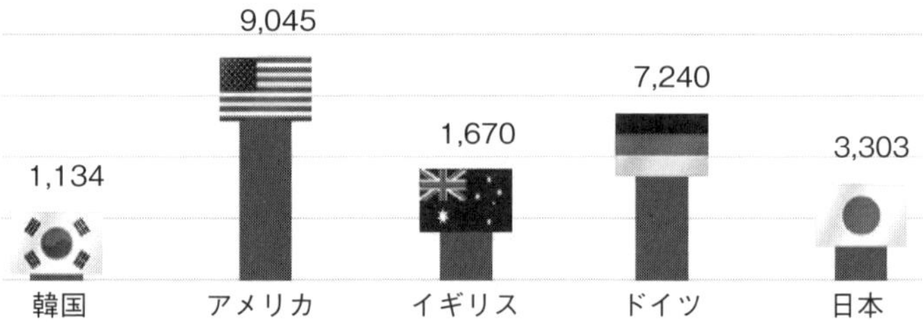

図 3-1　国別公共図書館数
出所：文化体育観光部(2020)、2020年公共図書館統計調査。

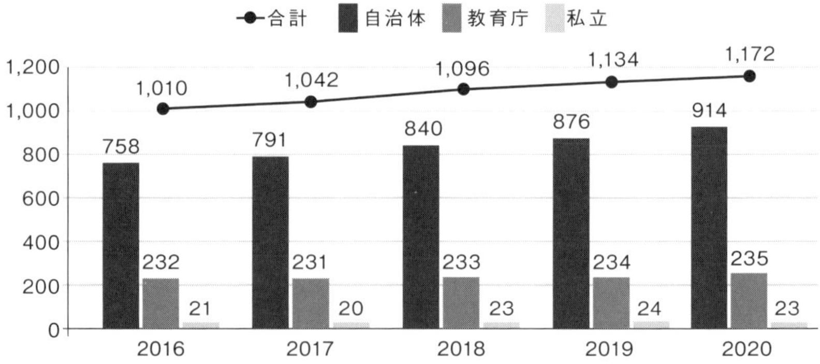

図 3-2　公共図書館の現況（2016—2020）
出所：文化体育観光部（2020)、2020年公共図書館統計調査。

(8万5425名)だった。図書館1館当たりのサービス人口が最も少ないのは全羅南道と江原道で3万名以下に過ぎなかった。公共図書館の総職員数は1万6577名、司書は6601名である。

表3-4は、全国の公共図書館の設置状況を表している。

表 3-4　全国図書館現況（2018）

区分	公共図書館数	自治体	教育庁	私立
図書館数〔館〕	1,096	840	233	23
延べ面積〔千㎡〕	2,789	2041	726	23
平均延べ面積〔㎡／館〕	2,545	2429	3114	999
総座席数〔席〕	368,163	258,530	107,014	2,619
平均座席数〔席／館〕	336	308	459	114
総決算予算額〔WON〕	1,065,849	750,148	312,022	3680
決算予算額〔WON／館〕	972	893	1339	160
総職員数〔人〕	16,577	11,756	4,706	115
職員数〔人／館〕	15.1	14	20.2	5
司書資格保有者〔人〕	6,601	4519	2,030	52
司書資格保有職員の比率〔%〕	39.8	38.4	43.1	45.2
平均司書資格保有者〔人／館〕	6	5.4	8.7	2.3
総図書〔印刷〕数〔点〕	111,360,408	76,100,507	34,312,905	946,996
総非図書数〔点〕	4,112,614	2,330,546	1,746,179	35,889
総連続刊行物数〔点〕	120,087	62,845	56,336	906
総電子資料数〔点〕	19,483,203	15,975,968	3,499,871	7,364
平均図書〔印刷〕数〔点〕	101,606	90,596	147,266	41,174
非図書数〔点／館〕	3,752	2,774	7,494	1,560
連続刊行物数〔点／館〕	110	75	242	39
電子資料数〔点／館〕	17,777	19,019	15,021	320
総訪問者数〔人〕	278,234,974	200,964,130	76,298,792	972,052
訪問者数〔人／館〕	253,864	239,243	327,463	42,263
年間資料室利用者数〔人〕	195,925,281	148,911,663	46,281,164	732,454
年間貸出図書数〔点〕	127,230,422	101,090,083	5,679,151	461,188
総資料購入費〔百万WON〕	103,429	77,800	25,281	349
資料購入費〔百万WON／館〕	94	93	109	15

注：単位表記のうち、〔人／館〕などは、１館当たりの数である。
出典：統計庁（http://kosis.kr/）

第3節 書籍の生産と出版社の現況

3.1　韓国出版の現状

「コンテンツ産業統計調査2021」によれば、2019年のコンテンツ産業全体の売上高は、前年対比で5.9％増の126兆7123億ウォンだった。これを産業別にみると、「出版」が21兆3412億ウォン（16.8％）で最も多く、次いで「放送」の20兆8430億ウォン（16.4％）、「広告」18兆1338億ウォン（14.3％）、「知識情報」17兆6693億ウォン（13.9％）、「ゲーム」15兆5750億ウォン（12.3％）、「キャラクター」12兆5669億ウォン（9.9％）、「音楽」6兆8118億ウォン（5.4％）、「映画」6兆4324億ウォン（5.1％）、「コンテンツソリューション」5兆3610億ウォン（4.2％）、「漫画」1兆3372億ウォン（1.1％）、「アニメーション」6406億ウォン（0.5％）と続いている。

登録出版社数は2018年基準で5万9306社である。このうち出版実績のない出

表 3-5　韓国出版産業の現況（2014～19）

区分	事業所数〔社〕	従事者数〔名〕	売上高〔百万WON〕	付加価値額〔百万WON〕	付加価値率〔%〕
2014年	25,705	191,033	20,586,789	8,790,456	42.7
2015年	25,505	190,277	20,509,764	8,806,324	42.9
2016年	25,452	185,001	20,765,878	8,814,564	42.4
2017年	25,829	187,794	20,755,344	8,809,000	42.4
2018年	24,995	184,554	20,953,772	8,879,278	42.4
2019年	25,220	185,270	21,341,176	8,875,983	41.6

出所：韓国コンテンツ振興院（2019）,「2019 コンテンツ産業統計調査」を再構成

版社が5万1248社と全体の86.4%を占めた。換言すれば、1年間に1点以上の出版実績のある出版社は8058社(13.6%)にすぎない。さらに年間1～5点刊行となると69.8%の5628社だから、出版実績を持つ出版社の3分の2を超えており、いかに小規模企業が多いかを立証してくれる(**表3-6**)。

また6～10点の刊行は12%に過ぎないので、年間10点以下の出版社が82%と圧倒的比率を占めている。こうした数値は韓国の出版社経営の零細性を如実に物語るもので、外国の例を見ると、北京大学出版社は、年間約4000点もの出版実績を持つという。

2020年、韓国の出版社数は6万7203社だったが、地域別ではソウルの53.5%を含む首都圏所在出版社が76.5%と、大部分がこの地域に集中していた。出版社数は2018年の5万9306社から2020年の6万7203社へと、量的には着実に増加の道を歩んだ(「KPIPA出版産業動向」、2021)。

「コンテンツ産業統計」を基準にした出版産業の従事者数は、約18万4500名(2018年)、事業所数は2万5000社であり、このうち「図書出版」の場合は、同じ2018年基準で従事者総数は2万5000名余、事業所数は2700社だった(韓国出版文化産業振興院、2020)。

3.2　韓国出版トレンド

1世帯当たりの年間図書購入費は1万2054ウォンで、項目「娯楽費」のうち書籍の比重は6.3%と低迷が続いている。

また書籍の定価は約2.5%の引き上げがあった。新刊は年間約6万5千点、延500万冊が出版されている。読者は女性が65%を占め、男性は35%と両者に

表3-6　韓国出版社現況(2012～18)

区分	2012年	2013年	2014年	2015年	2016年	2017年	2018年
登録出版社数〔社〕	42,157	44,148	46,982	50,178	53,574	55,779	59,306
前年対比増加率	10.4	4.7	6.4	6.8	6.8	4.1	6.3
発行実績のある出版社数〔社〕	6,222	5,740	6,131	6,414	7,209	7,775	8,058
実績のある出版者の比率	14.8	13	13	12.8	13.5	13.9	13.6

出所：韓国出版文化産業振興院(2020)、「2019出版産業実態調査」

かなりの格差が存在する(韓国コンテンツ振興院、2019)。

電子書籍は３年続けて成長を続けており、Web小説が電子出版市場を牽引し、媒体は主にモバイルチャンネルである。ジャンル別にみると、全般的に「小説」「旅行」「人文書」の人気は下降しており、特に「日本小説」の大きな低落が目立つ。「文学」は総体的には拡大基調にあるが、「小説」だけは低迷している。日本の小説の不振は、「日韓摩擦」に伴う日本の経済報復以降の韓国における「日本商品不買運動」が影響したものだろう。

さらに、「旅行」分野でも単なる旅行本ではなく、著者のカラーが明白な「旅行エッセイ」に勢いが見られる。「学習漫画」「児童書」「経済書」に続いて「小学生学習書」などの市場が拡大基調にあり、「ロマンス」「ファンタジー」などのスナックカルチャー的デジタルコンテンツも人気を集めている。

「芸術・大衆文化」「教育」は増勢にあるが、「児童書」「科学技術」「社会科学」は頭打ち傾向が明らかだった。分野別シェアでは「芸術・大衆文化」(39.0%)は驚くほどの成長ぶりで、上半期基準で「教育」(8.2%)「文学」(5.4%)、「人文書」(0.4%)がマイナス。「児童書」は31.2%と大きく下降し、「科学技術」は18.6%、「社会科学」は4.8%と減少した。

青年層の抱える就職・起業などの悩みをサポートする「就業・受験参考書」や「資格取得関連書」は15.5%と着実に増えており、「文章力や読書などに関する人文書」(44.9%)も著しい成長ぶりである。大学でも文章力や読書に関する教養講座がかなり増設されており、いまや「大衆文筆家時代」といえるほどである。「文学」のうち「小説」(4.9%)は減少気味だが、手軽に読める「詩やエッセイ」(20.3%)は増加と対照的な傾向がみられる(韓国コンテンツ振興院、2019)。

独立系出版や小規模出版形式で刊行する小型本に人気が集中している。北米地域の中心アメリカでは、独立系出版を「Independent Publishing」と呼ぶ。

「作家たちが既存の出版システムではなく独自に出版物を制作して、プリント・オン・デマンド(POD)などの技術による、オーダーメイドの少量印刷ができるためコスト抑制が可能で、制作過程を簡素化した形態」を「独立系出版」と称している(李建雄／コ・ミンジョン)[*1]。

アメリカで最初の独立系出版物は、トーマス・ペイン(Thomas Paine)によ

＊1　李建雄／コ・ミンジョン(2018)、「独立出版の概念と事例研究、『韓国出版学研究』第44巻第3号、韓国出版学会

る1772年の作品『The Case Of the Officers of Excise』だった。彼は48頁の本1000部を自費出版(Self-publishing)したことで知られている。

独立系出版物はISBNとは無縁で、独立系書店で適当に流通する書籍とみなすのは、独立系出版に対する狭い見方になるだろう。独立系書店がフランチャイズ書店の対極にあるように、独立系出版は既存の出版資本や流通システムとは異なり独自な出版展開を目指している。

年間５点以下刊行の小規模出版社が全体の75.7％に達しているために、既存の大規模・中規模出版社よりも低い参入障壁なので、小規模出版社の躍進が目立つようだ。他方、31点以上を出版する大手・中規模出版社は5.1％と減少している。

『死にたいけどトッポッキは食べたい』（パク・セヒ）がベストセラーになり、若い世代を中心に独立系出版物への関心が高まっている。新しい企画・編集の試みが注目され、薄い本は懐が寂しい若者も書店へ招き寄せた。こうした小型本が引き続き好まれているようだ。

大規模出版社と町の書店が連携した「ソンサル文庫」の登場以来、「現代文学PIN」、「テイクアウト」、掌中小説集「短くても大丈夫」、雑誌型単行本「ブックジャーナリズム」など、様々な形式での披露が広まっている(韓国コンテンツ振興院、2019)。

一般の単行本の電子書籍化については、余り成果は現れていないが、「大衆小説」及び「Web小説」の成長が電子出版の成長をリードしており、コンテンツの多様性に伴う市場の成長可能性や今後の推移が注目される。e-pubを基盤とする電子書籍市場は、いまだに雑然とした状態にある。

全世界のオーディオブック市場は、2013年の20億ドルから2016年の35億ドルへと、年平均20.5％もの高い成長率を堅持した。オーディオブック市場は、韓国の場合2020年現在、約300億ウォン程度である。

NAVERは300億ウォン規模のオーディオコンテンツ投資を準備し、コミュニケーションブックスは、『100人の俳優、韓国文学を読む』を出版した。ポッドキャストのPodbbangでは、1000冊ほどのオーディオブックチャンネルを運用しており、韓国出版文化産業振興院は、韓国出版コンテンツセンターの地下１階にオーディオブックセンターを開設した。

オーディオブック制作はまさにこれから展開される事業なので、成長に勢いがあるが、課題はまだ残っている。出版社が多額の資金を投資してオーディオブックを制作しても、流通チャンネルの不足から、特定出版社のコンテンツだけを便宜的に流通させているため限界があるのだ。

韓国内のオーディオブックチャンネルとしては、Audien、Welaaa、Storytel、教保ebookなどがある。しかしオーディオコンテンツの利用実態を見ると、ほとんどは音楽を聴いているケースで、ラジオ・ポッドキャスト・オーディオ講座などは聴いているにしても、オーディオブックは1.7％程度しか使用されていない（韓国出版文化産業振興院「2018出版産業実態調査」、2019）。

韓国の書店数は、2019年に1976店で、2017年の2050店に比べると74店（3.6％）減少した。大型書店は増加しているが、中小型書店は減っている（韓国書店組合連合会）、「2019韓国書店便覧」）。

最近は独立系書店の動向が何かと話題になっているが、現実はさほどのこともなさそうだ。独立系書店は読者に新鮮で面白い魅力的な空間（自分たちのアジト）として、新たに改装された店舗が増えるにつれ、賃貸料・人件費などのコスト負担や低収益構造に影響され、移転・縮小・休廃業を余儀なくされるケースが増えている。

一方、インターネット書店は、この10年間持続的な成長を遂げてきたが、2012年には減少に転じた。しかし「図書定価制施行」による事業安定化が影響したのか、2016年以降の売上は持ち直しつつある。特に2020年は、新型コロナウイルスの影響にもかかわらず、売上額は増加という皮肉な現象が見られた。モバイルショッピングにおいて、図書購入の占める割合は39％に達している。最近の新たな傾向として、オンラインによる海外直接販売額が前年同期比で37.6％の増加、直接購買額も21.6％の増加となった。オンライン直接販売額が直接購入額より1.3倍も多くなるという特徴が現れている。

中古書店の代表格「アラジン」は、全国各地の大都市（ソウル15か所、京畿道９か所、広域市19か所）に43店を展開しており、「YES24」は首都圏や釜山でオフライン中古書店６店を運営している。「アラジン」は中古書店部門での売上が全体の約20％を占めているという。

GAMTOON出版社は「みんなのマーブル」ゲームキャラクターを利用したシリーズ出版の経験をもとに、2018年「ゾンビ高校」や「スペシャルソルジャーシリーズ」で約100万部以上もの販売実績を上げた。「ゾンビ高校」は、学校でゾンビを避けて生存する「感染モード」など様々な操作を楽しむことのできるアクションゲームで、2014年３月26日に発売された。その後、さらに改善されたグラフィックをもとに「ピクセルドラマ」を制作し、出版物・キャラクターフィギュアなど、関連商品を販売している(「ゲームメッカ」2019.7.18)。

サムスン出版社のスマートスタディのピンクフォン(「サメのかぞく」)は、独自IP(知的財産権)開発や長期的な投資、領域拡張やグローバルな輸出の結果がもたらした2018年の代表的な成果であり、高い人気に後押しされて、2019年有価証券市場で同社の株価は127.9％も跳ね上がった。また、毎年売上が50％以上も成長しており、特にアプリ(112か国アプリストア教育カテゴリー売上１位)・ゲーム・YouTube・オフライン商品を含むその他(歯磨き粉からハンドウォッシュコラボまで)など、分野別に20～30％もの均衡の取れた収益構造を備えるまでになった(韓国コンテンツ振興院、2019)。

また、新人トロット(日本でいう演歌)歌手ユ・サンスル(ユ・ジェソク)が歌う「サメのかぞく」トロットバージョンが、MBC-TV「遊ぶなら何する？(邦題「撮るなら何する？)」で放送され、「ピンクフォン」YouTubeチャンネルが公開された(中央日報、2019.12.20)。

Human Cubeの幼児童出版ブランド「アイヒューマン」は、セレブや登場人物のキャラクター化で面白さを加えた学習漫画『ソル・ミンソクの韓国史大冒険』シリーズが、2018年には120万部を突破する成果を記録した。そして2019年に「今年の少年韓国優秀児童書」に選ばれた。また、EBSキャラクターのペンスもブームを巻き起こしていて、衣類から書籍に至るまで、ペンスとさえ付いてさえいればすべての商品は完売になり、広告モデルとして人気を集めている。

2020年のカレンダーも在庫皆無で販売注文に応じられないほどの人気ぶりだった。さらに、「ペンスのパジャマ」は10分で完売し、ペンスのエッセイダイアリー『今日もペンス明日もペンス』は、予約期間に200万部が注文され、「イエス24」では、３週連続販売第１位の座を守ったと報じられている(「コンシューマータイムズ」2019.12.25)。

3.3　出版企画の役割

出版企画と出版企画者の概念と定義は、学者や研究者によって多少の差があり、さらに産業や現場の声はそれぞれ異なる。時代と技術の発展に伴い社会は変化しながら、出版企画に求める価値や意味も変化を遂げている。出版企画に関する概念と定義を整理してみよう。

李起盛とコ・ギョンデは、「出版企画とは一定の読者を対象に披露する目的で、書籍を出版するための構想過程である」と定義し、さらに「出版企画は著者の手配、原稿の収集だけでなく制作やマーケティング段階まで企画のコンセプトをしっかり固めなければならない」と述べた(李起盛／コ・ギョンデ)*2。

茶山出版社のカン・ヒイル代表は、出版企画(book publishing planning)を「出版するための知識や情報を求めてどんな書籍をどうやって出版するのかを考え、市場調査を通じて緻密かつ具体的な計画を樹立することである。これは本のタイトル・テーマ・内容・著者・読者対象・分量・編集・製作方式・価格・発行日・製作費・著者印税・製作部数・広告・書評・流通方式など、出版に必要で広範な事項を事前に計画する包括的な設計」と定義した(カン・ヒイル)*3。

マウムサンチェク(心の散策)のチョン・ウンスク代表*4は、出版企画を「世界に対する理解、世界を読むこと」と定義する。出版編集者は変動する世の中をよく読むことで優れた企画を樹立できる。すなわち、「アンテナを高く掲げて世界に周波数をしっかり合わせることが、まさにトレンドを読むことであり、企画を立てること」であると見ている。

プルンヨクサ(青い歴史)のパク・ヘスク代表*5は、「何千人の読者のための書籍ではなく、何百人でも多く読むことができる書籍を企画することが出版人の姿勢」だと言う。資本による商業出版ではない専門出版社、専門編集者を夢見ながら、ついに「企画者」という言葉を避けた。編集者の中に、企画が内包されていると言いながら、編集者の姿勢から企画を見る。

イ・ジョン*6は、「出版企画で最も重要な要素は、第1に市場が存在するか？第2に書物をしっかり作ること、この2つだ」と語ったことがある。彼女はデザインを重視する編集者で、そればかりでなく、徹底的に読者の立場に拠って

*2　李起盛／コ・ギョンデ(2004)、『出版概論』、ソウルエム
*3　カン・ヒイル(2007)、『韓国出版の理解』、センガゲナム
*4　チョン・ウンスク。「出版社の専門出版企画者による出版、インプリント現況研究」パク・ラミ(2005)、東国大学校修士学位論文。
*5　パク･ヘスク。注4に同じ。
*6　イ・ジョン。注4に同じ。

本づくりをする出版企画者でもある。

ユ・ジョンヨン[*7]は、「企画は行動だ。そして責任でもある」と述べた。彼はマーケティングに重点を置く企画者として企画・編集・マーケティングの三位一体説を主張するコンバージェンス伝導者でもある。

企画者は、魚のいる釣り堀で釣る釣り人ではない。自ら釣りたい魚を選び、養殖もして消費者に届ける能動的・創造的な生産者なのだ。だから自己満足で終わる釣り人とは区別されねばならない。

21世紀の出版企画者はコンテンツプランナーへの変貌が必要で、マルチプランナーの役割を通じて出版企画に臨まねばならない。技術の発展によって、“紙の本”だけでなく、同時に電子書籍も企画しなければならない。

紙の書物はもちろんのこと、インターネットによる電子書籍・モバイルブック・マルチメディアブックなど多様なデバイスに適合した電子書籍の企画を並行すべきである。

また、出版コンテンツの多角的な活用を念頭に置いて企画しなければならない。成功した出版コンテンツは様々な付加価値を生み出した。「ワンソース・マルチユース(One Source Multi-Use；OSMU)」を通して、アニメーション・映画・ドラマ・ドキュメンタリー・ミュージカル・演劇・キャラクターなど、様々な付加商品を派生させることができる。

そしてグローバル指数を伸ばさねばならない。出版企画者は海外の優秀なコンテンツを積極的に受け入れると同時に、私たちのコンテンツを海外に輸出すべき義務を負っている。海外の出版市場をモニタリングし、出版の流れを感知する能力を備えることが必要だ。出版企画者は技術が発展し、文化トレンドが素早く変化していることを、一瞬たりとも忘れてはならない。

1990年代以前まで、韓国の音楽は日本の音楽を模倣していると、多少非難混じりの言葉や冷笑を受けたが、日本音楽や海外の優秀な文化を積極的に受け入れ、韓国的に内在化することで、独創的なK-POPへと発展させたのだ。

その結果、2000年以降、K-POPは世界の中心に浮上する快挙を成し遂げた。数多くのアイドルスターが養成され、音楽界はシステム化して、BTS(韓国のヒップホップグループ)のような世界的なスターの誕生につながった。彼

＊7　ユ・ジョンヨン。注4に同じ。

らは中国や日本、台湾や東南アジアを駆け回り、韓国文化を伝える広報大使の役割を兼ねている。K-POPの成功は、出版産業にとっても他山の石になるだろう。

出版企画者への投資やコンテンツ開発に集中すべきである。出版産業を振興させて21世紀の新成長産業に変貌させるには、優れた人材養成とコンテンツ開発に邁進しなければならない。

出版企画者の役割は重要だ。チェ・ボンス[*8]が出版企画者を「プロデューサー」で、「コーディネーター」と定義したのは、出版の各プロセスの専門家を適切に雇用・配置し、彼らの専門性を最大限に発揮させて、その努力の結実が一つの目標のために集結する企画能力が要求されるからである。

例えば、出版企画者が『三国志』を企画したと仮定してみよう。既存の李文烈(イ・ムニヨル)の『三国志』と黄晳暎(ファン・ソギョン)の『三国志』では、企画意図が異なっており、双方の市場掌握力の違いも明らかにある。だから類似した図書の出版は避けるべきだろう。けれども、三国志の市場を見直し、『三国志』を学習漫画として作るなら、ターゲット・製作部数・マーケティング方法などが完全に異なる新しい市場の開拓はできる。また、既存のゲーム「三国志」と協調し、フュージョン『三国志』の企画を立てるのも一つの方法だろう。

出版企画者は、著者との交渉はもちろん、他分野との連携など積極的な活動が求められる。出版プロセスを理解するのは編集者の役目である。優れた企画者は、単に出版専門家というだけではなく、他の分野についても理解と調和を図ることのできる力量の持ち主でなければならない。

出版企画者に対しては2つの役割を強調したい。第1は危機対処能力、第2は知の統合力である。書籍を企画して商品として出版し流通・販売するまでには、幾多の工程と担当者を経て、数え切れない会議や意思決定が伴うことになる。書籍を完成させるために発売時期をいつにするか、マーケティングのタイミングから発行を前倒しすべきかどうかも事前に決めねばならない。

内部の意思決定過程で発生する葛藤もあるだろうし、外部取引先とのあいだに発生するトラブルがあるかもしれない。葛藤は良い商品を作る過程における「致

＊8　チェ・ボンス(2003)、「出版企画プロセスの経営技法導入研究－6シグマを通じた企画プロセスマニュアル化試論」、東国大学校修士論文。

命的な毒」にもなることもある。リスクが発生した場合、これを円満に解決する能力が必要になってくる。また、外部的要因による危機対応能力も重要である。

1997年のIMF通貨危機は出版産業にとっても最大の危機だった。当時、韓国経済は総体的な難局にあり、高麗苑など大手の単行本出版社が廃業するなど、大きな山場を迎えた。2008年10月に発生した通貨危機も、再び出版界を強打した。売上げは３分の１にまで激減し、原材料費などコストの高騰が続いた。出版社ごとに出版日程を調整し、出版時期や発行部数・点数・従業員数など全般的な調整が不可避となった。アメリカで発生した世界的な金融危機が、長期的不況になるのか、一時的な現象で終結するのか不明だったが、出版企画者は正確な状況判断と決断で危機に対処しなければならなくなった。

2020年には新型コロナウイルスの発生により全世界がパンデミック状況になり、韓国内の出版市場は委縮した。児童書や一部の経済経営書などはむしろ販売数が伸び、オンライン書店の売上げは増加したが、出版界全体は深刻な不況に陥った。とりわけ経済力の脆弱な小規模出版社・“ひとり出版社”・地域書店の受けた打撃は大きかった。

2010年以降、崔在天教授の紹介で一般化した「知の統合(consilience)」、コンバージェンスはひとつのトレンドとなり、金蘭都(キム・ナンド)教授の「オンテクト(非対面・非接触を意味する造語)」は2020年以降の新しいトレンドになった。出版企画者にとって必要な能力や役割として「知の統合」は極めて重要である。出版企画者は博学である必要はない。しかし書籍を企画する際には、限られた分野だけではなく、多様な分野に対する詳しい知識や学習能力が要求され、書籍とは異なる分野と積極的に疎通し合いながら、良質な書籍をつくり、書籍の領域を拡大することが望まれる。

3.4 “ひとり出版”と企画

出版システムの安定化と技術発展に後押しされ、“ひとり出版”時代が開幕した。“ひとりメディア”の流行も同様に“ひとり出版”と軌を一にしている。

韓国における“ひとり出版”の始まりは、1997年IMF危機に直面した当時の出版界の大量解雇や不渡り発生という不可抗力的な結果によって促進されたとするのが正しい見方だろう。広告界・新聞・雑誌社など異業種からの人材が出版界へ飛び込んで、“ひとり出版”に火を点けた。“ひとり出版”は“ひとり”で編集・マーケティング・デザインなどを一手に引き受ける方式ではない。例えば、マーケター出身者の“ひとり出版”の場合は、編集・デザイン・制作などは外注に出し、マーケティングに集中する方法で委託や外注を使って、“ひとり出版”が可能になる形式である。

イ・シウは、「出版物の企画は、大きく3つに分けることができる」と位置づけ、次のように述べている*9。

“ひとり出版”をやろうとした人なら、いつもどんな書籍を作ろうかと頭を悩ましているだろう。最初の企画物が10種類あったとしたら、そのうちの1、2点は残るが、他はすべて企画過程で自然消滅していくからだ。だから“ひとり出版社”が出版企画をするときは、企画に対する様々な経験を積み重ね、出版市場の情報を得るための絶え間ない努力をして、関心分野について具体的で集中的な研究をする必要がある。

第1は直接企画するケースである。文字どおり、本人が直接企画することになるので、独立して企画すると書籍に対する検証が十分に行われない場合が生じる。したがって確かな検証手順が必要とされる。その方法は知人や専門家たち、書籍について豊富な知識を持つ人物に意見を求めることで、意見聴取内容としては、書籍読者のターゲット設定、書籍の価格設定、紙の材質、デザイン設定など多岐にわたる。

第2はエージェンシーを通じて企画するケースである。作家と出版社を互いに紹介してつなぎ、出版契約が成立すれば契約金の一部を手数料として受け取るエージェントは、作家と協議しにくい印税など金銭的な問題を出版社との間で円満に処理してくれる。“ひとり出版社”は希望する書籍を選択してエージェンシーと契約すれば、すべての契約を済ませてくれる。

第3は出版を依頼されるケースであり、“ひとり出版社”を運営する中で、出版依頼が入ってくれば、分野に合う原稿を選び、別途企画し本づくりを進めることになるが、自社の資金が投入される事案でもあり、慎重な選択が要求される。

*9　イ・シウほか(2013)、『ひとり出版社創業実務ノート』、トゥデイブックス

第4節
ベストセラーとステディーセラー

4.1 ベストセラーの現状

「ベストセラー(best seller)」という概念は、1897年、アメリカで最初に生まれた。アメリカの月刊文芸誌「ブックマン(Bookman)」が、全米の書店でよく売れている本を調査し発表した。最初から「ベストセラー」という用語を使用したわけではなく、「ベストセーリングブックス(best selling books)」と称した。この用語が次第に全世界に普及し、1920年代には通用語となった。

韓国で「ベストセラー」の概念が最初に使用されたのは、1945年の植民地からの解放後のことで、1954年、鄭飛石(チョン・ビソク)の『自由夫人』が出版史上、初めて10万部を突破したことが「ベストセラー」という言葉が使用されるきっかけとなった。マスコミがベストセラーを取り上げるようになったのは1962年からで、私たちに馴染みの大型書店がベストセラーリストを公式に発表し始めるのは1988年からである。

ところが、内容が優れていて面白いからベストセラーになるのではなく、ただ大々的な宣伝やマーケティングの結果にすぎないことに幻滅したアメリカの一部の書店は、1960年代後半になるとベストセラーリストとともに「ロングセラーリスト」を発表するようになった。長期間絶え間なく売れる本を意味するロングセラーは、その後「ステディーセラー」という言葉に変わった(日本では一般的に「ロングセラー」が用いられている)。

ベストセラーとステディーセラーは意味するところが異なる。ベストセラーは同時代を生きる人々の欲望を忠実に反映している。けれどもステディーセラーは、10年から20～30年以上も売れ続ける書籍なので、それぞれの時代を支配した理念やトレンドを読み取ることができる。長期間にわたり着実に売れ続けている書籍は、その世代の変わらぬ欲望を伝えてくれもする。言うなれば、ステディーセラーは時代をそっくりそのまま反映しているのだ。

ベストセラーが持つ最も大きな特徴は、時代の空気を反映していることだろう。時代別にベストセラーを並べてみると分かるように、私たちは、そこからそれぞれの時代の人々がどのような共通の情緒を持ち合わせていたのか、あるいはその時代に最も波及効果のある思想が何だったのかを把握することができる。

特定の時期、特定の社会にどんな書籍がベストセラーだったのか、ということ自体が、多くの大衆の共通する欲求や欲望を満たす消費財としての価値を持つことを意味する。個人を通じて社会が体現されるように、当時の読者の関心と欲望の性質を表すベストセラーは、単なる個人の熱望を超えて、その時代の流れや欲望、そして資本主義市場までも反映している。

代表的な例が、文学部門で2017年から現在まで絶えることなくベストセラーを続けている趙南柱(チョ・ナムジュ)の小説『82年生まれ、キム・ジヨン』を挙げることができる。

2019年に同名の映画が公開されると、時代の空気の反映という問題が再燃した。フェミニズムをはじめとする各種ジェンダー問題、女性向け犯罪が蔓延した2017年から現在までの社会的空気を積極的に反映したこれらの指標に照らせば、ベストセラーがいかに時宜を得たものであったか、どんな意味があるかを最もはっきりと表したものだったと考えられる。

さらに2020年の新型コロナウイルスの蔓延は、これまで経験したことのない新しいトレンドを生み、自宅で一人でも楽しめる書籍、特に児童書、科学解説、経済経営書などが人気を集めた。とりわけ、ベストセラーは書籍を選ぶ「ハードルが低い」ので、都合の良い選書基準に用いられた。

オフライン書店では、ベストセラーやステディーセラーコーナーを設けて、顧客が自然に特設書籍に接近するように導いている。購入や借りる書籍の選択に明確な基準を持たない買い手の立場からすれば、「ベストセラーであること」が差し当たりの選択基準になるからである。

4-2 ステディーセラー

ステディーセラー(steady seller)は、「長期間売れ続けている書籍」を意味する。それではステディーセラーになるための必要条件は何だろう。

まず３つの要件が考えられる。それが３Ｌである。３Ｌとは「原則に忠実で(Legal)、時代を超越する古典的価値をもち(Legendry)、生命力が長い(Long run)」ことである。このような基本的な要素のほかに社会的要素もある。

第1は、時代的特性を確実に含む優れた「文学図書」であること。崔仁勲(チェ・インフン)『広場』、趙世熙(チョ・セヒ)『こびとが打ち上げた小さなボール』、黄皙暎(ファン・ソギョン)『客地』、趙廷來(チョ・チョンネ)『太白山脈』などが代表的な例になる。

第2は、知的好奇心を絶えず刺激し、新しい知識や情報を提供してくれる有名な教養書の書き手が著したものであること。崔在天(チェ・ジェチョン)、鄭在勝(チョン・ジェスン)、李元馥(イ・ウォンボク)、姜信珠(カン・シンジュ)、金斗植(キム・ドシク)、高美淑(コ・ミスク)、鄭珉(チョン・ミン)ら、こうしたタイプの著者は初期の著作が長い期間にわたりステディーセラーになる場合が多い。

第3に、続編になるにつれ物語性が高まり明確な文章を書く著者の本は、ステディーセラーになる可能性が高い。巻数が増すにつれ物語性が濃くなる兪弘濬(ユ・ホンジュン)の『私の文化遺産踏査記』は、発刊からすでに20年以上にもなるが人気が冷めることはない。

第4に、基礎学問分野の権威者とされる学者が知的基礎をはっきりと提示した書籍であること。

第5に、必読古典や教科書に一部が収録された作品。これらは教育的効果が大きく、ステディーセラーになる確率が高い。

第6に、映画・ドラマ・ゲーム・アニメ・漫画など他分野のメディアと連結した書物であること。現在はインターネット動画の時代である。活字やインターネットはメディアの二分された枠にとらわれず、すべてのメディアを正しく知り、コンテンツの活用を推進/提案する「クロスメディア」の発想によって作られた書籍が、ステディーセラーになるのである。

第7は、海外市場で好ましい反応を得た書籍である。1990年代以降、単行本で200万部以上売れた小説は申京淑(シン・ギョンスク)の『母をお願い』、趙昌仁(チョ・チャンイン)の『カシコギ』、金正賢(キム・ジョンヒョン)の『アボジ』と３冊だけである。

21世紀にミリオンセラーになった小説は、『カシコギ』を除けば、孔枝泳(コン・ジヨン)『ポンスン姉さん』、『私たちの幸せな時間』、衛奇哲(ウィ・ギチョル)『９歳の人生』、朴婉緒(パク・ワンソ)『あのたくさんのシンアの実は誰がみな食べたのか』(日本語版タイトル『新女性を生きよ』)の４冊に過ぎない。これらの小説はみな極度に狭い人間関係だけを扱っている。このうちで最も確実なステディーセラーは『母をお願い』である。この小説はアメリカなど35か国で、好ましい反応を呼び起こし、確固たるステディーセラーになった。

一般的なステディーセラーとして、小説の分野では『ぼくのオレンジの木』(J.M.デ・ヴァスコンセーロス)、『９歳の人生』(衛奇哲)、『窓ぎわのトットちゃん』(黒柳徹子)、『私の魂が暖かかった日々』(フォレスト・カーター)、『冷静と情熱のあいだ』(江國香織／辻仁成)、『こびとが打ち上げた小さなボール』(趙世熙)、『ポンスン姉さん』(孔枝泳)、『あのたくさんのシンアの実は誰がみな食べたのか』(朴婉緒)『幸せのねむる川』(安度眩)、『19歳』(李舜原)、『すべてが美しい子供たち』(崔時漢)などがある。

これらのステディーセラーになった小説のほとんどは成長小説(ビルドゥングスロマン)で、一人の人間が成長する過程で経験する夢と希望、部分的な挫折と達成を通じて個人の普遍的教養、すなわち自己実現のための道を示すもので、書籍は未完成から完成を目指す人がたくさん読むため、成長小説の人気は世界的な傾向になっている。こうした成長小説がよく売れる理由の一つは、社会が現代化してグローバル化することで、様々な社会的要素に衝突するようになるが、その過程で自分が進む方向を見失ってしまう。このような人々にとって最も切実なことは、指針書のような存在である。そのため「成長小説」は絶えずラブコールを受けることになるのだ。

最近もよく売れるいくつかの成長小説が、小説市場をリードしている。

2008年には『楽しい私の家』(孔枝泳)、『宵の明星』(黄皙暎)、『ワンドゥギ』(金呂玲)、2009年には『母をお願い』(申京淑)、2010年『徳恵翁主』(権丕暎)、『成均館儒生たちの日々』(チョン・ウングォル)、『どこかで私を呼ぶ電話のベルが鳴って』(申京淑)、2011年には『どきどき僕の人生』(金愛爛)などであった。どうだろう？あの時代、あの話である昔ながらの『大韓ニュース』は確かにあるが 、そんな小説よりは『ワンドゥギ』のように新しさを見せる小説が５年間もよく売れている。

2020年になると、教保文庫を基準に文学分野のステディーセラーは『ナミヤ雑貨店の奇蹟』（東野圭吾、2012)、『82年生まれ、キム・ジヨン』（趙南柱、2016)、『ラプラスの魔女』（東野圭吾、2016)、『アルケミスト夢を旅した少年』（パウロ・コエーリョ、2018)、『仮面山荘殺人事件』（東野圭吾、2014)、『アーモンド』（孫元平、2017)などである。

4.3 再出版ブームの到来

すでに出版されたことのある書籍を再版(訳注：復刻版、新装版などともいう)する事例が最近増えており、実際、売上げにも大きく貢献している。映画化された小説が再版され、絶版になった本が復刊されることも珍しくない。改訂版・改訂増補版が相次いで出版されているのだ。

再版はこれまでもあったが、出版業界では、５年ごとに改訂版ブームが周期的に訪れると言われてきた。パウロ・コエーリョの『アルケミスト夢を旅した少年』のように、再版してベストセラーになり、再び世界的に認められたケースもある。再版は、「文化界全般のレトロブームの現れと解釈されたり、不況の中で出版社が検証した書籍を出版する行為と分析されたりもする」（文化日報、2016.7.1)。

絶版になった本が再版されることは、よく見かけるようになった。2016年にはレトロブームのおかげで、５年ぶりに再版された本がある。『見せられる愛はとても小さいです』（カリール・ジブラン、ジンソンブックス)である。

再版された理由は、ドラマのおかげだった。テレビの「応答せよシリーズ」のうち、2015年の「恋のスケッチ～応答せよ1988～」15話(訳注：日本版では30話)で放送されたジョンボンとマノクのデートシーンにこの本が登場したからだ。

中央日報によると、「マノクがこの本を鍾路の喫茶店に持ってきてテーブルの上に置き、その本の中にはジョンボンが渡したしおりが挟まれていた。ジンソンブックス側は「ドラマ放送後、読者からの購入についての問い合わせが相次ぎ、1988年の初版本と同じ判型と編集で再版した」と明らかにしている（中央日報、2016.1.18）。

　また、最近はすでに絶版になった海外の名著の再版が活発になされている。1987年に出版され、1990年に韓国で初めて紹介された『ウォーリーをさがせ！(Where's Wally)』が絶版になって８年ぶりにブックメッカから再版された。再版された『ウォーリーをさがせ！』は、最近のレトロブームで子どもだけでなく、かつてウォーリーと共に成長した20～30代からも高い人気を集めた。そして、有名オンライン書店でベストセラー１位（YES24「児童書ベストセラー2016年4月」）に上っている（**図3-3**）。

　マネートゥデイによると、ブックメーカー関係者は、「当初の予想より高い関心に、今回出版された１巻・２巻・３巻ともに５月の「家庭の月」（訳注：韓国では５月に「子どもの日」「父母の日」があるためこう呼ぶ)を迎えるにあたって、大型書店や企業を中心に注文が殺到し、すでに出版社には在庫がほとんど残っていない」と述べている。しかし、出版社関係者は「イギリスの出版社の承認が必要な再印刷計画がまだ確定していないため、再版されたハングル版『ウォーリーをさがせ！』は当分購入が難しくなるかもしれないと語っている」（マネートゥデイ2016.4.28）。

　これらの事例だけでなく、絶版になった本でも読者からの購入の問い合わせと関心に依って再版されることもある。こうした再版とともに進行するイベントが当初の計画より延長され、絶版になった本を再び所蔵する機会に恵まれたこともある。日本の植民地統治時代に出版された近代韓国文学の名作の初版本

左より、『ウォーリーをさがせ！』『見せられる愛はとても小さいです』

図 3-3　再出版（復刻版）図書の事例

は、当時、出版された判型のままだった。詩についても初版本の再版ブームが起こっている。

死ぬ日まで天を仰ぎ／一点の恥じ入ることのないことを
葉あいにおきる風にさえ／わたしは心思い煩った　　　　（尹東柱「序詩」）

文学の試験問題の定番として、しばしば登場する尹東柱の「序詩」を知らない人はほとんどいないだろう。この詩が収録された尹東柱の遺稿詩集『空と風と星と詩』は発表されて以来、韓国の詩文学史を代表する名作である。それから60年が過ぎた2016年前後、韓国の出版界は時ならぬ「尹東柱シンドローム」に包まれた（日本語版、尹東柱詩集『空と風と星と詩』金時鐘訳、岩波書店、2012）。

尹東柱の生涯を描いた映画「空と風と星の詩人～尹東柱の生涯」（2016）がヒットすると同時に、各種オンライン書店のベストセラーランキングに、初版本『空と風と星と詩』が上位にランクインされたからだ（THE PR、2016.4.22）。そして、2017年は尹東柱生誕100周年でもあった。このような複合的な要素が作用し、この初版詩集を復刻版に導いたのだった。

これに力を得た“初版本再出版現象”は、『空と風と星と詩』で終わりではなかった。金素月（キム・ソウォル）の『つつじの花』、韓龍雲（ハン・ヨンウン）の『ニムの沈黙』など、1920年代に発表された詩集が、相継いで再版され、出版界で注目された（**図3-4**）。

左より『空と風と星と詩』『ニムの沈黙』『つつじの花』「白凡逸志』

図 3-4　近代韓国文学名作の復刻版図書

また詩の分野だけでなく、1947年に出版された金九(1876〜1949)の『白凡逸志』も初版本が復元された。復刻版『白凡逸志』は、その時代を再現したかのように封筒小包に入っており、切手と消印も昔のまま再現されている。差出人は著者の金九で、住所はほかでもない中国上海の「大韓民国臨時政府」である。封筒には「同志を大韓民国の独立軍に任命する」という任命状まで入っている念の入れようで、購入者に一風変わった楽しみも提供した。

こうした初版本の再版マーケティングは、図書定価制施行後に低迷していた出版業界に新しいトレンドとして定着した。初版本の再版が人気を呼ぶ理由は「所蔵価値」と既存の本との「差別化」だろう。

尹東柱や金素月の詩集のオリジナル初版本を購入することは、一般的には容易なことではない。全国の古本屋をくまなく探しても見つけられないだけでなく、買い入れようとしても予想外の金額を支払わなければならないからだ。

一方、再版の初版本は購入しやすく、価格は他の書籍と変わらない水準にできる。オリジナル初版ではないにせよ、一見では見分けがつかないほど上手に再現されていて、専門収集家ではない一般読者は十分満足感を抱くことができる。さらに、様々な世代にアピールできる要素も加えられている。若い世代には現在とは異なる表現や言語、縦書きなども新鮮に映っているだろうし、中高年層にはノスタルジックなレトロ感覚が好評のようだ(THE PR、2016)。

出版社の立場からすると、初版の復元は低コストで効率のよいマーケティング戦略である。新たにデザインや編集をする必要がないからだ。教科書に載るほど検証を受けた文章なので、新刊よりリスクが少ないというメリットもある。ただし、時間が経つにつれて価値が高くなる文化商品とは違い、消費財の初版本や復刻マーケティングは長続きすることはできない。消費時間が短く、トレンドが素早く変化するからである。一時的なレトロマーケティングだけで、継続性を持つには限界があり、特定シーズンと関連したマーケティングツールとしては効果的だったとの評価が下された(THE PR、2016)。

第4章

出版産業の流通と出版マーケティング

本章の内容

超連結社会の今日、出版産業でも需要者（読者）の参加を積極的に活用している。書籍を出版した後、読者を探しに行くのではなく、すでに連結されたネットワークを上手に活用し、読者を先に確保し、後で書籍にする事例が徐々に増えているのだ。これによって書店空間と言論、広告中心の伝統的な出版マーケティング方式は後順位になった。

スマートフォンの利用時間など、“デジタル敏感度”が特に高い韓国では、こうした傾向が他の国より大きく表れている。書籍販売で有名なブックチューバーと、インフルエンサーというソーシャルメディア（SNS）推薦の影響力が、マスメディアよりも大きい時代になった。

影響力がある著者と契約して、書籍を発行するようになり（ファンダム活用）、出版社が直接読者とコミュニケーションしながら、デジタルプラットフォームを通じて定期購読方式が販売する比重も日々増えている。

本章の後半部では、出版流通構造と取引慣行、返品率、書店の現況、出版物流会社、卸や総販の現況について紹介する。

そして最近、韓国出版界の最大関心事となっている“出版流通統合ネットワーク”についても、その概要と経過を説明する。

第1節 マーケティングの概念

1.1　マーケティングの必要性

今は、「VUCA（ブーカ）」の時代であると言われる。VUCAとはVolatility（変動性）、Uncertainty（不確実性）、Complexity（複雑性）、Ambiguity（曖昧性）からそれぞれの頭文字を取った造語で、「不確実な未来」を総称している。このVUCA時代のマーケティングはますます重要なものになってきた。

市場は絶えず変貌しており、その変化を遂げる市場を分析し、それに応じて革新することがマーケティングに求められているからだ。

ではマーケティングとは何か。マーケティングという用語は、私たちの周囲で頻繁に使用されており、普段、私たちはマーケティング活動をしている。

企業活動においてはどんな活動であっても、マーケティング活動でないものはない。だがこのように気軽に使っている用語を、正しく理解している人はどの程度いるだろう。必ずしも多いとはいえないのではないか。

現在は市場競争が激しくなり、供給が需要を上回り（供給＞需要）、消費者ニーズも製品が供与する一次的目的から抜け出し、多様化し複雑なものとなった。そこで企業は生き残るために、新たなマーケティング概念の導入に迫られたのである。

マーケティングで最も基本的な用語は、必要（needs）、欲求（wants）、そして需要（demand）である。この3つの言葉はすべて消費者中心である。つまりマーケティングのマーケットとは市場のことであり、市場は消費者がいるところを指している。これでも分かるように、これまでのマーケティングとは「消費者」を中心に考える戦略だった(韓珠利ほか)[*1]。

これからのマーケティングは、製品・生産・販売が中心ではなく、消費者のいる市場、すなわち消費者が中心になる。したがって、マーケターの目は常に市場を凝視していなければならない。その市場とは顧客のいるところなのである。

アメリカ・マーケティング協会(American Marketing Association)は、1985年にマーケティングを「個人と組織の目的を満足させる交換を創り出すためのアイデア・商品・サービスなどの概念形成、価格設定、プロモーション、流通を企画し、実行する過程」と定義した。それはマーケティングミックス(４P)戦略を中心に定義したものであり、最も長く使用された。そして2004年には「組織とステークホルダー、両者に有益になるよう顧客のための価値を創造し、価値についてコミュニケーションを行い、顧客との関係性を構築するための組織的機能及び一連の過程」をマーケティングと定義している。この定義は顧客との関係性(relationship)をより重要に考え、組織内の関係者も顧客として見たものと言える。

また、2017年の定義では、「マーケティングは顧客、クライアント、パートナー、そして社会全体のための価値ある提供物を創造・伝達・流通・交換するための活動であり、一連の制度、プロセスである」とし、2004年の定義と同様に消費者や内部関係者だけでなく、社会全般にまで幅広く見つめている(アメリカ・マーケティング協会、https://www.ama.org)。

しかし、私たちはこれまで「マーケティングとは何か」と尋ねられると、「販売」「営業」または「広告」などの言葉で片付けてきた。だから従来の出版マーケティングは「営業(販売)」が中心だった。

図4-1は「販売」だけに集中し、それをマーケティングと見なしてきた過去の状況を表現したものである。ここでは生産前のプロセスと生産後のプロセスがみなマーケティング活動に含まれている。

かつては消費者に商品を販売すると、企業と消費者の関係は終わったと見なされてきた。しかし、現在はまさにその時点から消費者との関係が開始されると考えるのである(黎萬强(2015)、「参加感」、ワイズベリ)。

在庫の大部分を販売してしまえば、それでマーケティング活動は終わりと考

＊1　韓珠利ほか(2014)、『本は冊ではない：21世紀出版キーワード研究』、夢見る権利

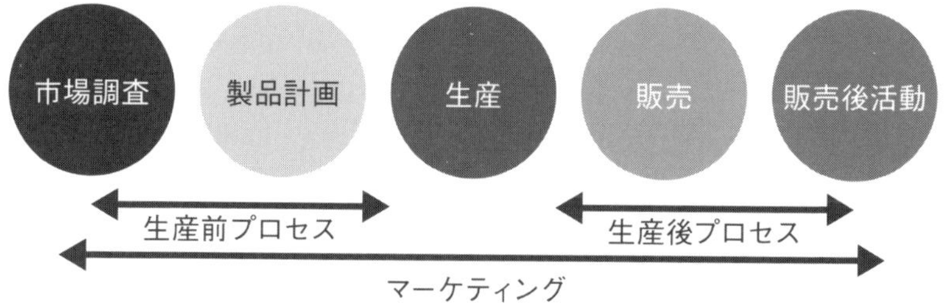

図 4-1 マーケティングの範囲

えがちだが、それは誤りで消費者に売り終えてからの「販売後の活動」、すなわち「販売後の顧客管理」が、マーケティング活動では極めて重要になるのである。

1.2 マーケティングの変化

マーケティングは基本的概念を中心に変化と進化を繰り返している。出版産業もそうだが他の産業においても、マーケティングに変化をもたらす要因はいくつか挙げられる。

第1は大衆市場の分化である。

第2は情報通信技術(Information & Communication Technology :ICT)の進歩がマーケティング手段を発展させた。情報通信技術の進歩は、様々なメディアの誕生、パソコンの急速な普及、インターネット・スマートフォン・ソーシャルメディアなど双方向交流を可能にした。

第3は産業の発達によるマーケティング競争の激化で、これは多様で新しい伝達手段を活用・促進させている。

マーケティングの基本戦略は、マーケティングミックス戦略を中心に実施される。マーケティングミックスは「4P戦略」ともいう。4Pとは製品戦略(Product)、価格戦略(Price)、流通戦略(Place)、プロモーション戦略(Promotion)のことである。この4つの戦略が「マーケティングミックス戦略」であり、企業はこうしたミックス戦略を通じてマーケティング戦略を進めていく。マーケティングは広義では企業経営の中心で、全社的レベルの活動であるもので、狭い意味では、主にプロモーション戦略が中心になっていた。プロモーション戦略を構成するプロモーションミックスは、広告・パブリシティ・人的販売・販売促進によって構成されている。

ここでプロモーションミックスのことを、ATL(Above the line marketing)とBTL(Below the line marketing)に言い換えることもできる。

ATLはTV・新聞・ラジオや雑誌などのメディアで、一方的に広告することを意味し、最近は媒体がインターネットやケーブルにまで拡張された。

伝統的に広告はATL方式で実施されてきた。大勢の人々を相手に効果的にブランド価値を認知させることが可能だから、出版産業ではラジオ・雑誌などの広告が中心だった。

BTLはイベント・展示会・スポンサーシップ・PPLなどに消費者が経験して参加することで、抵抗なく購入やブランド認知に影響を及ぼすもので、主に双方向コミュニケーションを採用した間接的マーケティング方式である。

いまや広告において4大メディアは限界[*2]に達しており、消費者の嗜好の多様化もあって、不特定多数向けの一方的な働きかけ方式の魅力は薄れてしまった。そこで不特定多数向けのATLのほうは、その効率性が次第に低下してしまったので、直接・間接的な経験と参加、そして双方向コミュニケーションが可能なBTLが注目されるようになった。

マーケティングは消費者とともに変化する。コトラー(Kotler)は、こうした現象の到来を「マーケティング4.0時代」であるとし、生産主導のマーケティング1.0時代、顧客中心のマーケティング2.0時代、さらに人間中心のマーケティング3.0時代を経て、現在は融合・複合、オン/オフライン統合のマーケティング時代、すなわち接続を中心とするマーケティング4.0時代であると主張した。このようにマーケティングは変化を遂げている。伝統的なマーケティングミックス戦略である4Pを基盤に、環境の変化によって新しいマーケティング手段が生まれ、戦略も変化を続けているのである。

＊2　2019年にパソコン・モバイルなどインターネット媒体の広告費が放送の広告費を初めて追い抜いた〔文化体育観光部(2020)、2020年広告産業調査〕。

第2節 出版マーケティング

2.1 出版産業におけるマーケティング

ここまでマーケティングについて概要説明をしてきた。出版産業ではマーケティングを、主に狭義で使用している。つまり出版マーケティングを「書籍をどのように販売するか」だけを中心に置いてきた。

しかし出版マーケティングも、他分野のマーケティングと同様である。狭義ではなく、広義の意味で出版産業を見ていかなければならない。

また、出版マーケティングを出版社のマーケティングに限定すべきではない。出版生態系で行われているマーケティング活動は全体を包括するものだからで、出版社のマーケティング、書店及び流通業者のマーケティングなどの出版コンテンツを中心とするマーケティング活動がある。

つまり、出版社マーケティングと出版物マーケティングの双方向で考えることができるのだ。出版マーケティングは出版社自体のマーケティングで、出版物マーケティングはそれぞれの個体に即した働きかけをするものと言えよう。

かつては出版マーケティングにおける製品は“紙の書籍”だった。現在は“紙の書籍”も製品の一つではあるが、出版産業の製品というなら、「コンテンツ」である。出版は狭義の「書籍」よりも、広義の「コンテンツ」を製品として消費者に提供されるからである。さらに進んで出版産業の範囲について考えなければならない。出版産業の範囲によっては扱われる製品の範囲が異なる可能性があるからだ。果たして「出版産業」と呼べる範囲はどこまでなのだろうか？

ここからは出版産業の範囲を紙の書籍に限定せずに、幅広く見ていくことにしよう。したがって製品も、消費者も、競争者についても、その範囲を広げることが可能である。だから出版産業においては製品を「コンテンツ」として扱い、それをマーケティング活動の目的物として扱わなければならない。

2.2 コトラーのマーケティング4.0

コトラー(Kotler)の『F・コトラーのマーケティング4.0』(2017)は、伝統的なマーケティング概念を大きく変えた。

「市場の細分化」や「目標顧客設定」「ポジショニングと差別化(STP戦略)」、さらに「製品・流通・価格・プロモーション」に代弁される4P、すなわちマーケティングミックス戦略に基づく販売戦略の有効性を否定したからである。

だからといってこれまでコトラーが語ってきたSTPと、マーケティングミックス戦略(4P)はまったく不要となったわけではない。基本的にはこれまでのマーケティングミックス戦略をベースにしながら、変化する環境に対応していかねばならない。

現実の環境は変化しつつあり、その環境に合わせてマーケティング戦略も修正されねばならないということだ。コトラーは「今日、われわれは全く新しい世界に住んでいる」と語っている(F・コトラーほか、2017)が、この新しい世界では「つながり」が中心になっている。

コトラーは、接続性に基づいたマーケティングを「マーケティング4.0」と定義し、接続性は顧客の参加を積極的に呼びかけるとも述べている。出版産業でも事実、読者参加を積極的に活用している。

超接続社会は、著者と読者の間の連結費用をゼロ近くまで低下させ、相互の「直接」的つながりを極端にまで促している。理論的にすべての著者は、もはや適切なオンライン活動を通じて読者を自分の周辺に集結させることができ、原稿の執筆から書籍の販売に至るまで、すべての過程で読者とともに“生産”することが可能になった。

『知的対話のための広く浅い知識』(2015)のチェ・サジャンや、『オーガニックメディア』(2016)のユン・ジョンが実践したように、つながったネットワークを活用してまず読者を確保し、その後に書物として出版することが限りなく可能になった(https://bookedit.tistory.com/577)。

超接続社会においては、出版もやはり根本的な変化を強いられる。「連結された世界」が「マーケティングの核心基盤である市場そのものを変化」させるからである。

S・ゴーディン(Seth Godin)によれば、「出版とは書店の販売スペースとメディア広報のルートを掌握することで、これを参入障壁として市場を安定的に管理してきた。もちろん他のあらゆる産業と同様に、企画・編集・デザインなど内部の製品開発力も重要な役割を果たした」と述べている。

2.3 インターネットの活用とマーケティング

マーケティングにおける大きな変化は、インターネットの出現である。パソコンの登場とインターネットの活用は、出版制作の現場を変え、マーケティング方法を変化させた。いまでは書店に立ち寄らなくても、書籍に対面することができ、購入も可能になった。そして書籍を見つけるためのもう一つの手段(画面)が与えられた。書籍が偶然に発見される機会が低まっただけに、出版社は書籍の存在を読者にPRするのに必要な広報活動を強化しなければならない。

そこで本章では、4Pを中心に出版マーケティングを見るのではなく、出版マーケティングの基本概念と、環境変化による出版マーケティングの要点を確かめていくことにしたい。

1.消費者の変化

書籍を購入して読む行動をする人を一般的に「読者」という。しかし、現在の出版産業において、消費者を「読者」だけと考えることはできない。「読者」だけととらえると、「読者」という括りによってマーケティング活動をするようになり、「井の中の蛙」になる恐れがあるからだ。現在の出版産業は“紙の書籍”だけを対象にしてはいない。

これまで読者といえば、それは「読む人」だった。しかし、出版媒体の変化は急速に進んでいる。アナログからデジタルへと変化し、オーディオブックの登場で「リスナー」という言葉も使用されるようになった。出版において消費者は「読者」という用語に限られるものではなく、「顧客」「享受者」「聴取者」などとしても不思議ではなくなった。それはど出版媒体が様々な形態で登場するようになったのである。

また、出版産業において、消費者は「読者」だけではない。消費者には現在利用(消費)している消費者(読者)もいるが、今後、消費者になる可能性を持つ消費者もいる。こちらを「潜在読者」と呼んでいる。

出版産業でも消費者の購入パターンが変わった。かつては掲示された広告を記憶し、購入意欲を高め、オフライン書店で購入するという流れだったが、今ではインターネットが利用されている。ネット検索をして品質と価格を比較検討し、最も安いサイトを探し出し、オンラインのルートで購入する。インターネットにキーワードを入力した際に、検索できなければ目につきにくいのだ。

このような変化を、日本の大手広告代理店「電通」の秋山隆平は、2005年のAID(M)A理論をベースに「AISAS理論」(**図4-2**)として提示している。

AIDMA理論は、1920年代にサミュエル・ローランド・ホール(Samuel Roland Hall)が提唱したモデルである。購買活動を考える際に、A(Attention)は認知・注意、I(Interest)は興味・関心、D(Desire)は欲求、M(Memory)は記憶、A(Action)は行動を示し、記憶(M)過程はいまや頭脳で記憶するのではなく、登録して保存できる環境になっているため排除することもできる。人々

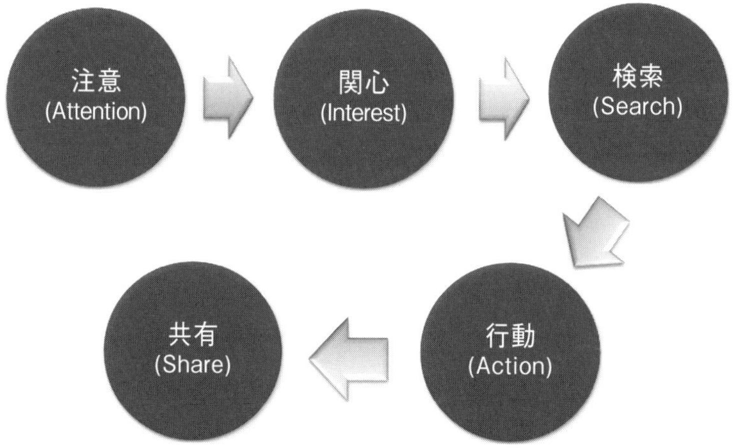

図4-2　AISAS理論

出所:矢島貴直(2015.10.07)、「"Dual AISAS" で考える、もっと売るための戦略」、電通報(https://dentsu-ho.com/articles/3100)

はこのような過程を経て購買行動をすると述べている。AISAS理論は、この理論にインターネット上の購買活動の要素の検索と情報共有活動を追加した。

このような概念について、デジタルマーケティングでは、「顧客ファネル(Funnel)」の概念によって説明している。顧客の離脱を防止し転換率を高めるための方法である。顧客ファネルという概念を用いている。ファネルとは「漏斗」で上から下に行くと口径が狭くなる。**図4-3**のように下に行くにつれ、次第に多くの顧客が離脱すると考えるのである。

マーケティングファネルの設計は、マーケティングの目的によって完全に変わることになる。基本的にマーケティングの目標をどこに置くか、マーケティングをしなければならないサービス、または製品使用の流れがどのように構成されるかによって、ファネル自体が変わることもある。

このようなファネル概念を出版に当てはめて考えると、デジタルプラットフォームに無料コンテンツを提供して入口を開き、大勢の消費者を呼び込み、有料会員に提供するコンテンツの差別化を図り、最終的には紙の書籍化で紙の本の価値を高める方法である。こうした方法を、講談社(日本)では「デジタルシフト(Digital Shift)」と併せて推進している。

さらに、電通コミュニケーションデザインセンターが提唱したモデルにSIPSがある。これはSNSに特化させたもので、S(Sympathize、共感する)、I

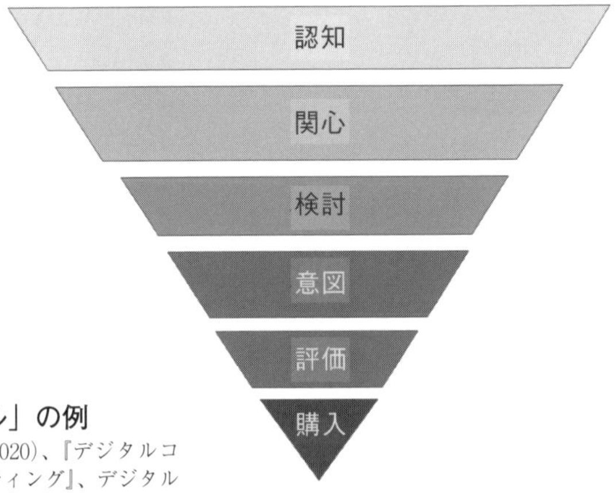

図 4-3 「顧客ファネル」の例
出所：イ・ウォンジュン (2020)、『デジタルコンテンツ実践マーケティング』、デジタルブックス

(Identify、確認する)、P(Partcipate、参加する)、S(Share & Spread、共有&拡散する)である。2015年に電通デジタル・ホールディングスが提唱した理論はDECAXで、D(Discovery、発見)、E(Engage、関係)、C(Check、確認)、A(Action、行動)、X(eXperience、体験共有)だった。ここで言う「発見」とは、顧客が希望するサービスを見出すのではなく、消費者が有益な情報を見つけること(https://ferret-plus.com/8630)をいう。出版コンテンツにおいては、書籍をどのように発見してもらうかが、マーケティングにおける話題の中心として浮上してきた。

2. 市場の変化

マーケティングにおける「交換」や「関係」の概念は、「市場」という概念に結び付く。市場(market)は、製品の実際の購入者と潜在購入者が行き交う場を指している。購入者は交換関係を通じて満たしたい特定の欲求を持つ存在である。

ここでのマーケティングとは、収益性のある顧客との関係を作り出すための市場管理を意味している。

フィリップ・コトラーは、「企業はこのような関係を醸成すべく努力しなければならない。販売者は購入者の要望を調査し、彼らのニーズを把握し、品質の良い市場提供物を用意する。そしてそれに相応しい価格と商品の範囲を定め、適切な店舗を選定配置して、商品を流通させねばならない。製品開発・市場調査・コミュニケーション・流通・価格決定・サービスなどは、マーケティング活動の核心となる」と述べている。(フィリップ・コトラー、2017)。

また市場は生産者や購入者及び潜在購入者が出会う接点(場所)であり、マーケティング活動の主戦場である。したがって、購入者と潜在購入者の集合する

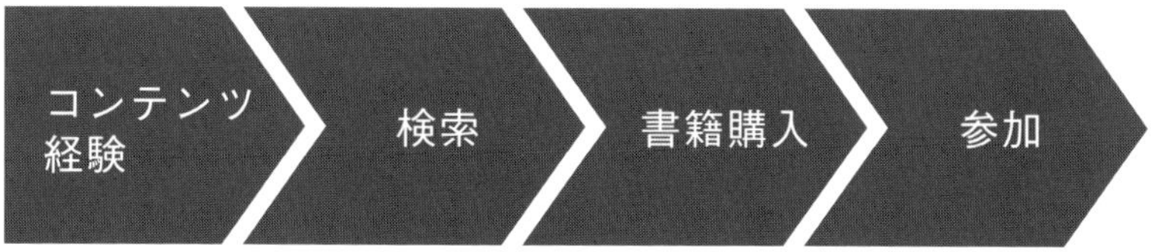

図4-4　消費者側の書籍市場

場所が市場ということもできる(図4-4)。

生産者は市場があるから消費者に出会うことができ、製品やサービス提供などの市場でマーケティング活動を通じて販売し、市場シェアを高めていけるのである。

市場には消費者がいる。市場は激しく変化し、消費者はその変化を待つことなく技術の変化などが市場を変えていく。生産者は消費者がいるので、市場を注視しなければならない。出版産業においても、現在の市場の状況はどうか、未来の市場はどのような変化が予想されるかなど、マーケターは現況を分析し、未来を予測しなければならない(図4-5)。

3. 出版マーケッターの役割

パク・ジュフン*3は、出版社の出版マーケターは編集者と営業者の間に介在し、シナジー効果を創出する担当者だとして、4つのタイプを指摘している。すなわち、市場調査専門家、社内記者、広告企画者、提携管理担当者である。

第1に、市場調査専門家の役割は、市場の人々に前もって会い、彼らが希望しているものが何なのか、必要なものは何かを、あらかじめ確認することである。これを確かめるには書店訪問をしたり、SNSで書籍の表紙やタイトルについて意見を求めたりする。また、関係者に直接面会し専門的・客観的なインタビューを試みることもある。

第2に、社内記者の役割であるが、それはコンテンツマーケティング業務に

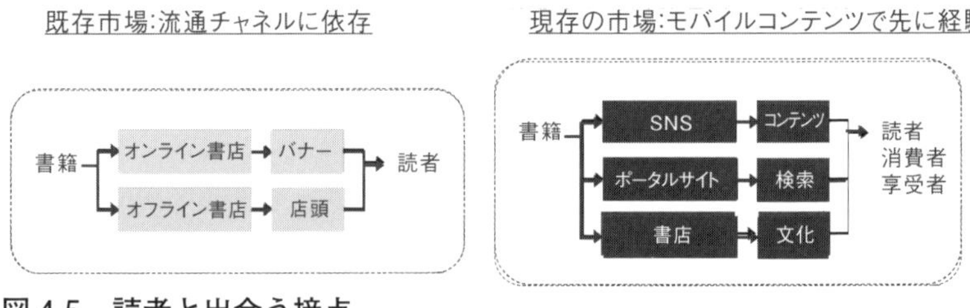

図4-5　読者と出会う接点

*3　パク・ジュフン(2018).『出版マーケティング戦略ガイド』、韓国出版マーケティング研究所

おいてマーケターが書籍を作り出す過程をのぞき見ることである。

こうした書籍制作過程を、会社の公式メディアのブログやSNSを通じて広報する業務があるなら、その役割をマーケターが担当する。マーケターはWebに投稿して読者に知らせ、照会数が増えるように準備をする。

第3は、広告企画者の役割である。マーケターは、オンライン／オフラインバナー・POP・イベントスペースの確保などの業務を担当するがそれだけではない。これらの業務は直接的な販売とつながるが、このうち読者を説得する内容を満たすのが広告企画者の仕事となっている。

第4は、提携業務である。この業務は書店以外のチャネルを通じて書籍を紹介し、さらには販売へ誘導する役割である。書店以外の様々なチャネルを開発し、他企業との連携に発展させる。

また、出版においては図書定価制という規制があるため、マーケティングミックス戦略では、価格戦略以外の戦略方向を考えねばならない。このように出版マーケターは、出版社の内と外で様々な役割を担うことになるため、広い視野・関心・能力を兼ね備える必要がある。

4. 出版広告と広報

4P戦略のうちプロモーション戦略の中核となる広告は、いまやこれまでのような効果を発揮できなくなっている。伝統的に広告といえば、4大媒体が中心だったが、いまや4大媒体の影響力は急速に低下してしまった。広告は出版物を探し易くし、発見性を高める有力手段だった。

チャン・ウンス[*4]は、「こうした発見可能性を高める伝統的なマーケティング活動の力が弱化し、反面、書籍のマーケティング・販売における著者依存が次第に高まっている。書籍刊行に前後して著者の講義・講演・サイン会・朗読会・読者とのイベントなど、著者の外部活動の機会が増え、特にブログ・Facebook・Twitter・Instagramなど、著者のソーシャルネットワーク活動に広報が依存するケースが増加している」と述べている。

広報はPR(Public Relations)である。PRの広義の概念としてはCPR

＊4　チャン・ウンス(2017.2.26.)、「マーケティング4.0時代の出版」(https://bookedit.tistory.com/577)

(Corporate Public Relations)で、マーケティング手段としてのPRはMPR(Marketing Public Relations)ということができる。

出版産業では、CPRよりもMPRが中心になっている。直接的な書籍製品や、消費者との関係を築く活動が主力になるということだ。そのため読者は書籍を購入する際に、出版社の名称よりも書籍名を中心に記憶して検索をしている。

5. ソーシャルメディア

マーケティング環境の最も大きな変化は、Webの発達とソーシャルメディアの登場である。ソーシャルメディアはマーケティング戦略において、現在では、考えずにはいられないほど重要な手段となった。

ソーシャルメディアは、Instagram・Twitter・Facebookなどで、これらのソーシャルメディアを活用したマーケティング戦略を「ソーシャルメディアマーケティング」という。

前述のパク・ジュフン[*5]は、「書物は伝統的に推薦と口コミによって販売される商品である。こうした特性は、共有と拡散へと動くソーシャルメディアの原理とまさしく符合する。したがって、出版がソーシャルメディアという新しい

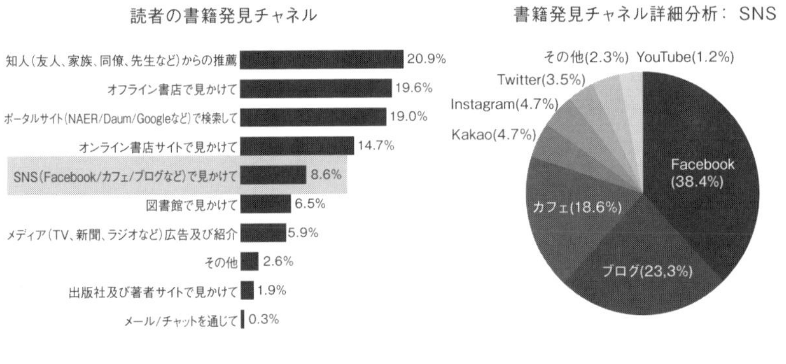

図 4-6 書籍発見チャネル

出所:チャン・ウンスほか(2015)、『読者の書籍発見チャネルと国内外書籍の発見性強化』、韓国出版文化産業振興院。

*5 注3に同じ。

環境にどのように適応すべきか悩むのではなく、出版本来のマーケティング属性を最も良く反映しているソーシャルメディアなのか、またどう動くのが最も自然なのかについて頭を悩ませなければならない。残念なのは、これまで出版がソーシャルメディアと元々は相性が良かったにも関わらず、その利点を生かせずにいることだ」と述べている。

ソーシャルメディアは読者との関係を形成する中間媒体の役割を果たしており、接続と深い関係があり、個人と企業はソーシャルメディアを頻繁に活用する。ところがソーシャルメディアを活用する際に、得てして数字を重視しすぎる傾向が見られる。ブログは訪問者、Facebookは友達、Twitterはフォロワーが何人いるかを重要視している。しかしこれは単なる数字遊びに過ぎない。訪問者、友人、フォロワーが何人いるかよりも、私のファンがどれほどいるか、私のためにどれだけ推薦(口コミ)してくれるかが、一層重要なのである(図4-6)。

またターゲットによって、どのソーシャルメディアを活用するかも決めねばならない。一例を挙げると、韓国ではTwitterよりもInstagramの利用が多くなっている。海外ではTwitterの多用が目立つ。誰が対象になるかによって、ソーシャルメディア選択の方針についても考慮する必要がある(図4-7、4-8)。

図 4-7　Web マーケティング手段で活用できるチャネル

図 4-8　書籍閲覧関連チャネル

ソーシャルメディアでは物語(ストーリーテリング)も重要である。どのチャネルを中心にファンを確保し、ファンとの持続的な関係を結ぶことができるかが大切なのだ。Webマーケターを別に置く場合もある。それだけWebでの活動が重要ということだろう。前述のように、読者はオフライン空間よりも、Web空間で書籍を発見して購入する度合いが高くなった。消費者の購買行動もWebで検索し、Webで共有しているからである。

6. 協業マーケティング（コラボレーション）

低成長時代はコラボレーション、すなわち協業、共に生きる(成長する)ことが重要である。低成長時代にはひとりだけ先行することはできなく、一緒に歩まねばならない。

「ヒョウはもともと単独で狩りをする習性を持っていたが、今では複数の雄ヒョウが協力して狩りをする」という(「ライフオブサマンダ」、SBS創社記念ドキュメンタリー、2019年放送)。

このように自然界でも協業の重要性が目につくようになった。現在はすべての産業において協業が必要とされている。

協業(collaboration)とは、マーケティング面で、それぞれ異なる分野で知名度の高い複数のブランドが事前に協力して新製品を作り出し、消費者を攻略する手法である(https://100.daum.net/)。また言葉を変えて「協力」「合作」と称する場合もある。

協業は、異業種または同業種においてコラボレーション(提携)をすることである。主に異業種同士の協業が中心になるが、これは各製品の特性を活かし、互いの価値を最大限に引き出し、シナジー効果(相乗効果)を高める方法である。こうした協業が注目されるようになったのは、SNSの広がりによるとの分析がある。

ハッシュタグ(#) などを通じて、共通の関心事を持つ消費者が集まりやすくなり、ブランドに対するファンダム(Fandom)が、これまで以上に凝集されるからだ。

言い換えると、原稿モニタリングに参加した読者、その読者と出版社が企画から、書籍とコーヒーやワインなどを共同販売するのも協業の一種である。また、産業分野の壁を越えて往来するコラボレーションが、私たちの周囲でもしばしば見られるようになった。したがって「書籍」という有形物だけでなく、コンテンツを活用し様々な産業と協業する方法を模索しなければならない。

7. 出版のプラットフォーム

国内のスタートアップ企業から中堅企業、大企業までD2C(Direct to Consumer)モデルを導入する事例が増えている。D2Cとは、中間過程を省略し、生産者が消費者に直接自社の製品を販売したり、連結するビジネススモデルを言う。

出版社が直接プラットフォームを運営するD2Cモデルを導入することもある。出版社が直接読者とつながったり、作家と読者を連結するシステムともいえるだろう。出版社の顧客は読者だが、これまでは出版社と読者の間に書店が入り、読者と直接つながる機会は稀だった。だが現在では出版社が直接読者とつながることが重要視されている。それがD2Cモデルなのである。

しかし、プラットフォームを運営するだけで、出版マーケティングをしているとか、出版プラットフォームを運営しているとは言えない。

出版プラットフォームの運営を、単に書籍だけをネット上に陳列することと考えているなら、読者の継続的な訪問は期待できないだろう。それは単に本を販売するオンライン書店の役割でしかないからだ。

オンライン書店の役割から、さらに出版プラットフォームであろうとするならば、出版社は読者と出会い理解し分析する可能性が増える。また、出版社が自社のコンテンツをB2B(Business to Business)またはB2C(Business to Consumer)に拡張する機会が増えてくる。

さらに、出版社がプラットフォームを運営する必要について、もう一つの理由は、データを手に入れるためである。自社の顧客の嗜好・属性を知らねばならないからで、これまで出版社は自社の顧客を直接知る方法がなかった。しかし、デジタル技術の導入で出版社も、自社の顧客を把握する手段を持てるようになった。

8. 出版マーケティングの変化

現代は目まぐるしく変化する時代である。新しいメディアが一瞬にして生まれ、すぐに消滅してしまう。出版社は多額の資本力を持たないので、手軽に新たに活用する手段を継続的に開発する必要がある。いままで活用していたチャネルにどのような内容を付加するかも重要だ。

マーケティングの変化は出版だけでなく、すべての分野で見られる。消費者に提供される提供物も、有形物ばかりでなく無形物が多くを占めるようになったことを見てもわかる。

出版マーケティングもまた多くの変化を経験している。出版の定義が変わったからで、その定義の変化によって書籍の概念をどの範囲で考えるか、さらに読者・消費者・利用者・享受者として考えるならば、マーケティングの範囲もおのずから変わってくる。

今や書店や図書館などでは書籍の推薦が重要な仕事になっている。特にSNS・YouTube・キュレーション・インフルエンサー(influencer)のマーケティングなどは、書籍の選択を苦手とする人に書籍情報を知らせ、書籍について確信を持たせる方法である(図4-9)。

いまでは生産者と消費者の境界がなくなり、マーケットは市場を把握して企画し、顧客を増やしもするが、ファンを広く増やさなければならない課題が生まれた。だからファンを多数確保した企業だけが生き残ることができる。

例えば「配達の民族(訳注：韓国のデリバリーサービス企業)」成功の核心

他の作家の推薦の詞　　推薦図書　　知識人の推薦

図 4-9　インフルエンサー（influencer）の活用例

は、デジバリーを最も多く利用する20代を中心に、ブランドファンダムを効果的に形成した点にある。「配達の民族」には2016年に組織された「ベッチャンイ(配達の民族が大好きな人々の集まり)」というファンクラブが存在する。このファンクラブこそ、現在の「配達の民族」をつくりあげた成長力と言える。

また、「シャオミ(Xiaomi)」は「米粉(ミーフェン)」なるファンダムがあり、彼らはシャオミを積極的に広報し、製品についての助言を惜しまない。シャオミ式経済を「ミーフェン経済」または「ファンダム経済」ともいう。デジタル時代に企業が生き残るためには、多数の不特定コンシューマーではなく、真の核心的ファンを発掘・育成しなければならない。

あるヒット商品を企画し、大量生産のうえ販売する時代は終わった。消費者の好みは、いっそう細分化されており、デジタル社会には毎日新しいライバル製品やサービスが参入している。

過去のマーケティング戦略が成功したからといって、今後も成功するという保証はなく、現在はマーケティング戦略がある企業で成功していたとしても、他の企業においても成功する保証はない。その企業を取り巻く環境と資源、顧客が異なるからである。

デジタル時代に出版マーケティングを展開するには、まず出版の概念を定立しなければならない。デジタル機器が出版に導入され、出版の概念を拡張しているため、出版マーケティングの拡張も必要になっているのだ。

マーケティングに正解はない。マーケターが市場と消費者をいかに把握するかによってマーケティング手段も変化するからだ。そのため様々な事例を分析し、周囲を見回して出版の変化を凝視し、出版コンテンツを生気あるものにし、躍動させるための努力を続けなければならない。

第3節

出版物の流通経路

出版物の流通は、**図4-10**のように一般的に生産者である出版社から流通会社である取次や小売書店を経て、最終的に消費者である個人(B2C)や企業(B2B)へ販売される。

韓国の出版社の場合、その分野は「一般単行本」「学術専門書」「児童書」「教科書及び学習参考書」「学習誌」「全集」「雑誌」などに分割され、それぞれの流通方式に特性がある。流通会社は、主に単行本を扱う全国取次と地方取次があり、地域総販の場合は、主に出版社から参考書・学習誌・全集類を地域別

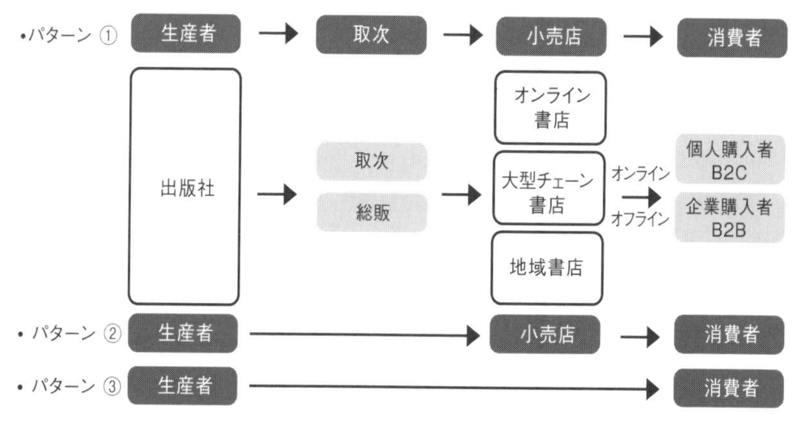

図4-10　出版物の流通構造（出版社－取次－小売－消費者）

出所：出版流通振興院（2018）、『出版物流手形取引の実態と改善方案研究』韓国出版文化産業振興院、47項。

に流通させる権限を委任された事業者である。小売店は3大小売チャネルとしてのオンライン書店、大型チェーン書店、地域書店に分けられる。

3.1　出版物の供給／配本

出版物流会社に出庫指示を出して供給が始まるが、配送のタイプは次のとおりである。①坡州配本、②ソウル市内配本、③首都圏・地方配本、④宅配・貨物配本。

「配本」や「配送」などの用語は混用されている。国語辞典に出てくる「本を配達する」という意味の配本(delivery of a book)を原則として使用しているが、参考文献・セミナー・インタビューなどでは、業界で混用されている場合でも、そのまま使用されている。

出版物流業界で一般的に通用する用語によれば、ソウルは「市内配本」、ソウル市内を除く近隣地域と地方は「首都圏・地方配本」と呼ばれてきた。坡州とソウル市内は、出版社が午前中に出庫指示をすると、当日の夕方までに配本がなされ、首都圏と地方は翌日の夜までに配本される(**図4-11**)。

全国取次から書店に配本する場合は、倉庫に在庫がなければ出版社に注文

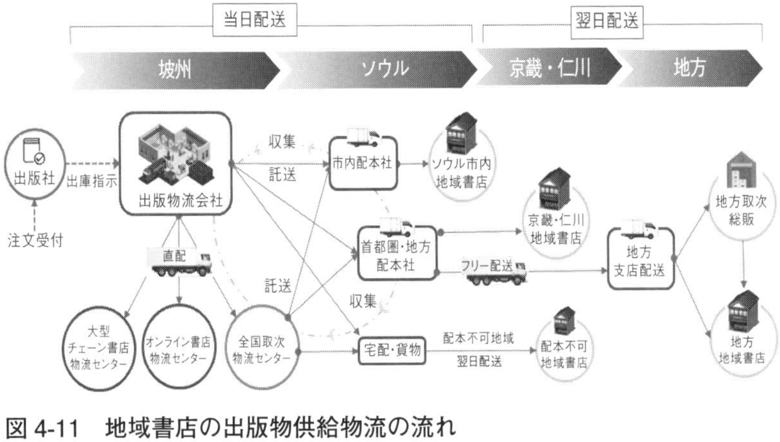

図 4-11　地域書店の出版物供給物流の流れ

出所：出版流通振興院（2019)、『出版物の地域書店供給の効率性向上方案』韓国出版文化産業振興院、10項。

し、補充した後に処理しなければならないので、配本が遅延することがある。

配本会社の車両が行けない配送不可能地域については、宅配や貨物便を利用して翌日の夜までに配本をする。

3.2 委託販売と限度取引

出版物の委託販売の場合、**図4-12**のように出版社は「委託販売者」であり、代行機関である取次や書店は「受託販売者」となる。取次⇔書店の場合、取次が委託販売者、書店が受託販売者となる。出版社から取次や書店を経て消費者に販売された出版物の販売代金は、消費者から書店、書店から取次を経て出版社に支払われる。

書店→取次→出版社という支払い構造における問題点は、書店が取次に出版社別・図書種別の販売・在庫情報による支払を実行しない場合があるからである。こうして結局、取次も出版社に、販売データに基づく支払いではなく、取引交渉力の優劣によって支払問題が発生することになる(**図4-13**)。

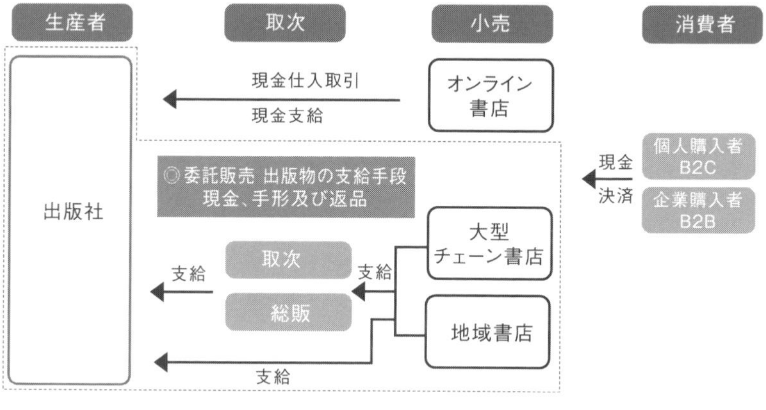

図 4-12　委託販売出版物の支給及び受金の構造

出所：出版物流振興院（2018)、『出版物流手形取引の実態と改善方案研究』韓国出版文化産業振興院。

3.3 出版社の返品率

出版社は大量の出版物を取次や書店に配本しようとし、書店は店内の書棚スペースに制約があるため、配送されてきても、すべての書籍を売り場に陳列することはできないのが現実である。

委託販売制度なので、売れない本は周期的に返品して管理しないと、不良在庫を抱えて、その程度によっては経営に多大な影響を与えることになってしまう。書店が委託本を返品したくても、返品できない理由の一つは、取次が返品を受け取らずに残高対比決済を要求する場合があるからである。

書店は売れていない本、陳列できない本、破損した本などを一括して返品する。この過程で売上を維持しようとする側と、売場の残高を減らそうとする側の利害関係をめぐる綱引きが行われる。

出版社のマーケティング活動において重要な目的は、「利益を上げること」である。出版社の規模や売上規模も大切だが、確かな収益を上げて、今後の出版への投資資金を稼ぎ出さねばならない。だから返品管理は売上拡大と同様に、大きな課題なのだ。売上分析で返品率が低ければ支払費用の負担は軽くな

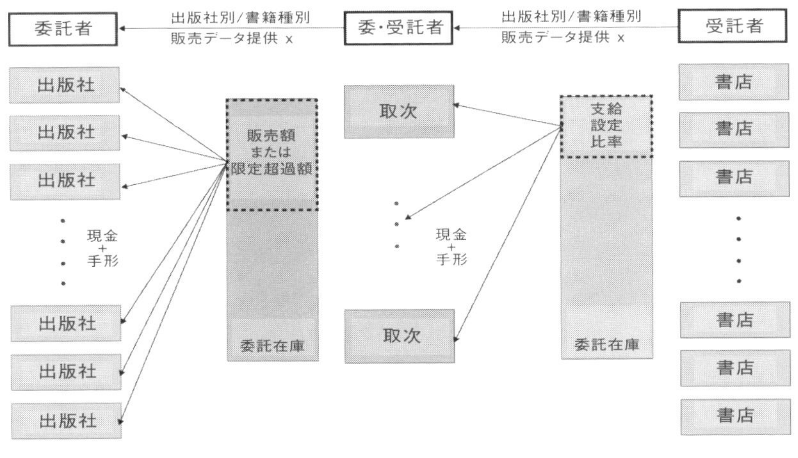

図 4-13　販売情報のない書店→取次→出版社の支給の構造
出所：『出版物流手形取引の実態と改善方案研究』韓国出版文化産業振興院、2018。

り、収益を上げることができる。「返品率は高いが利益は出ている」という出版社は皆無というのは言い過ぎではない。

出版社や出版物流会社は、取次または書店から返品されると、書籍再生のための手入れをし出庫準備をするが、これらもまたコスト負担になる。入庫処理費用、再生作業費用（スリップの除去、カバー・帯の交換、ステッカー剥がし、広報物挿入など）や、破損出版物の廃棄費用も無視できない金額になるからで、大量に返品された場合には、20kgを超える重量輸送箱の破損率が高くなる。返品は書店でも処理費用や時間の負担になる。陳列されている書籍を抜き出し取引明細表を作成する。包装作業は慢性的な人手不足のため，書店現場では返品作業に多くの時間を費やしてしまう。ここでの配送費用や人件費が大きな負担となり、取次が返品を受け取らずに経過すると、ここに金融費用が発生する。

返品処理が円滑になされないため、短くて３～６か月も、返品資料が出版社に届かない場合もある。物流会社や取次から返品／処理過程での破損とか、分類作業遅滞で、出版社における再生・活用の頻度は一般的に高いとは言えない。そのため、再生可能な書籍が返品されているのに、再び制作しなければならないケースもある。委託販売方式における流通での高い返品率の問題は、出版物流をコスト高にする一因である。さらに韓国内においては、期間を特定しない返品慣行が常態化し、地域書店は大量の悪性在庫を抱えている。

韓国出版文化産業振興院の『2020出版産業実態調査』によれば、出版社の平均返品率は15.4％だった。出版分野別にみると児童書（8.8％）、全集（9.2％）が低く、学習誌（17.6％）、一般単行本（16.3％）、受験書（16.3％）などが比較的高いほうに属していた。売上高規模の低い出版社ほど、平均返品率が相対的に高いことも分かった。

全国取次の返品率は学習参考書が29.7％、大学教材・受験書が28.4％、一般単行本が25.3％、児童書が24.5％で、返品期間は児童書9.1か月、学習参考書7.3か月、大学教材・受験書7.0か月、一般単行本6.8か月の順だった。

オフライン書店の返品率は小・中・高校の学習参考書33.2％、大学教材・受験書30.2％、一般単行本28.0％、児童書24.6％で、返品期間は児童書10.2か月、小・中・高校の学習参考書8.3か月、大学教材・受験書8.0か月、一般単行本7.5か月となっている。

第4節 書店の役割と機能

4.1　書店の現況

書店分類基準に応じて書店の名称は多様である。書店の形態を店舗の有無、チェーンの有無、取扱図書の分野別、取扱商品の比重別、制度適用別によって分類できる（図4-14）。

改めて書店の定義を確かめると、「不特定多数を相手に営業し、書籍を販売して生計を維持する店」となる。地域書店は「不特定多数を相手にし、地域に住所と訪問店舗を置き、地域住民とコミュニケーションを図る空間で、店内に書籍を陳列し、書籍による売上が生まれる店」と規定される。

例えば、次のような要素を備えねばならない。

① 売場の規模が 200 坪未満で、地域を基盤に運営していること。

② 該当地域に「住所」と「訪問店舗」を置いて営業していること。

③ 地域社会を基盤に書籍を通じて地域住民とコミュニケーションを図る場所。

④ 可能な限り地域住民を対象に、月 1 回以上の文化イベントを 1 年以上継続して運営していること。

⑤ 店舗内構成商品の 50％以上は書籍であること。

⑥ 売上額の 50％以上は書籍販売によるものであること。

韓国書店組合連合会では、2003年から 2 年ごとに全国の書店の現況を調査し、翌年初めに『韓国書店便覧』（以下『書店便覧』という）を発行し、その分析結果を公表してきた。

『書店便覧』では、2004年版（2003年基準）から、2016年版（2015年基準）までは「純粋書店」(文房具の売上が10%未満の書店)と「一般書店」(純粋書店と文具類、ブックカフェなどを兼業する書店を含む)に分けて集計・分析してきた。しかし、2018年版(2017年基準)からは両者の区分は無くなり、「一般書店」に一本化して書店数を公表するようになった。

また、2016年版(2015年基準)以降は、「改正図書定価制」の施行(2014.11)もあり、書籍だけでなく、コーヒー・酒類・複合商品なども販売する書店(複合書店・独立系書店・キュレーション書店・トレンド書店ともいう)を「独立書店」として分離・調査して、その結果を別途、集計し公表している。

この分析結果によると、全国の地域書店数は2003年の3589店から2005年には3429店(前年比4.5%減)、2007年には3247店(5.3%減)と減少していたが、2009年には減少幅がさらに拡大し、2009年は2846店(12.3%減)、2011年は2577店(9.5%減)、2013年は2331店(9.5%減)、2015年は2116店(9.2%減)となった。その後、「改正図書定価制(2014.11)」が定着した2017年には2050店(3.1%減)と減少幅は鈍化したが、2019年の調査では1968店(4.0%減)と全体的に微減傾向が続

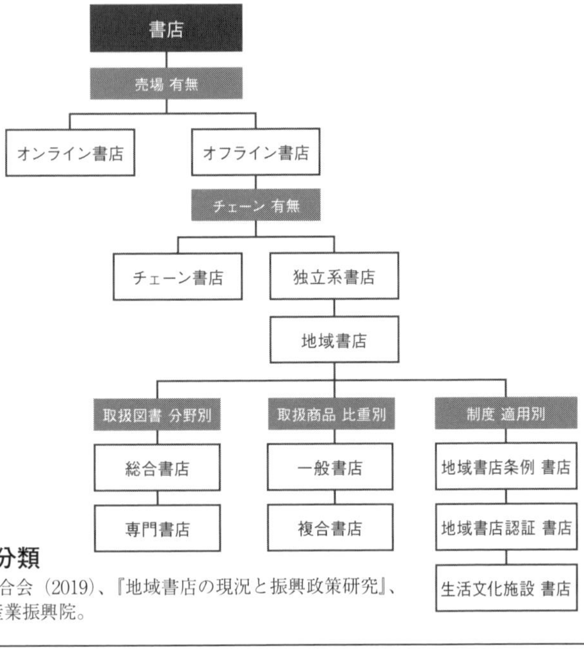

図4-14　書店の分類

出所：韓国書店組合連合会（2019)、『地域書店の現況と振興政策研究』、韓国出版文化産業振興院。

いている。

2020年版(2019年基準)によると、独立書店は2015年に49店、2017年に301店、2019年は344店と43店の増加(前年比14.3%増)だった。したがって、地域書店と独立書店を含む全書店数は、2015年の2165店、2017年の2351店から2019年には2312店へと39店が減少(1.7%減)する結果になった。

図4-15は、2019年を基準に全国の市道別に地域書店と独立書店の数を示したもので、地域書店はソウルが324店で最も多く、次いで京畿道(309店)、大邱(175店)、釜山(165店)の順だった。独立書店は、ソウルが134店で最も多く、

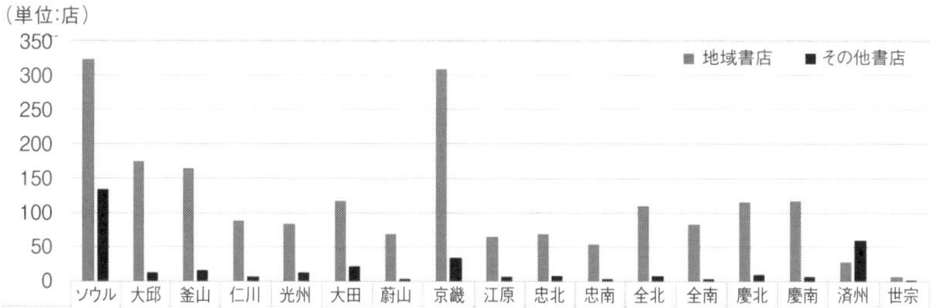

	ソウル	大邱	釜山	仁川	光州	大田	蔚山	京畿	江原	忠北	忠南	全北	全南	慶北	慶南	済州	世宗
地域書店	324	175	165	88	84	117	69	300	64	68	54	110	83	115	117	27	7
その他書店	134	13	16	6	12	22	3	34	6	8	3	8	3	9	6	59	2

図4-15　韓国の地域書店とその他書店の数

出所：韓国書店組合連合会(2019)、『地域書店の現況と振興政策研究』、韓国出版文化産業振興院

図4-16　書店数の推移(2013～19)

出所：韓国書店組合連合会(2019)、『地域書店の現況と振興政策研究』、韓国出版文化産業振興院

済州道(59店)、京畿道(34店)と続いている(**表4-1**)。

2013～19年の韓国書店組合連合会の調査資料を見ると、**図4-16**のように、地域書店は、「改訂図書定価制(2014.11)」が定着した2017年からは減少幅が鈍化し、独立書店が増加して全書店数は2017年に大きく増加した。だが、2019年になると地域書店がやや減少している(2017年比2019年の書店数増減率：地域書店-4.0%、独立書店+14.3%、全書店-1.7%)。

4.2　地域書店の配本要請

地域書店の売上構成比を見ると、書籍のタイプ別では、「参考書」の比重が大きい。一般的に「参考書」(約70%)、「単行本」(約25%)、「児童書」(約5%)、そして「雑誌」の順になる。地域書店の単行本の売上シェアは減少を続

表4-1　市道別地域書店数（2003～19）

	2003年	2005年	2007年	2009年	2011年	2013年	2015年	2017年	2019年	増減
ソウル	547	533	505	428	423	412	403	343	324	-19
釜山	301	287	269	238	224	209	186	176	165	-11
大邱	386	324	336	248	222	175	184	182	175	-7
仁川	167	174	157	136	127	104	90	108	88	-20
光州	204	204	169	162	134	123	93	91	84	-7
大田	240	227	202	188	173	167	123	127	117	-10
蔚山	132	139	145	143	140	110	990	80	69	-11
京畿	467	463	457	396	334	288	276	285	300	+15
江原	135	117	107	91	73	73	72	68	64	-4
忠北	115	103	97	96	90	92	78	68	68	0
忠南	117	109	105	95	81	75	60	60	55	-5
全北	197	185	167	162	139	131	121	113	110	-3
全南	110	102	96	87	78	69	64	80	83	+3
慶北	199	197	183	158	146	118	106	115	115	0
慶南	228	221	212	182	160	147	125	117	117	0
済州	44	44	40	36	33	34	32	31	27	-4
世宗						4	4	6	7	+1
計	3,589	3,429	3,247	2,846	2,577	2,331	2,116	2,050	1,968	-82
2年前対比増減		-160	-182	-401	-269	-246	-215	-66	-82	
2年前対比増減率(%)		-4.5	-5.3	-12.3	-9.5	-9.5	-9.2	-3.1	-4.0	

出所：韓国書店組合連合会（2019）、『2020韓国書店便覧』

けており、雑誌の売上シェアも市場の衰退とともに大きく縮小に向かっている。

地域書店の大部分は、**図4-17**のように営業時間が終了する午後10時頃から注文を開始する。注文方法は大別して３つである。

第1は地域書店の販売時点情報管理システム（POS：point of sales）を通じて注文する方法。

第２は全国取次が提供するWebページを利用する注文。

第３はFAXを利用する方法である。

「地域書店POS運営実態調査と改善方案研究」（2014）で調査した結果によれば、国内地域書店におけるPOS使用率は約83％で、書店POS事業所の市場規模は、全体では20億ウォン前後であり、主要4社の業者別年間売上規模は約

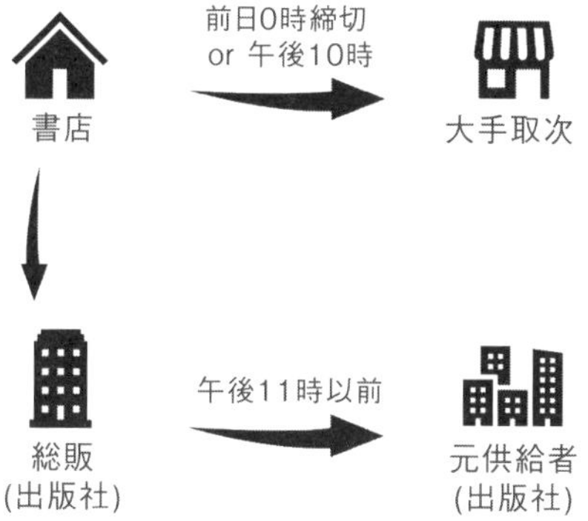

図 4-17　地域書店の注文プロセス

出所：イ・ジョンボク（2019）、「地域書店の注文供給現状と課題」、出版物注文供給システムの現状と展望セミナー、韓国出版文化産業振興院

表 4-2　大型チェーン書店とオンライン書店の売場数（2014 ～ 19）

書店名	2014年	2015年	2016年	2017年	2018年	2019年
教保文庫	22	26	35	40	43	42
YP BOOKS	20	21	26	35	42	43
アラジン	18	21	23	33	43	45
イエス24	0	0	2	6	6	8
合計	60	68	86	114	134	138

注：2019 年 10 月現在の数字
出所：韓国書店組合連合会（2019）、『地域書店の現況と振興政策研究』、韓国出版文化産業振興院

1億5千万ウォンから6億ウォンで零細ぶりが際立っている。

書店から夜間に送信された注文は、翌日の午前に出版社、取次において注文確認と出庫処理がなされる。したがって、地域書店が注文した出版物の入庫時間をみると、主に翌日午後に集中している。

「参考書」の取次と「単行本」の配本代行会社、そして直配車両の時間分布は、**表4-3**のとおりで、繁忙期と閑散期では時間の分布に多少の差があり、運行車両数も異なっている(イ・ジョンボク)。

出版社の注文処理関連業務は、午前の出勤と同時に行われるが、注文を受け付け、主に11時までに出版物流会社への配本要請と出庫処理は締め切られる。その他の出版物流会社で代行する宅配便への配送要請は、午後4時頃までになされる。

表4-3 地域書店の出版物入庫時間分布と配送車両数

区分		繁忙期	閑散期
入庫時間分布	学習誌	15～19時	13～17時
	配本代行会社	17～22時	17～21時
	直配	10～18時	10～20時
配送車両数	小型書店	10台(全取引先車両)	5台
	中・大型書店	15台以上(全取引先車両)	10台以上

出所:出版流通振興院(2019)、「出版物の地域書店供給の効率性向上方案」、韓国出版文化産業振興院

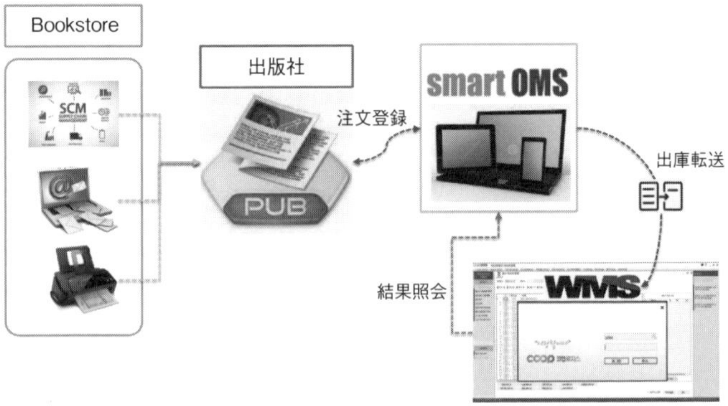

図4-18 コーアップロジスの書店ー出版社ー物流センター出庫管理基本構造

出所:出版流通振興院(2019)、「出版物の地域書店供給の効率性向上方案」、韓国出版文化産業振興院

出版社の注文受注方式は、大型チェーン書店やオンライン書店はSCMメニューを利用する。地域書店の場合は、オーダーピア(Oderpia)のFAX利用が最も多く、オーダーピアのWebサイトへの注文システム、書店からの直接FAXの順である。

出版物流会社を利用する出版社の場合は、出庫指示をする際に出版物流会社が提供したプログラムに手作業で入力したり、可能であればファイルにアップロードする。出版社が出版物流会社のプログラムに出庫登録する際には、出庫日・書店取引先・出庫区分・書籍名(図書コード)・部数・供給率〔%〕などを入力しなければならない(図4-18)。

紙魚の目

多様化する日本の出版流通

『2019 出版物販売額の実態』（日販発行）によると、推定出版物販売金額は1兆5493億円、ルート別の出版物販売推定額は、書店ルート9455億円（構成比61%)、インターネットルート2094億円（構成比13.5%)、CVSルート1445億円（構成比9.3%)、その他取次経由ルート528億円（構成比3.4%)、出版社直販1971億円（構成比12.7%）となっている。

書店ルートとは、書店を経由して販売された出版物推定販売額をいう。

CVSルートとは、コンビニエンスストアを経由して販売された出版物推定販売額をいう。インターネットルートとは、インターネット専業業者を経由して販売された出版物推定販売額をいう。その他取次経由ルートとは、駅販売店（鉄道弘済会）ルート、生協ルート、スタンドルートを経由して販売された出版物推定販売額を合算したものをいう。

（出所：「新版 本づくりこれだけは」（下村昭夫ほか、出版メディアパル）

第5節 出版物流会社・卸売商(取次)の現況

5.1　出版物流会社の業務

出版物の保管・供給・返品管理サービスを代行する出版物流会社(第三物流、3PL：Third Party Logistics)としては、「翼物流」「文化流通ブックス」「韓国出版物流(株)」「ウンジンブックセン」「コーアップロジス」などがある。

出版物流会社は出版社からの出庫要請のデータ処理をするが、普通11時頃までプログラムによって書籍配本／出庫要請を受ける(図4-19)。

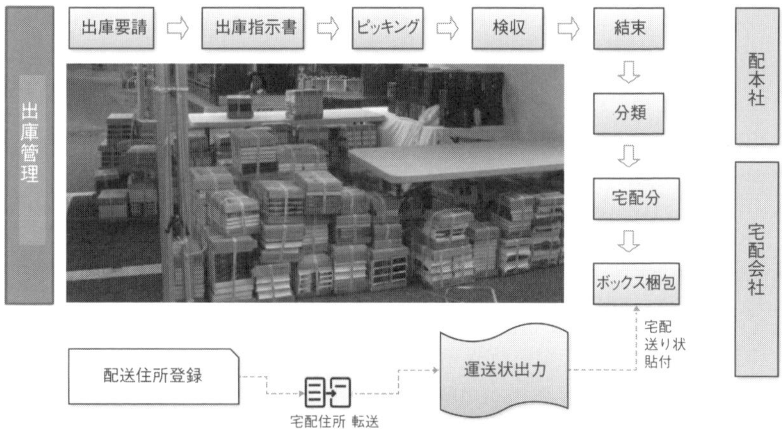

図4-19　コーアップロジスの配本社出庫管理プロセス
出所：出版流通振興院(2019)、「出版物の地域書店供給の効率性向上方案」、韓国出版文化産業振興院

配本の場合、大型チェーン書店、市内書店、地方書店の順に処理し、午後2時までに市内配本対象を処理してから、午後5時頃までに地方向けの出荷処理をする。出版社からの宅配物要請の場合は、午後4時頃までに受け取って宅配送り状を出力・貼付し、宅配車両に委託して処理することになる。

5.2 取次の業務

地域の書店に本を供給している主要な全国取次は3社で、「熊津ブックセン」「ブックプラス」「韓国出版協同組合」が単行本（「一般単行本」「学術専門書」「児童書」）を中心に流通を担当している。「参考書」「学習誌」「児童全集」の場合は、教育出版社の地域総販流通体制を利用することになっている。

取次は、書店からの注文を受け、自社の倉庫に在庫がある場合は、ピッキング（picking）して出庫し、在庫がない出版物については出版社に注文して補充して処理する（**図4-20**）。

この過程で、①入庫/補充業務、②受注業務、③ピッキング業務、④検収・

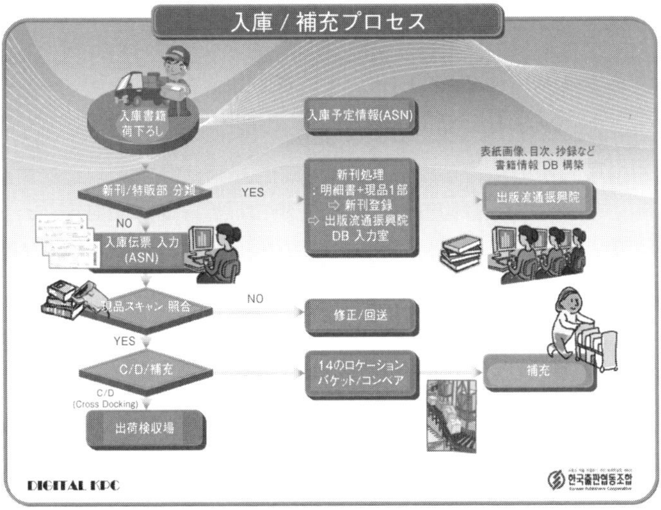

図4-20 韓国出版協同組合 書籍流通事業の入庫・補充業務プロセス
出所：出版流通振興院（2019）、「出版物の地域書店供給の効率性向上方案」、韓国出版文化産業振興院

梱包・出荷業務、⑤再販売／補充業務処理がなされる。

主に午前中に出勤して書店からの受注データの処理をするが、順序は直配書店、市内書店、地方書店で、受注データの処理順に出荷させる。11時までに直配物量の出荷、午後２時までに市内配本の処理、午後５時までに地方向けの出荷処理をしている。

①入庫・補充業務過程：入庫図書荷下ろし→新刊・特販部分類→入庫伝票入力→現品スキャン照合→クロスドッキングまたは補充→出荷検査所
②受注業務過程：書店POS注文、Web注文、EDI注文、電話・FAX注文処理→倉庫管理システム（WMS）注文書一括登録→重複注文、在庫有無→ピッキング指示書出力
③ピッキング業務過程：ピッキング指示書出力→ピッキング指示書とバケット締結→ロケーション別ピッキング→検収作業→梱包・積込
④検収・梱包・出荷業務過程：ピッキング指示書と現品の対照検収→検収作業→明細書・ラベル出力→梱包→積込→配本会社
⑤搬入・搬出の業務過程：書店物票登録→店別にスキャンして入力→搬入・回送→再販売可否→再販売書補充または出版社搬出→出版社別搬出書籍分類→スキャン・明細書発行→梱包・ラベル貼付→配本社別分類配送
⑥再販売・補充業務過程：搬入図書のうち再販売書籍引取→スキャン登録→ロケーション別分類再販売補充指示書出力→再販売補充指示書スキャン完了後、正規品の在庫に移動し、正規品として再出荷

5.3 配送会社の業務

配送会社は、**表4-4**及び**表4-5**のように、それぞれの地域ごとに特徴ある業務体制を構築している。

朴燦洙[*1]は、次のように配送会社の業務内容を分析した。

坡州(パジュ)地域の出版物流会社と全国取次を回り、出版物を集めて市内配本を代行

*1 朴燦洙(2017)、『出版コンテンツの海外進出のための支援政策研究』韓国外国語大学校博士論文

する配本会社としては、「黄金の翼」「韓国出版物流（株）」「漢江物流」「希望ライン」「スレ社」「高麗出版物流」などがある。首都圏及び地方配本代行会社は２社存在している。トップ企業は翼物流の子会社にあたる「ドリーム翼」で、市場規模の約70％を占有しており、第2は、韓国出版物流株式会社の主要株主である「ブックハブ」で市場規模の約30％を占めている。

地域取次は、首都圏に「チェギラン」「チェクコルギ」「冠岳図書流通」、そ

表 4-4　韓国出版物流会社と配本社業態の現況

物流・配本　商号名	業務範囲	その他
（株）翼物流	保管	子会社 黄金の翼 ドリーム翼
文化流通ブックス（株）	保管	地方配送委託 出版社連合
韓国出版物流株式会社	保管／回収／市内配送	地方配送委託 韓国出版協同組合
（株）コーアップロジス	保管／回収／ソウル・首都圏配送	出版社連合
ブックアンドブック	保管／市内配送	地方配送委託 参考書専門代行
幸せな車（スレ社）	保管／回収／市内配送	地方配送委託
漢江ブック（中央ライン）	保管／回収／市内配送	地方配送委託
漢江図書ライン	保管	地方配送委託
本と仕事場	保管	市内・地方配送委託
千里馬	保管	市内・地方配送委託
パバルマ	保管／市内配送	地方配送委託
ブックハブ	回収／地方配送	地方配送
ソンスレ	保管	地方配送委託
ソマン流通	回収／市内配送	地方配送委託 キリスト教書専門
黄金の翼	回収／市内配送	翼物流　子会社
ドリーム翼	回収／地方配送	翼物流　子会社
韓国図書流通	保管／回収／市内配送	地方配送委託
（株）コムパーク（ローブブック）	保管	地方配送委託
高麗出版物流	保管／市内配送	地方配送委託

出所：出版流通振興院（2019）、「出版物の地域書店供給の効率性向上方案」、韓国出版文化産業振興院

表 4-5　韓国出版物流会社の配本類型

区分	内　容
坡州配送	教保文庫 釜谷里、教保文庫 ブックシティ、アラジン、イエス24、インターパーク、YP物流、ソウル文庫、ブックセン、ブックプラス、韓国出版協同組合 ・配本車自車利用(3.5t、5t)配本-当日配本、17時締切 ・教保文庫２回配本進行
ソウル市内配送	1,400店余の取引先＋本社150か所 ・出庫注文締切時間：午前11時30分 ・１トン車両14台ソウルおよび付近配本 ・配本時間　閑散期：15時出発、19～20時完了 　　　　　　繁忙期：16時30分出発、21～22時完了 ・原則当日配本 ・一日平均配本量：約1,200部(積載量の1/3)
首都圏配送	1,600店余の取引先(大学書店、出版社本社含む)、翌日配送 ・１トン車両13台京畿および首都圏　翌日配送 ・16時出勤→21～22時出発→４～11時配本・回収→16時出勤
地方配送	トラック４～５台と支社25台車両運用 地方支社：全州(３台)、光州(４台)、大田(４台)、大邱(６台)馬山(３台)、釜山(５台)へ配送 運輸会社(トラック)→早朝荷下ろし→11時分類作業→配送・回収完了 地方拠点別支社体制：基本料＋到着費 運営到着費減少(参考書、大学教材)→経営難加重→配送区域縮小
宅配・貨物配送	・市内・地方配送不可地域 ・少量出庫増加と首都圏地方配本縮小の影響→物流費上昇

出所：出版流通振興院（2019）、「出版物の地域書店供給の効率性向上方案」、韓国出版文化産業振興院

して「大田中部書籍販売」「大邱セウォン出版流通」、さらに「韓一書籍」「釜山ハンソン書籍」「光州グロリアブック」などである。

地域取次のなかには、地域の中型書店が地域総販の役割や卸小売店を兼ねて運営しているケースもある。

地域総販の場合は、主に教育出版社が運営しているが、出版社が決めた特定地域の管轄運営権を持ち、出版社の規模によって全国的に総販を運営しているケースもある。韓国書店組合連合会の『2018韓国書店便覧』によると、全国に地域総販は約300社が存在するという。

第6節 出版流通統合ネットワークの構築

6.1 出版流通先進化戦略

文化体育観光部は、出版文化産業振興 5 か年計画(2017〜21)において、主力推進する 4 大戦略、推進課題16を発表した(図4-21)。

この「出版流通先進化戦略」のために、出版流通先進化体系の構築、地域書店の共存発展体系の構築を推進し、情報化事業として地域書店ポータルサイト書店ONネットワーク構築・運営や出版流通統合システムの構築を進めている

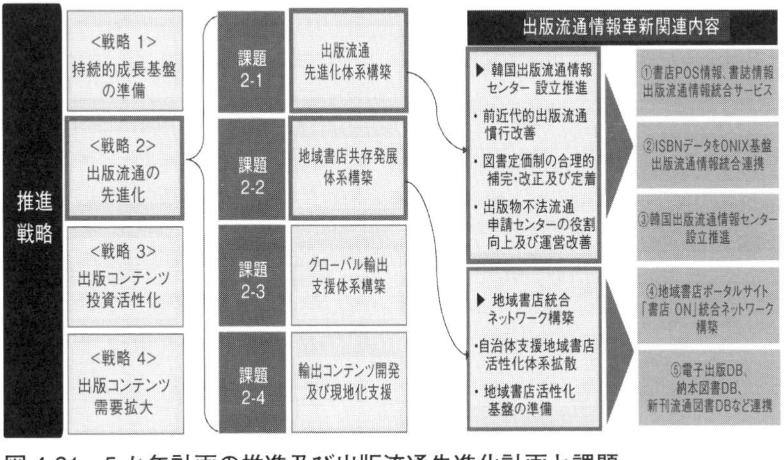

図 4-21 5 か年計画の推進及び出版流通先進化計画と課題

出所：大韓出版文化協会（2018)、「出版流通統合システム構築のための研究調査」、韓国出版文化産業振興院

（出版流通振興院、2019）[*1]。

出版流通統合システム構築事業は、「松仁書籍の不渡り事態」（2017.1.2）をきっかけに、出版文化産業振興５か年計画（2017～21）において、非効率的な出版流通構造と制度を改善する出版流通先進化事業の一環として推進されている（**表4-6**）。

内容は国立中央図書館の国際標準図書番号（ISBN）システム、（社）出版流通振興院のオニキス（ONIX）基盤の出版流通情報システム、地域書店POS連系構築事業等に分散推進されている生産・流通システムの連系・統合を進め、長期的には出版流通情報を統合管理する「韓国出版流通情報センター」を設立し、出版生産・流通・販売情報を統合的にサービスする、出版流通統合システムなどを運営していく計画である。

2018年初頭から、出版流通統合システム構築のために事業推進団と実務推進団が運営されている。この２つの事業推進団は、出版流通統合システムの構築・

表 4-6　出版流通統合システム構築事業の背景

○松仁書籍の破産をきっかけに出版流通先進化の必要性提議→第４次出版文化産業発展５か年計画（2017～21）の主要政策課題で出版社が出版図書情報を情報システムを通じて流通社に共有・広報・管理し、流通社のシステムを連系して出版物の販売状況を確認できる出版流通統合ネットワーク構築 特に取次を通じて地域書店に委託された書籍の販売情報は、確認が難しい状況を解決する必要があり、情報システムを通じて出版産業の規模と統計把握による流通先進化の必要性
○出版物の供給チェーン管理（SCM）の先進化のために、出版社-取次-地域書店が参加して出版情報と流通情報を生産・管理・共有し、出版社のマーケティングを支援できる出版流通統合管理基盤の準備 出版流通先進化のために、出版流通統合ネットワークの体系的・安定的・持続的運営のための（仮称）韓国出版流通情報センター運営の専門機関設立と、遂行体系構築と活性化のための法制化の推進が必要
○まだ多くの書店がFaxを使用して書籍を注文し、出版社や取次は重複入力、不正確なデータなどで高コスト低効率の構造が固着化されており、改善が必要 書籍の注文データを中央でEDI（Electronic Data Interchange）方式に収集・分類して伝達し、在庫情報と注文処置の現状を書店にフィードバックできる公的概念のハブシステム構築が必要

出所：大韓出版文化協会（2018）、「出版流通統合システム構築のための研究調査」、韓国出版文化産業振興院

＊1　出版流通振興院（2019）、「出版物の地域書店供給の効率性向上方案研究」、韓国出版文化産業振興院

運営・サービス全般についての官民協議体として、出版・流通・書店・図書館、政府、公共機関の担当者で構成・運営する。推進団会議において「出版流通統合システム構築のための研究調査」の必要性が提起され、３月に韓国出版文化産業振興院から研究の発注があり、大韓出版文化協会が受託研究の母体となった。

研究の結果、①国内外の類似システムの現状調査分析及び示唆点、②図書メタデータ標準適用プラン、③出版流通統合システム構築のための統合·連携プラン、④出版流通統合システム構築の目標と戦略を樹立し、生産—流通—販売情報を統合する出版流通統合システムの構築のための段階別システム構築プランなどを取りまとめ報告した。

2019年「段階別構築プラン」によって標準化されたメタデータ共有システムを構築して販売データで連系する基盤を作成する第1段階の開発事業が進行された。①情報化戦略計画(ISP)の樹立、②システム装備導入及びメインシステム開発、③図書メタデータ及びテーマ分類体系標準開発、④標準メタデータ統合システム開発、⑤販売統計システム開発、⑥図書広報カタログ及び管理者システムの開発が、その内容である。

2019年末から開始された「第２段階出版流通統合システム構築事業」では、出版社対象メタデータシステムのテスト運営(Close Beta Test)、メタデータ管理システムの機能改善及び高度化、広報・教育、外部流通会社と出版流通統合システムとの連系システムの構築(主要大型チェーン書店、オンライン書店、電子書籍書店SCM連携、地域書店POS連携)、Web基盤の受・発注EDIシステム開発、コード標準化及びEDI情報化実現のための研究調査、出版・流通・販売情報の効率的な収集・管理方案と、出版流通統合ネットワーク運営方案の準備のための研究調査、DBセキュリティ及びサーバー管制ソリューション、ストレージ導入などを推進した。

2020年の「第３段階事業」としては、メタデータシステムの高度化及びWeb基盤の受・発注EDIシステムの開発などを重点的に行い、出版流通情報化委員会構成(出版界、流通界、取次、書店、法曹界、政府など)を通じて相互データ連携ほか、技術高度化に関連する協議も実施した。

2021年９月１日にモデル運営、９月29日に出版流通統合ネットワーク(https://bnk.kpipa.or.kr/home/)が正式開通し、出版社の新刊情報や流通各社の販売情報を共有できるようになった。

紙魚の目

日本における委託制度と再販制度

日本の出版産業の取引の基本は、委託販売制度と再販制度（再販売価格維持制度）の二つの基本的な流通システムから成り立っている。

◇委託制度

委託制度とは「返品条件付きで、一定の期間内、取次・書店に委託して販売する制度」をいう。この委託制度に買切制や注文制が併用されている。

新刊書は取次の仕入担当者が、必要な部数を仕入れて、自社の配送システムで全国の書店に配本する。この新刊委託以外の追加注文や読者からの注文品、書店の見込み注文などは客注品となり買切制が基本である。

(1) **新刊委託（普通委託）**：新刊書の委託期間は、取次→小売間は105日（3ヵ月半）、取次→出版社間は6ヵ月。

(2) **雑誌委託**：月刊誌の委託期間は取次→小売間60日（出版社→取次間は90日）。週刊誌は取次→小売間45日（出版社→取次間は60日）。

(3) **長期委託**：通常6ヵ月程度の普通委託より期間の長い委託品。イベント商品として出荷されるケースが多い（売り切り商品で書店の補充義務なし）。

(4) **常備寄託**：通常一年間は店頭展示されることを条件に出荷する特定銘柄。税務上、出版社の社外在庫として取り扱われる（書店の補充義務があり）。

(5) **買切制**：小売書店からの注文による送品（返品なし、注文制）。

(6) **予約制**：全集や百科事典など長期にわたる高額商品の予約販売（買い切り、返品なし）。

◇再販制度（再販売価格維持制度）

再販制度とは、「メーカーである出版社または発売元が、小売販売価格である本の定価（本体価格）を決め、版元・取次・書店間で再販売価格維持契約を結ぶことで、定価で販売をする制度」をいう（独占禁止法23条に基づく定価販売制度のこと）。韓国の「図書定価法」にあたる。

（出所:「新版 本づくりこれだけは」（下村昭夫ほか、出版メディアパル）

第5章

電子出版とその広がり

本章の内容

この章では、デジタル出版環境の寵児である電子書籍市場の成長と変化に鑑み、世界の電子書籍の歴史や韓国の電子書籍出版社の現況などを中心に最新動向を述べてみた。

電子書籍出版社の現況では、“紙の書籍”基盤の出版社と電子書籍専門出版社の発行点数や販売額を分野別、形態別、流通経路別にまとめた。サブスクリプション・ビジネス（購読ビジネス）が、多方面の分野へ広がりを見せる中で、各種の電子書籍の購読サービスが急成長している状況や2017年から本格化した主要企業の動向と流れを紹介した。

オーディオブック市場の動向では、市場成長の背景とアメリカを代表とする海外市場と韓国市場の主要動向をまとめた。

ただし、この章ではデジタル出版コンテンツとして、韓国で急成長したWebトゥーン（インターネット漫画）及びWeb小説（インターネット小説）については、第6章に譲り、詳しく述べなかった。Webトゥーンと Web小説市場を導く主要会社が伝統的な出版界ではなく、ネイバー、カカオなどのポータルサイトであったり、Webトゥーンや Web小説専門コンテンツ会社なので、出版市場に含めて分類することに違和感があるからだ。

第1節

電子書籍の定義と歴史

1.1 電子書籍の定義

今日、電子書籍が大衆化されつつあるが、わずか20年前にはまだ馴染みの薄い概念だった。電子書籍は紙の書籍の内容をデジタル形態に転換した出版物で、多様な携帯機器やコンピュータを通じて読むことができる。

デジタル技術の発展とともに電子書籍の概念と領域は大きく広がった。ここで電子書籍について代表的な定義をみると、**表5-1**のとおりである。

電子書籍という概念は1930年に初めて登場している。ボブ・ブラウン(Bob Brown)は「The Readies」において、読書機械と読書に革命を持ち込んだ最初の概念として電子書籍を概念化した。

表 5-1 電子書籍の定義

区 分	内 容
斗山(Doosan)百科	文字や画像のような情報を電子媒体に記録し書籍のように利用できるデジタル図書
韓国語版ウィキペディア	本の内容をデジタル情報に加工し保存した出版物
国際デジタル出版フォーラム(IDPF)	CD-ROM・PDA、各種eブックビューアを通じて、デジタル化されたフォーマットに伝達されるコンテンツ
ブリタニカ百科事典	携帯電話や小型コンピュータ端末機に文書、画像、音声などを記憶させた出版物
韓国電子出版協会(KEPA)	既に刊行された図書や刊行される著作物をデジタルデータで電子書籍記録媒体や保存装置に収録しコンピュータや携帯用端末機を通じてその内容を見て、聞くことができるもの

1.2 電子書籍の歴史

電子書籍リーダーの先駆けとなる発明は1949年にスペインの発明家のアンジェラ・ルイズ(Angela Ruiz)が発明した「Enciclopedia Mecanica」である。

電子書籍が本格的に現実化したのは、1971年にアメリカでマイケル・ハート(Michael Hart)が、著作権が切れた全てのパブリックドメイン(Public Domain)コンテンツを誰でも無料で利用できるようにした「プロジェクト・グーテンベルク(Project Gutenberg)」に着手したからだった。その後は引き続き全世界の多くの人々によって、グーテンベルク計画は進行されている。

基本的に書籍や一般文書は最初から最後まで、上から下に向かって読み進めていく線形構造で、内容が不知のものだったり、関連するが異なる情報を要する場合は、別に検索しなければならない不便さがあった。

こうした問題を解決するために始まった概念がハイパーテキスト(Hypertext)である。「Hyper(～を超えた)」と「Text(文書)」の合成語で、1960年代にアメリカの哲学者テッド・ネルソン(Ted Nelson)が構想したものである。

彼は世界のすべての情報を集めて新たに結びつけて情報を再構成しようとし、「ザナドゥ計画(Project Xanadu)」を進行させた。これが後にティム・バーナーズ・リー(Tim Berners-Lee)がWeb(WWW)を開発する際に大きな影響を与えた。さらにある文書の内容を読みながら異なる文書に移動させ、すぐに読むことのできる非線形構造になっている。

1990年、イーストゲートシステム(Eastgate System)では、このハイパーテキスト概念を電子書籍に適用し、最初のハイパーテキスト小説『Afternoon, a story』を商品化させた。

1990年代になると、PDAやノートパソコンなど携帯用デバイスが登場し、電子書籍を読むための専用端末も発売され、電子書籍の活用範囲が広がった。黎明期の電子書籍リーダーは、1992年にバレセ(Franco Crugnola Varses)と彼の妻がミラノ工科大学の論文プロジェクトのために非商業用に制作した「Incipit」である。

商業用に制作されたのは1998年になってアメリカのNuvoMediaが開発した

「Rocket eBook」端末機だった。その後、ソフトブック出版社(SoftBook Press)の「SoftBook」、Franklin出版社の「eBookMan」、SONYの「LIBRIe(リブリエ)」など、多様な専用端末が登場するようになった(**図5-1**)。

2000年代になると、インターネットとネットワーク技術が飛躍的に発展し、電子書籍の拡張する環境が醸成された。特に2007年には、アマゾン(Amazon)が、3年の開発期間を費やして公開したキンドル(Kindle)端末機が成功を収め、電子書籍市場に大きな反響を呼び起こした。その後もアップルのアイフォーン(iPhone)及びアイパッド(iPad)の大衆化により、市場はさらなる成長を遂げた(**表5-2**参照)。

韓国で電子書籍が話題になったのは1990年代初頭からである。主に企業(B2B)市場において電子図書館形態で電子書籍をCDに収めて販売した。

この際には、バロブックやブックトピアのような電子書籍専門業者と電子書籍専用端末が登場し、市場は期待感にあふれ活気づいた。しかし海外市場とは異なり、肝心の専用端末の不振と電子書籍に対する認識不足が災いし、成長の速度は速いとは言えない状態だった。

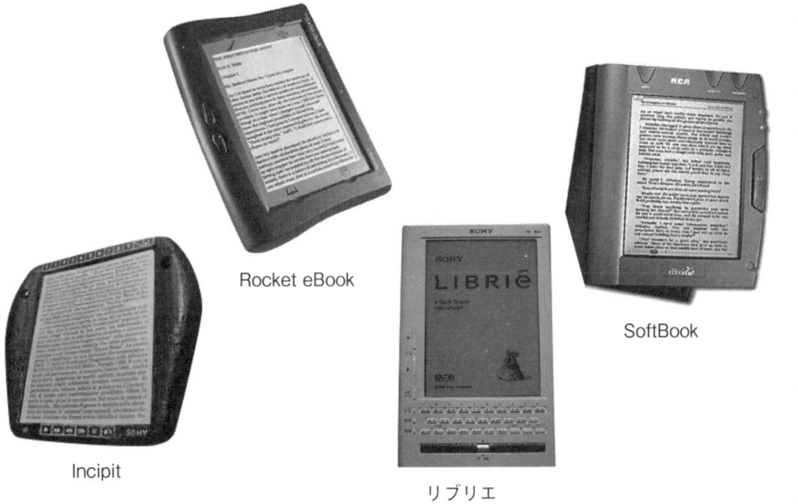

図5-1　各種の電子書籍端末機

最近はサブスクリプションサービスが広がり、Web小説やオーディオブックのような多様な形態のデジタルコンテンツが広範囲に普及し、電子書籍は、再び脚光を浴びている。

表 5-2　電子書籍関連主要タイムライン

年	主要内容
1930年	ボブ・ブラウン(Bob Brown)、最初に電子書籍を概念化する
1949年	アンジェラ・ルイズ(Angela Ruiz)、最初の自動リーダー機発明
1971年	プロジェクト・グーテンベルク、最初のデジタル図書館
1990年	イーストゲート・システム、最初のハイパーテキストフィクション発行
1992年	最初の電子書籍リーダー「Incipit」開発(非商業用)
1996年	フランクリン出版社、最初の電子書籍「Spelling Ace」リリース
1998年	NuvoMedia、最初の電子書籍リーダー「Rocket eBook」リリース(商業用)
2004年	ソニー、電子インク技術を採用した「リブリエ」リリース
2006年	教保文庫、電子書籍サービスオープン(3月)
2007年	・アマゾン、「キンドル(kindle)」をリリースし電子書籍市場主導 ・アップル、アイフォーン(iPhone)をリリース
2009年	Ridibooks、韓国最初のスマートフォン基盤の電子書籍サービスオープン
2012年	韓国で電子書籍に図書定価制施行(7.27)
2013年	・アメリカ市場で電子書籍が全体図書販売の20%を占める ・教保文庫、韓国初の会員制サービス「sam」オープン
2015年	Ridibooks、初の電子書籍端末機「ridipaper」リリース
2017年	koibooks、韓国初アップルiBooksコネクト書店オープン
2018年	ミルリの書斎、韓国初の月額制サービス開始
2019年	・アマゾン、フラグシップモデル「Kindle Oasis」リリース(7月) ・アマゾン、児童用電子書籍端末機「Kindle キッズモデル」発売(10月)
2020年	教保文庫、sam7.8インチ電子書籍端末機リリース(９月)
2021年	ジニーミュージック、電子書籍サブスクリプションプラットフォーム「ミルリの書斎」買収(９月)

第2節 電子書籍出版社の現況

出版文化産業振興院の「2019年出版産業実態調査」から、電子書籍に関連する資料(制作・販売現況)を抜き出してみよう。

調査に応じた電子書籍出版社は302社で、このうち“紙の書籍”を主体とする出版社(電子書籍併業)は93.6%、“紙の書籍”だけの(専門)出版社は6.4%だった。電子書籍併業の出版社が手がける分野は、「一般分野」(94%)と「ジャンル文学」(92%)が双璧をなし、「その他Webトゥーンなど」では電子書籍専門出版社(33.3%)の比率が高かった。また、販売額及び従事者数が多くなると、電子書籍を手がける出版社の比率が高くなる傾向が見られた。

2.1 制作現況

電子書籍の発行点数及び“紙の書籍”の電子書籍変換率を確かめてみよう。

2018年、電子書籍を発行する出版社の累積発行点数は平均138.7点で、このうち電子書籍の制作点数は平均28.3点だった(**表5-3**)。

制作発行点数を出版社のタイプ別に見ると、“紙の書籍”主体の出版社の113.6点に対し、電子書籍専門出版社は494.6点で、後者の発行点数が高くなっている。同じく電子書籍の制作点数においても、“紙の書籍”主体の出版社の年間25点よりも、電子書籍専門出版社の71.2点のほうが大きく上回っていた。

2018年に制作された電子書籍を分野別にみると、「一般分野」(81.5%)、「ジャンル文学」(9.9%)、「雑誌などその他」(6.8%)、「漫画(Webトゥーン含む)」(1.9%)の順だった。

電子書籍出版社をタイプ別に見ると、「一般分野」(ジャンル文学以外)においては、“紙の書籍”主体の出版社(83%)が極めて高く、「ジャンル文学」(ロマンス、ファンタジー、武侠など)の場合は、電子書籍専門出版社(24.1%)の割合が高かった。「ジャンル文学」の比率は販売額規模１億ウォン以上(１～５億ウォン20.1%、５億ウォン以上18.2%)と従事者規模が３人以上(３～４人16.5%、５人以上13.2%)になるにつれ、相対的に比率が高くなっている。

図5-2の2018年における電子書籍の形態別制作状況をみると、「テキスト電子書籍」(93%)、「マルチメディア」(4.6%)、「オーディオブック」(0.8%)の順である。「テキスト電子書籍(EPUB、PDFなど)」は、電子書籍出版社のう

表 5-3　電子書籍の発行点数

		事例数〔点〕	累積発行点数	2018年電子書籍制作点数
全　体		302	138.7	28.3
電子書籍出版社タイプ	紙の書籍主体の出版社	280	113.6	25.0
	電子書籍専門出版社	19	494.6	71.2
主力分野別	ジャンル文学	25	50.3	26.5
	一般分野	265	145.5	27.4
	その他Webトゥーンなど	12	112.6	46.9
販売額規模別	1000万ウォン未満	137	36.4	11.3
	1000万～5000万ウォン未満	28	208.5	27.5
	5000万～1億ウォン未満	12	369.6	57.8
	1億～5億ウォン未満	16	452.2	83.2
	5億ウォン以上	13	342.5	49.8
従事者規模別	１～２人	184	151.1	29.9
	３～４人	31	235.9	47.0
	５人以上	34	136.6	34.1

出所：韓国出版文化産業振興院（2020）、「2019 出版産業実態調査」

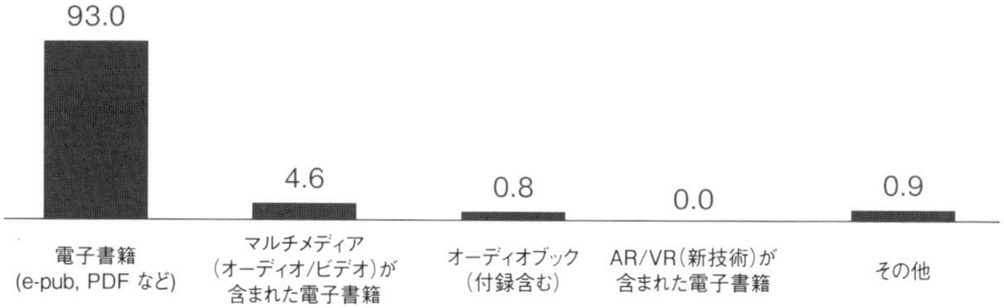

図 5-2　電子書籍の形態別制作状況（Base：247/ 単位：〔%〕）

出所：韓国出版文化産業振興院（2020）、「2019 出版産業実態調査」

表 5-4 電子書籍の分野別制作点数の割合

区分		事例数〔点〕	一般分野(ジャンル文学以外)の割合〔%〕	ジャンル文学(ロマンスなど)の割合〔%〕	雑誌などその他の割合〔%〕	漫画(Webトゥーン含む)の割合〔%〕
全体		290	81.5	9.9	6.8	1.9
電子書籍出版社タイプ	紙の書籍主体の出版社	268	83.0	8.9	6.7	1.5
	電子書籍専門出版社	19	60.8	24.1	8.2	6.9
主力分野別	ジャンル文学	24	28.5	71.5	0.0	0.0
	一般分野	255	89.0	2.9	6.9	1.2
	その他Webトゥーンなど	11	20.0	38.0	20.0	22.0
販売額規模別	1000万ウォン未満	136	85.7	7.5	5.2	1.6
	1000万～5000万ウォン未満	28	79.0	8.3	11.6	1.1
	5000万～1億ウォン未満	12	85.7	1.6	10.0	2.8
	1億～5億ウォン未満	16	63.9	20.1	13.8	2.2
	5億ウォン以上	13	66.4	18.2	1.1	14.4
従事者規模別	1～2人	183	82.9	9.0	6.7	1.4
	3～4人	31	74.3	16.5	8.3	0.9
	5人以上	34	75.3	13.2	5.4	6.1

出所：韓国出版文化産業振興院（2020)、「2019 出版産業実態調査」

表 5-5 電子書籍の制作主体別の制作の割合

区分		事例数〔点〕	出版社自社制作の割合〔%〕	外部制作の割合〔%〕
全体		302	47.6	52.4
電子書籍出版社タイプ	紙の書籍主体の出版社	280	45.0	55.0
	電子書籍専門出版社	19	85.6	14.4
主力分野別	ジャンル文学	25	43.5	56.5
	一般分野	265	46.9	53.1
	その他Webトゥーンなど	12	87.4	12.6
販売規模別	1000万ウォン未満	137	46.5	53.5
	1000万～5000万ウォン未満	28	35.2	64.8
	5000万～1億ウォン未満	12	33.3	66.7
	1億～5億ウォン未満	16	57.6	42.4
	5億ウォン以上	13	73.6	26.4
従事者規模別	1～2人	184	50.4	49.6
	3～4人	31	37.9	62.1
	5人以上	34	52.0	48.0

出所：韓国出版文化産業振興院（2020)、「2019 出版産業実態調査」

ち、“紙の書籍”主体の出版社(93.9%)の比率が高く、「その他の形態」の割合は、電子書籍専門出版社(12.2%)が相対的に高くなっている(**表5-4**)。

電子書籍の制作主体をみると、「外部制作」が52.9%、「出版社自社制作」が47.6%で、両者がほぼ同水準だった。

出版社のタイプ別においては、“紙の書籍”主体の出版社の「外部制作」が55%、電子書籍専門出版社では「自社制作」が85.6%と、いずれも第1位を占めていた。

2.2 販売額の分析

図5-3の電子書籍事業所の売上規模は、電子書籍流通会社のデータを基準に販売額の推定をしたもので、事業所規模は、電子書籍流通と関連した販売額に限られており、Webトゥーンやデジタル雑誌を含む電子出版物全体の売上額とは集計の範囲が異なっている。回答出版社の電子書籍の平均販売額は1億4000万ウォンだった。

この平均販売額規模は、電子書籍専門出版社では3億2570万ウォンで、“紙の書籍”主体の出版社の1億2670万ウォンを大きく上回った。主力分野別の平均販売額では、「その他Webトゥーンなど」が2億2320万ウォン、「ジャンル文学」が1億9250万ウォン、「一般分野」が1億3000万ウォンだった。従事者別ではその数が増加するにつれ、電子書籍の販売額も増えている。

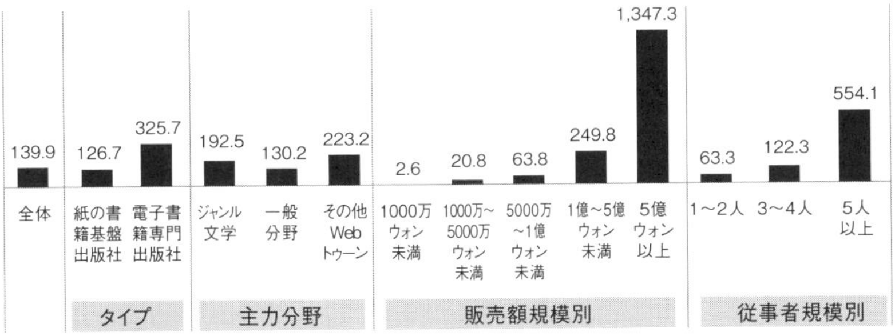

図5-3　電子書籍の販売額(Base：302/単位：〔百万ウォン〕)
出所：韓国出版文化産業振興院(2020)、「2019出版産業実態調査」

表5-6で電子書籍販売額を対前年同期比で確かめると、「ほぼ同じ」(79.3%)が最も多く、「増加した」(12.4%)と、「減少した」(8.4%)はわずかだった。主力分野別の増減では、「増加した」との回答は、「その他Webトゥーンなど」(33.3%)において最も高く、「ジャンル文学」(12%)、「一般分野」(11.3%)と続いていた。

販売額を規模別で見ると、規模が大きくなるにつれ、「ほぼ同じ」の回答率が低くなり、「5000万～1億ウォン規模」では「増加した」が41.7%で、「減少した」の8.3%との間に大きな開きが見られる。「5億ウォン以上規模」では「減少した」と「ほぼ同じ」が30.8%で、同じ比率だった。

次に**表5-7**で電子書籍の分野別販売額をみると、「一般分野」の79.1%が最も高い比率を占め、「ジャンル文学」は10.7%、「漫画(Webトゥーン含む)」は2.6%だった。

分野別販売額を出版社のタイプ別に確かめると、“紙の書籍”主体の出版社は「一般分野」が81.4%で比率が高く、電子書籍専門出版社では「一般分野」の47.7%と「ジャンル文学」の23.3%に比率が二分されている。

年間販売額が「1億ウォン未満」の電子書籍出版社は「一般分野」の販売比率が80%以上と高く、「1億～5億ウォン未満」の会社における「ジャンル文

表5-6　電子書籍の販売額の増減

区分		事例数	増加した	ほぼ同じ	減少した
全体		302	12.4%	79.3%	8.4%
電子書籍出版社タイプ	紙の書籍主体の出版社	280	11.8%	80.7%	7.5%
	電子書籍専門出版社	19	21.1%	57.9%	21.1%
主力分野別	ジャンル文学	25	12.0%	88.0%	0.0%
	一般分野	265	11.3%	79.6%	9.1%
	その他Webトゥーンなど	12	33.3%	58.3%	8.3%
販売額規模別	1000万ウォン未満	137	10.2%	83.9%	5.8%
	1000万～5000万ウォン未満	28	25.0%	57.1%	17.9%
	5000万～1億ウォン未満	12	41.7%	50.0%	8.3%
	1億～5億ウォン未満	16	31.3%	50.0%	18.8%
	5億ウォン以上	13	38.5%	30.8%	30.8%
従事者規模別	1～2人	184	10.9%	81.5%	7.6%
	3～4人	31	19.4%	71.0%	9.7%
	5人以上	34	17.6%	70.6%	11.8%

出所：韓国出版文化産業振興院（2020)、「2019出版産業実態調査」

学」の比率19.8%との広きが大きかった。

図5-4の電子書籍の形態別販売比率をみると、「テキスト電子書籍」が91.2%で断然トップ、以下「マルチメディアが含まれた電子書籍」の5.6%、「オーディオブック」の１%、「AR/VRを含む電子書籍」の0.4%となっている。

表5-8の流通経路別売上比率では、「オンライン書店サイト」が39%と最も高く、「電子書籍専門サイト」の32.7%、「機関(電子書籍図書館など)/団体」の９%、「MPC(韓国出版コンテンツなど)」の８%、「自社サイト」の3.5%、「移動通信/ポータルサイト」の1.7%、「グローバルプラットフォーム」の0.9%程度だった。

“紙の書籍”主体の出版社では、「オンライン書店サイト」の40.4%が最も高

表 5-7　電子書籍分野別販売状況

区分		事例数	一般分野	ジャンル文学	漫画(Webトゥーン含む)	雑誌などその他
全体		289	79.1	10.7	2.6	7.6
電子書籍出版社タイプ	紙の書籍主体の出版社	267	81.4	9.8	2.1	6.7
	電子書籍専門出版社	19	47.7	23.3	8.6	20.4
主力分野別	ジャンル文学	24	4.8	95.2	0.0	0.0
	一般分野	254	87.7	2.1	2.1	8.0
	その他Webトゥーンなど	11	42.9	22.7	20.2	14.2
販売額規模別	1000万ウォン未満	136	85.0	6.7	1.8	6.5
	1000万～5000万ウォン未満	28	81.0	6.5	0.6	11.9
	5000万～１億ウォン未満	12	84.8	1.0	5.2	9.1
	1億～5億ウォン未満	16	47.9	19.8	10.5	21.8
	5億ウォン以上	13	67.5	16.7	13.6	2.2
従事者規模別	1～2人	183	80.8	9.7	1.9	7.7
	3～4人	31	66.4	20.6	0.6	12.3
	5人以上	34	72.6	14.2	10.1	3.1

出所：韓国出版文化産業振興院（2020)、「2019 出版産業実態調査」

図 5-4　電子書籍の形態別販売状況（Base：275/ 単位：〔%〕)

出所：韓国出版文化産業振興院（2020)、「2019 出版産業実態調査」

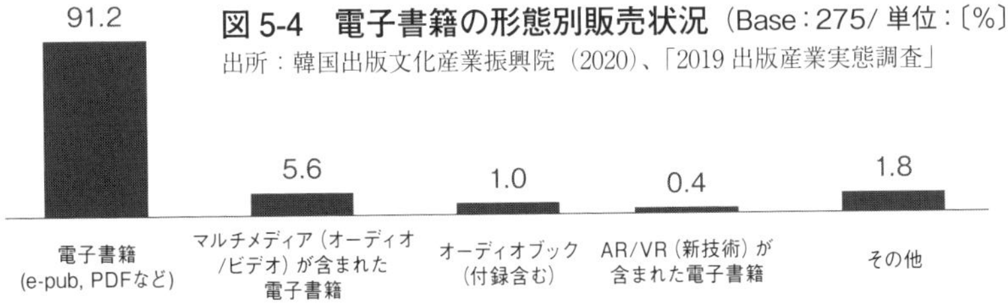

くなっているのに対し、電子書籍専門出版社では「電子書籍専門サイト」の32.9%が第1位を占めており、「オンライン書店サイト」の23.1%、「機関(電子書籍図書館など)/団体」の16.4%の順だった。主力分野別にみると、「ジャンル文学」では「電子書籍専門サイト」の48.7%、「一般分野」では「オンライン書店サイト」の41.8%、「その他Webトゥーンなど分野」では「機関(電子書籍図書館など)/団体」の44.1%との回答が最も多くを占めていた。

表 5-8 電子書籍の流通経路別の売上比率〔%〕

区分		事例数〔点〕	オンライン書店サイト	電子書籍専門サイト	機関(電子書籍図書館など)/団体	MCP(韓国出版コンテンツなど)	自社サイト(直接販売)	移動通信社/ポータルサイト	グローバルプラットフォーム *1	その他
全体		228	39.0	32.7	9.0	8.0	3.5	1.7	0.9	5.0
電子書籍出版社タイプ	紙の書籍主体の出版社	207	40.4	32.2	8.4	8.3	3.1	1.3	1.0	5.1
	電子書籍専門出版社	19	23.1	37.9	16.4	4.7	7.9	6.6	0.2	3.2
主力分野別	ジャンル文学	19	21.8	48.7	5.3	1.1	7.9	6.3	6.8	2.1
	一般分野	201	41.8	30.9	8.4	8.9	3.2	0.8	0.4	5.4
	その他Webトゥーンなど	8	11.1	31.1	44.1	0.0	0.8	12.5	0.4	0.0
販売額規模別	1000万ウォン未満	112	39.8	31.1	8.3	12.4	2.3	0.0	0.4	5.7
	1000万～5000万ウォン未満	24	37.6	37.5	12.4	4.2	4.2	4.2	0.0	0.0
	5000万～1億ウォン未満	12	40.0	37.9	15.4	4.4	0.0	0.8	1.4	0.0
	1億～5億ウォン未満	13	29.5	30.2	19.9	5.7	3.5	8.0	0.4	2.8
	5億ウォン以上	12	36.0	34.8	8.3	0.0	8.3	9.6	0.4	2.5

＊注1：グーグル／アップルなどをさす。
出所：韓国出版文化産業振興院（2020）、「2019 出版産業実態調査」

第３節 電子書籍サブスクリプションサービスの現況

3.1 サブスクリプションエコノミーの広がり

産業の発展は製品の生産と流通方式を大きく変化させた。特に技術の発展につれ、あらゆる産業の主導権が速い速度で生産者から消費者に移行している。

製品選択の幅が狭かった時代には技術力が競争力に大きな格差を生み、生産者中心の製品開発がなされた。だから消費者は製品に多少の不満があっても、高い代金を支払って製品を買い求め、充実感を満足させた。しかし、現在は技術が平準化しているため、多様な製品が販売されており、企業は消費者中心のサービスに力を入れるようになった。

製品の選択の幅が広まり、消費者はもはやこれ以上製品を所有しようとは思わなくなり、必要な時にだけ製品を利用する「サブスクリプション形態」へと消費パラダイムが変化している。顧客情報を基盤にビックデータと人工知能技術を活用したパーソナライズが精緻化され,「サブスクリプションエコノミー(Subscription Economy)」が活気づいている。

サブスクリプションエコノミー(購読ビジネス)は、消費者が企業の会員募集に応じて毎月一定額の会費を支払うと、定期的に商品が届いたり、サービスを利用できるビジネスモデルである。

投資銀行のクレジット・スイス(Credit Suisse)とサブスクリプションコンサルティング会社Zuoraの報告書によると、グローバルサブスクリプションエコノミーの市場規模は、2000年の2150億ドルから、2015年には4200億ドルへと、およそ2倍もの成長を遂げている。2019年にはS＆P500企業の売上成長率より５～９倍以上も速いスピードになり、2020年には約5300億ドルを売り上げると予想されている(図5-5)。

サブスクリプションサービスは以前にも存在していたが、最近になってさらに広がった理由は、インターネット技術とデジタル技術の発展が産業全般に根付き、短期化したトレンド変化の過程で顧客の消費方式が変化したためである。その結果、デジタルコンテンツ中心のサブスクリプションサービスが勢いを増すことになった。こうしたサブスクリプションエコノミーを導く主要消費者層は、20〜30代である。彼らは変化の速いトレンドの中でより多くの経験と消費をしたいと希望しており、費用と時間の削減が可能なサブスクリプションサービスを好んでいる。

サブスクリプションサービスは、大きく「無制限モデル」、「定期宅配モデル」、「レンタルモデル」の3つに区分される。「無制限モデル」は、主にデジタルコンテンツを中心に期間内であれば無制限にコンテンツを利用できるタイプである。また「定期宅配モデル」は、会員に加入した後、特定(ランダム)の製品を受け取ることのできるもので、「レンタルモデル」は会員が有形商品を一定期間、借り受ける形態になっている(表5-9)。

スタディア(Stadia)は、グーグルが2019年3月に、ゲーム開発者会議「GDC2019」において公開したゲームストリーミングで、11月にアメリカ・イギリス・アイルランド・フランス・ドイツ・イタリア・スペイン・オランダ・

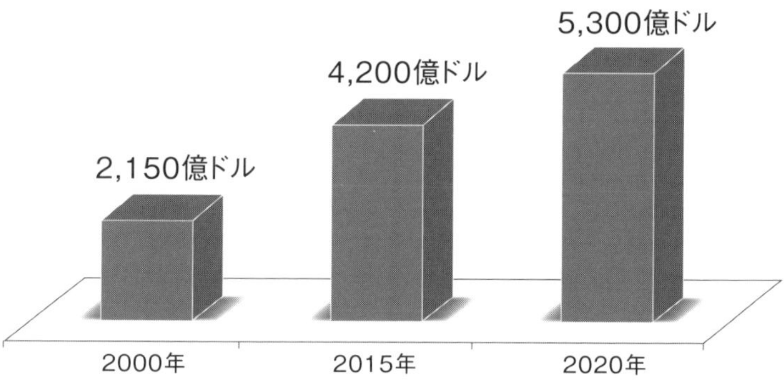

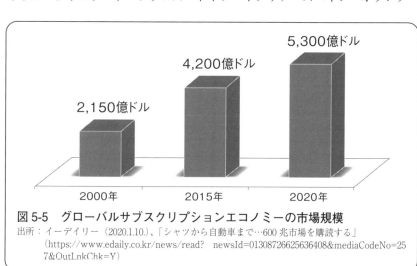

図5-5　グローバルサブスクリプションエコノミーの市場規模

出所：イーデイリー（2020.1.10.）、「シャツから自動車まで…600兆市場を購読する」（https://www.edaily.co.kr/news/read?　newsId=01308726625636408&mediaCodeNo=257&OutLnkChk=Y）

ベルギーなど十数か国で先行的にリリースされた。６月６日にはゲームショー「E3 2019」に先立ち、月額9.99ドルで４K、60fpsのストリーミングサービスを利用できるStadia Proが発表された。Femiscopeはフェミニズムステッカーのサブスクリプションサービスである。Pinzleは「画風」を意味するドイツ語で、絵画のサブスクリプションサービスのことを指している。

停滞している出版産業は変化すべき時を迎えた。その中心にサブスクリプションサービスが出番を待っている。人工知能やビックデータなどの技術が発展したことで、サブスクリプションエコノミーはさらなる広がりをみせるだろう。こうした観点からすれば、サブスクリプションサービスは出版に新しい変化をもたらす重要なファクターとなるに違いない。常に読者が求めているものを考えていくことが重要なのだ。多くの書籍を読むことよりも、質的に知識の量を増やさねばならない。それが時代が変化するなかで、出版と読者が生き残る道になるだろう。

3.2　電子書籍のサブスクリプションサービス

韓国で電子書籍産業が歩みを開始して30年余を経過しているが、いまだに電子書籍の売上規模は、出版市場全体の約５％水準に低迷している。

これには種々の原因が考えられるが、特に読書人口の減少とデジタルコンテ

表 5-9　サブスクリプションサービスの代表的タイプ

区分	利用方式	商品	サービス
無制限モデル	一定利用期間内であれば無制限に製品やコンテンツを利用	音楽、動画、ゲーム、電子書籍、ニュース、映画、コーヒー、お酒など	Netflix、Spotify、Google Stadia、ミルリの書斎、Movie Pass、Apple Arcadeなど
定期宅配モデル	一定利用期間、特定の製品が家に届き利用	化粧品、花、靴下、剃刀、歯ブラシ、クッキー、美術品、栄養剤など	Kukka、Dallar Shave Club、Bluemii、Femiscope、Pinzleなど
レンタルモデル	一定利用期間、品目を替えながら製品やサービスが利用	自動車、服、家具、売場、家など	ポルシェ、現代自動車、halfなど

ンツ増加の影響が大きい。反面、消費の主役として台頭しているMZ世代（ミレニアル世代/Z世代）の登場、第4次産業革命の核心技術とデジタル環境の拡大、サブスクリプションエコノミーによる消費形態の変化などは、出版産業に新たな成長のチャンスを提供してくれるだろう。その結果、多数の電子書籍企業が新しい挑戦と変化を追求している（**表5-10**）。

サブスクリプションサービスは、低迷している電子書籍市場における新たな成長の牽引力として注目されている。消費者がサブスクリプションサービスを好む理由は、図書定価制の対象にならないため、安価で簡単に利用できる点である。

韓国で最初に電子書籍の月額制サービスを始めた「ミルリの書斎」は、新鮮なマーケティング活動を推進し、サブスクリプションサービス市場をリードしている。会員の読書形態についてまとめた資料を見ると、累積購読者数は150万人で、20代（40％）と30代（37％）が過半数を占めており、男性より女性の比率（52.2％）が高くなっている。一人当たりの月平均読書量は7～9冊とかなり多く、一日平均のアプリ利用時間は45分程度と比較的長い。2019年10月には既定の購読料に6000ウォンを追加支払いすれば、約束の電子書籍に加えて、ベストセラー作家の新作（“紙の書籍”）を隔月に1冊ずつ受け取ることのできる「ミル

表 5-10　韓国内主要電子書籍サブスクリプションサービスの現況

サービス名（会社名）	オープン日	主要事項
sam（教保文庫）	2013.2	・韓国内初の年間定額制サービスオープン（2013.2） ・無制限月額サービス「sam無制限」オープン（2019.3） ・電子書籍と紙の書籍サブスクリプションサービス「samと本」オープン（2019.12）
ミルリの書斎 （ミルリの書斎）	2017.9	・韓国内初の月額サービスオープン ・本を要約して読んでくれる「リーディングブック」サービス ・ミルリマガジンを始める（2019.1） ・ミルリオリジナル紙の書籍定期購読オープン（2019.10）
RIDI Select (RIDI)	2018.7	・一部コンテンツの無制限月額サービス ・電子書籍端末機「RIDIPAPER」と互換性あり ・RIDI Selectに記事サービス「article」を追加（2019.12）
Book Club(YES24)	2018.11	・無制限月額サービス「YES24ブッククラブ」オープン ・電子書籍端末機「crema」と互換性あり

リオリジナル“紙の書籍”定期購読サービス」を開始して業界に波乱を巻き起こした。

「RIDI」は韓国最大の電子書籍販売企業であり、2018年基準の電子書籍（単行本）市場の占有率は50％を超えており、売上達成1000億ウォンを目前に控えている。またニュースサービスの「OUTSTANDING」、アニメーションストリーミングサービスの「Laftel」、書籍推薦ソーシャルサービス「本の端を折る」を買収し事業を拡大に努めている。

Laftelは、韓国内でスタートアップ企業が開発したパーソナライズ化されたアニメーションストリーミングサービスで、2019年５月にRIDIによって買収された。2018年７月には、サブスクリプションサービス「RIDI Select」を開始している。他社と異なる点はRIDIBOOKSが保有する全ての図書を利用できることではなく、RIDIBOOKSで販売額と平均基準が上位５％以内の図書、つまり購買者の評点が4.0以上の図書だけが提供され、それを利用できる点である。厳しく検証された図書だけを提供している。他社に比べてビューアーが極めて安定的で読みやすく、独自の電子書籍専用端末も開発し、安定した読書環境を提供している。

YES24も月額電子書籍のサブスクリプションサービス「YES24ブッククラブ」を約２か月間のベータ版を運営した後、2018年11月に正式にオープンした。他社に比べると比較的安い料金設定による運営となっている。

サービス開始１周年を記念し、ブッククラブ利用者の読書形態に関する広報があった。それによると、利用者は気に入った本を選び、自分のブッククラブページに追加する仕組みであるが、その書籍数は月平均15冊に達している。選択した電子書籍がダウンロード及び閲覧される割合は平均72％にもなるが、平均完読率となると７％に過ぎないともいう。

韓国内でのサブスクリプションサービスの始まりは、2013年２月に教保文庫が公開した「samサービス」である。毎月利用できる書籍冊数に応じて様々な料金体系を提供する「年間定額制サービス」は大きな反響を呼び起こした。

2019年３月には、「sam無制限サービス」を公開し月額サブスクリプションサービスに加わった。同年12月には電子書籍サブスクリプションサービスを読者に提供し、好評である。また、“紙の書籍”を定期宅配する「samと本」サービスを開始し、多様な料金制についても公開している。

第4節 オーディオブックサービスの現況

4.1 オーディオブック成長の背景

多様なスマートメディアの発展とIoT(アイ・オー・ティー)の広がりによって、映像と音源中心の情報形態が拡大している。

AI(人工知能)技術と音声認識技術が、さまざまなデバイスと迅速に融合しているからである。これは使用者の便宜性を増大させ、文化と消費形態を変化させた。このようなスマート基盤産業の急成長、マルチタスク時代の本格化、デジタル疲労の増加などによって、オーディオブックに対する関心が次第に高まっている。特にAIスピーカーが日常生活の中に急速に普及し、スマートホーム時代を加速させた。このような背景の中でオーディオコンテンツに対する関心が強いようだ。それを証明するようにコンテンツ市場では、毎年オーディオコンテンツが目覚ましい成長を遂げている。

オーディオブックは“紙の書籍”や電子書籍とは異なる魅力を持っている。聴く形態であるため忙しい日常に追われ本を読む時間の少ない読者にとっては、新しい接近チャネルになっているからだ。

オーディオブックは、読書力を強化させるだけでなく、声優の声を通じて読者の想像力を刺激し気持ちを集中させることができる。オーディオブックが持つ特性は、読書対象を拡大させ読書機会を広げる理想的な道具になっていることだ。だから興味深いメディアコンテンツとの競争で遅れを取り、読者を失い、その後、低迷している出版産業に、再起への提案のひとつとして、オーディオブックが注目されるようになったのである。

最近の出版市場はオーディオブックを中心に急成長している。このような現象は全世界に共通して見られる。特にオーディオブックは、音声基盤デバイスとの活発な連携を果たすことで、新しい職業をつくり出し、市場に活力を吹き込んだ(図5-6)。

4.2　海外オーディオブック市場の現況

オーディオブックはデジタル出版分野において最も成長のスピードが速い。アメリカの市場調査機関であるデロイト(Deloitte)によると、2020年のグローバルオーディオブック市場は、前年比25%まで成長し、35億ドルに達する見込で、アメリカと中国が市場全体の75%を占有すると見られている。オーディオブックは主にアメリカとイギリス及び北ヨーロッパ地域で強い成長ぶりを見せてきた。最近は南ヨーロッパとアジア地域でも拡大する予兆が見られている。

大手出版社の場合、全体売上のうち、オーディオブックのシェアは約10%である。電子書籍専門サイトGoodEReader.comによると、全世界のオーディオブック市場の占有率は、アマゾンのKindle Unlimited(キンドルアンリミテッド)とScribd(スクリブド)が１、２位を争い、売り場面積ではAudible(オーディブル)がトップに上がっている。B2B(図書館、学校、機関など)市場では、

IoT
技術発展
& Digital 化
・接続と連結の時代
・デジタル情報急増
・デジタル疲労も増加
AI と IoT の拡張
・音声認識技術の発達
・ワイヤレスイヤホンの拡散
・AIスピーカーの大衆化
Podcast（ポッドキャスト）の成長
・ポッドキャスト市場の成長
・ポッドチューバー（動画とオーディオ放送を並行する専門クリエイター）の増加
・ASMRが注目を浴びる
専門ナレーター
・専門声優の登場
- 声、発音、演技力
- 発生、呼吸法など
・ナレーションオーディオプラットフォーム
ASMR

図 5-6　オーディオブック市場の成長背景

出所：李銀浩（2020）、「オーディオブックの新しい発見と拡張」、韓国出版文化産業振興院。

OverDriveとFindaway Worldを代表会社に選んだ。

アメリカの電子書籍市場において75～80％の売上を占めているアマゾンは、オーディブルとキンドルアンリミテッドによって、オーディオブック市場においても40％程度の圧倒的な占有率を維持している。アマゾンの独占的地位を利用した横暴さが、各地で目立っているようだ。特にオーディオブックの価格は、流通会社が決める卸価格（Wholesale Price）モデルが通用しており、流通会社によって販売価格が異なるが、平均25～35ドル程度とかなり高い価格帯が形成されている。これは制作費用の高さにもよるが、定額制サービスへの誘導目的の費用も含まれているとの意見もある。

2014年７月にオープンしたアマゾンのキンドルアンリミテッドは、月額9.99ドルで、すべてのコンテンツを無制限に利用できる。現在、約100万冊の電子書籍と数千個のオーディオブック、さらに雑誌も提供されている（**図5-7**）。

ベストセラーや人気作家の書籍はほとんどサービスされていないが、多様なジャンルの書籍が提供されていて、オーディブルのオーディオブックはかなり魅力的である。オーディオが流れテキストに薄い灰色のマーカーが引かれるウ

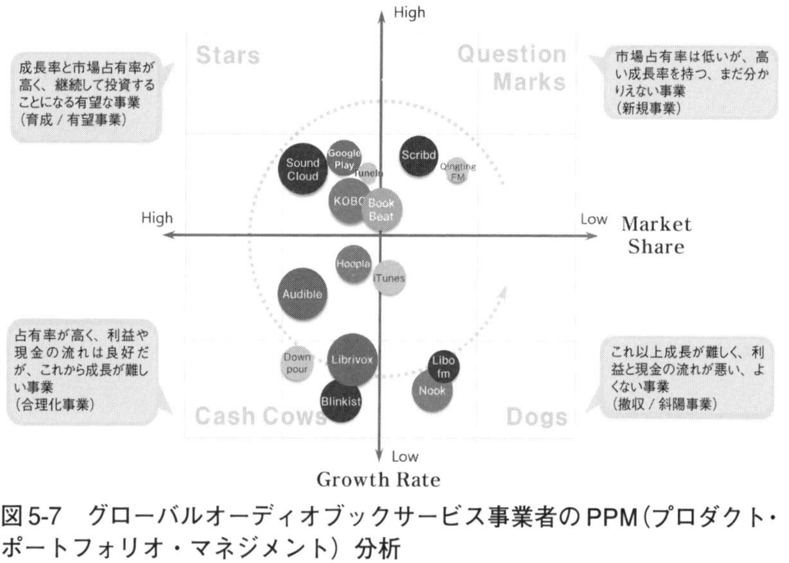

図5-7　グローバルオーディオブックサービス事業者のPPM（プロダクト・ポートフォリオ・マネジメント）分析
出所：李銀浩（2020）、「オーディオブックの新しい発見と拡張」、韓国出版文化産業振興院。

ィスパーボイス(Whisper Voice)は、読者の集中力を高めてくれる。これを「イマージョンリーディング(Immersion Reading)」と呼ぶこともある。また、ウィスパーシンク(Whisper Sync)を通じて、電子書籍とオーディオブックを交互に読むことも可能である。

4.3 韓国オーディオブック市場の現況

韓国内のオーディオブック市場はまだ十分に成熟してはいないが、それでも徐々に関心は高まっている。ただ市場規模が限られているため、高い費用をかけてコンテンツを制作してはいないので、これが市場の縮小につながる悪循環を繰り返している。それでもオーディオブックサービスは少しずつ増え始めており、最近は、大手の事業者が供給に加わり、活気を帯びるようになった。

Podcast(ポッドキャスト)中心の「オーディオクリップ」サービスを運営中のネイバーは、2018年8月に有料オーディオブックサービスを開始した。有料コンテンツはオーディオクリップサービス内のオーディオブックカテゴリーから提供される。『82年生まれ、キム・ジヨン』、『無礼な人に笑いながら対処する方法』、『心の回復力』、『その「決断」がすべてを解決する』などのベストセラーを、大勢の創作者(声優、俳優、小説家、アイドルら)の声で録音したオーディオブック30冊を購買やレンタル形態で提供、これを利用できる。コンテンツは民音社、ファングムカジなど、出版社10社から提供されたものである。ネイバーは自社のAIスピーカーを通じても購買・利用できるように利用環境を広げている。

韓国内最大のポッドキャストプラットフォームを誇るPodbbang(パッパン)もオーディオブック市場に参入した。2018年4月に大韓出版文化協会に加入したのち、7月に誰でもオーディオブックコンテンツを制作・登録・販売できるオーディオブックオープンプラットフォームサービスを開始した。現在はネイティブスピーカーによる幼児用コンテンツが主流であるが、多様なテーマの分野に拡大しつつある。AIスピーカーやコネクテッドカー関連企業とコンテンツ供給を提携し、オーディオブックの流通にも自信を見せるようになった。

教保文庫は2006年からオーディオブックを販売してきたが、コンテンツの品質問題や大衆的関心不足によって、B2Bチャネルである電子図書館中心に流通させてきた。2013年にはB2Cチャネルでのオーディオブックサービスは終了したが、最近はオーディオブックが再度注目されてきたため、2017年にはeオーディオブックサービスを新たに開始している。eオーディオブック形態はオーディオブックの音源ファイルをeBook形態(EPUBファイル)で制作したもので、書籍の本文を要約またはドラマ化して新しく制作した脚本を、声優が録音しデジタルコンテンツとして制作した電子書籍の形態である。市中のオーディオブックとは若干形態が異なるが、魅力的な要素を持っている。

他方、世界的なオーディオストリーミング企業であるStorytelは、2019年11月に韓国市場でオーディオブックサービスを公式にオープンした。月額1万1900ウォンで約4万冊の英語のオーディオブックと1万冊の韓国語のオーディオブックを無制限に利用できるシステムである。

第6章

出版の海外進出と著作権現況

本章の内容

この章では、韓国出版の輸出入現況を中心に著作権エージェンシーの活動、国際図書展関連事項を紹介している。

主要関心事は著作権の輸出入の動向である。著作権の輸入による翻訳出版は、発行点数と出版市場のすべてにおいて減少傾向にある。1990年代は、新刊3点のうち1点が翻訳書であった過剰輸入状況であったが、現在では新刊5点のうち1点程度にまで減少している。しかし、海外主要国に比べれば多い方である。他方、韓国書籍の著作権輸出は、2000年代に入り韓流ブームの追い風もあって、長期的に増加傾向を示している。

学習漫画をはじめ、児童出版、文学（小説とエッセイ）、実用書（語学など）を中心に、主にアジア圏（初期は日本と中国、台湾など東アジア地域、次いでタイやベトナムなど東南アジア地域）で増加する傾向が見られる。非アジア圏向けは、いまだに多いとは言えない状況だ。

韓国出版市場での話題作とドラマ・映画関連書、海外文学賞受賞作、韓国文学翻訳院の海外翻訳出版支援事業などによる文学分野の持続的な成長も注目に値する。最近、日本との関係では、漫画の著作権輸入が大きく減り、文学とその他の分野での著作権輸入では増加している状況が特徴として現れている。

第1節
出版コンテンツ産業の市場規模

1.1　コンテンツ産業の分野別売上額

「2020年コンテンツ産業統計」によれば、2019年におけるコンテンツ産業の売上額は126兆7123億ウォンである。前年の売上額は119兆6066億ウォンだったから5.9%の増となった。最近3年間の推移をみると毎年１%程度増加している。産業別では「出版」が21兆3412億ウォン(16.8%)で最も多く、次が「放送」の20兆8430億ウォン(16.4%)、以下、「広告」18兆1338億ウォン(14.3%)、「知識情報」17兆6693億ウォン(13.9%)、「ゲーム」15兆5750億ウォン(12.3%)、「キャラクター」12兆5669億ウォン(9.9%)、「音楽」６兆8118億ウォン

表6-1　コンテンツ産業の売上額の現況（2017～19）（単位：〔百万ウォン〕）

区　分	2017年	2018年	2019年	構成比%	前年比%
出版	20,755,334	20,953,772	21,341,176	16.8	1.8
放送	18,043,595	19,762,210	20,843,012	16.4	5.5
広告	16,413,340	17,211,863	18,133,845	14.3	5.4
知識情報	15,041,370	16,290,992	17,669,282	13.9	8.5
ゲーム	13,142,272	14,290,224	15,575,034	12.3	9.0
キャラクター	11,922,329	12,207,043	12,566,885	9.9	2.9
音楽	5,804,307	6,097,913	6,811,818	5.4	11.7
映画	5,494,670	5,889,832	6,432,393	5.1	9.2
コンテンツソリューション	4,851,561	5,094,916	5,360,990	4.2	5.2
漫画	1,082,228	1,178,613	1,337,248	1.1	13.5
アニメーション	665,462	629,257	640,580	0.5	1.8
合計	113,216,467	119,606,635	126,712,264	100	5.9

資料：文化体育観光部（2021)、『2019年基準コンテンツ産業調査』

(5.4%)、「映画」6兆4324億ウォン(5.1%)、「コンテンツソリューション」5兆3610億ウォン(4.2%)、「漫画」1兆3372億ウォン(1.1%)、「アニメーション」6406億ウォン(0.5%)という比率になる。2017～19年はコンテンツ産業すべてにおいて売上額の増加がみられ、特に「漫画」「音楽」「ゲーム」「知識情報」の伸率が他の産業に比べて高かった(**表6-1**)。

1.2 コンテンツ産業の輸出入現況

表6-2は2017～2019年におけるコンテンツ産業の分野別輸出状況である。

この表によれば、コンテンツ産業全体の輸出額は、2019年が101億8903万ドル(前年比5.9%増)で、2015～19年に年平均15.8%も増加した。輸出規模で最も大きな比率を占めるのは「ゲーム」で、19年には66億5778万ドルを記録した。これは全輸出額の65.3%を占め、前年比3.8%、年平均では20.0%の増加だった。「広告」は前年比126.9%、年平均10.1%の増、「音楽」は前年比34.0%、年平均18.7%増と飛躍幅が大きかった。輸出額が前年比マイナスになったのは「出版」「映画」「放送」である。

表6-3によれば、2019年のコンテンツ産業全体の輸入額は12億222万ドルで、前年比1.4%の減少だった。輸入額が前年比で増加したのは「出版」(2.7%)、

表6-2 コンテンツ産業の分野別輸出状況(単位:〔千ドル〕)

区 分	2017年	2018年	2019年	構成比〔%〕
出版	220,951	248,991	214,732	2.1
放送	362,403	478,447	474,359	4.7
広告	93,230	61,293	139,080	1.4
知識情報	616,061	633,878	649,623	6.4
ゲーム	5,922,998	6,411,491	6,657,777	65.3
キャラクター	663,853	745,142	791,198	7.8
音楽	512,580	564,236	756,198	7.4
映画	40,726	41,607	37,877	0.4
コンテンツソリューション	201,508	214,933	227,881	2.2
漫画	35,262	40,501	46,010	0.5
アニメーション	144,870	174,517	194,148	1.9
合計	8,814,442	9,615,036	10,189,026	100.0

資料:文化体育観光部(2021)、『2019年基準コンテンツ産業調査』

「映画」(5.9%)、「アニメーション」(11.4%)、「知識情報」(0.6%)である。

1.3 出版産業の輸出現況

出版産業の輸出額は2016年まで全般的に下降傾向にあったが、2017年から現在までは多少の持ち直しがあった。その理由は、紙の書籍市場は過剰生産で低迷気味であるのに、電子書籍市場では成長の勢いが見られたからだ。

単行本物流の大手「文化流通ブックス」や韓国出版文化産業振興院の数年間の発行点数現況調べから推定すると、コンテンツの発掘による新刊発行は引き続き増加しており、年間刊行点数は8万点を超えている。ただし、最近数年間の新刊刊行点数の急増にもかかわらず、売上規模は停滞または減少傾向にある。

そのためか市場内部の分化や多様性の増加により刊行書籍のライフサイクルは短縮している。これは読者の選択肢を広げ、購買欲を刺激し、不況を打開しようとする積極的な試みとも言えるが、一方では、市場内での競争を激化し、質的に高い読者の要求及び一般消費者の需要基盤を広げるまでには至っていない。

その反面、電子書籍のコンテンツの生産量は徐々に増加しており、とりわけ

表6-3 コンテンツ産業の分野別輸入状況(単位:〔千ドル〕)

区分	2017年	2018年	2019年	構成比〔%〕
出版	264,110	268,114	275,426	22.9
放送	110,196	106,004	95,812	8
広告	322,178	285,229	276,034	23
知識情報	736	8,852	8,909	0.7
ゲーム	262,911	305,781	298,129	24.8
キャラクター	172,489	167,631	166,945	13.9
音楽	13,831	13,878	13,766	1.1
映画	43,662	36,274	38,432	3.2
コンテンツソリューション	569	13,540	13,414	1.1
漫画	6,570	6,588	6,578	0.5
アニメーション	7,604	7,878	8,778	0.7
合計	1,204,356	1,219,769	1,202,223	100.0

資料:文化体育観光部(2021)、『2019年基準コンテンツ産業調査』

Web小説の急増がみられる。代表的な電子書籍の制作・流通代行会社である韓国出版コンテンツ（e-Kpc）では2013年以降、制作点数が大きく増えており、2015～16年には既刊書籍の電子書籍への転換が増加し、前年比で1.5倍となった。2017年以降は電子書籍の発刊は新刊中心となり前年比50％増、2018年は30％の増加だった。

韓国コンテンツ振興院によれば、Web小説の市場規模は2013年の100億ウォンから18年の4000億ウォンへと、５年で40倍以上の成長を示し、2020年には6000億ウォンに達すると予想されていた。Web小説の場合は、Web環境では自由に多様なストーリーを提供することができ、主に短い文章とセリフで読者を惹きつけ想像力を刺激する魅力を持つ。

スマートフォンに習熟した若い世代にとっては、安価なコンテンツを簡便な決済システムで利用できるので、大きな人気を得ているのだ。特にWeb小説のコンテンツは知的財産権（IP）拡張の源泉という点で活用価値が大きい。Web小説はオンライン上で連載して作品を流通させ、読者の反応が良ければ“紙の書籍”にも出版する戦略が用いられている。

したがって、韓国で“紙の書籍”形式で出版されてきた作品が、オンライン上で連載される別の新市場を確保するという意味で、多様な市場環境を迎えたと言えるかもしれない。

同じくWeb小説のWebトゥーン化現象も注目に値する。『キム秘書はいったい、なぜ?』のようなWeb小説がWebトゥーン化され、Webトゥーンを原作にドラマ化される事例も増えてきた。

ノ・スンアの『Honey Honey Wedding』はWebトゥーン化され海外に進出している。RoseBeanの『私をもらって』、アルファタルトの『再婚皇后』、キム・ウンジョンの『だから俺はアンチと結婚した』、ジェイロビンの『炊事兵の伝説になる』など、多数の作品が海外に輸出されている。

こうした現象の要因はプラットフォームを活用したマーケティング活動と、すでに確保された利用者と作家層を基盤に、新しい文化としての定着に実のある効果を発揮したからである。Web小説の成長率が上昇し、電子書籍の発行が活性化し、人気のある作品は、“紙の書籍”に出版されている。

1.4 出版コンテンツの成功事例

話題を集めたWeb小説は映画になりドラマ化される場合が多い。一般単行本の電子書籍とは異なり、ジャンル小説とWeb小説の勢いが電子出版の成長を主導しており、コンテンツが多様になるにつれ、市場の成長可能性が拡大した。

漫画・Webトゥーン分野では、世界的なコンテンツ市場のインターネットとスマートフォンの広がりによる知識情報、広告市場の成長が目立つ。

白黒出版が主である日本の漫画や、アメリカのグラフィックノベルとは形式的には、はっきり異なるが、モバイルに最適なWebトゥーンは現在の消費環境にうまく適合しているからだろう。

近年の出版コンテンツの海外進出の成功要因として「韓流ブーム」が一役を買っている。K-POPの場合は、BTS(防弾少年団)の人気にプッシュされ、ある番組ではBTSのメンバーであるジョングクの部屋に置かれたキム・スヒョンの『私は私のままで生きることにした』が映り、日本のアマゾンのエッセイ分野で一躍ベストセラー第1位にまでなった。その後、韓国文学が西欧市場で注目される機会は増えている。

2020年以降は、新型コロナウイルス(COVID-19)蔓延のために、グローバルプラットフォームが広がり、日本では韓国ドラマが人気を集めたようだ。『梨泰院クラス』、『愛の不時着』、『キム秘書はいったい、なぜ?』が日本のネットフリックスの「今日のTOP 10」に入った。新型コロナウイルスのためにOTT(オーバー・ザ・トップ)サービスの利用者が急増し、韓国ドラマの視聴者が増加した現象については、「第4次韓流ブーム」とも称されている。このブームは日韓の政治的、外交的な摩擦にも関わらず広く大衆に好まれている点が、これまでの「韓流ブーム」とは異なる点だろう。

『梨泰院クラス』は、作家のチョ・クァンジンが連載したWebトゥーンが原作である。『キム秘書はいったい、なぜ?』も原作がWeb小説とWebトゥーンだった。こうした事例からも分かるように、“紙の書籍”—電子書籍—オーディオブック—Web小説/Webトゥーン—映画—ドラマ化という一連の海外進出は、今後のさらなる拡大を予想させるのである。

第2節 出版産業の輸出入現況

2.1 出版物の輸出入現況

韓国関税庁の輸出入貿易統計によれば、出版物(印刷図書)の輸出規模は、2015年以降は減少しているが、17年に反騰し18年まで増加を見せた。だが2019年度の輸出は１億669万ドルで5.5%の減少だった(**表6-4**)。

輸入規模は14年以降減少していたが、19年までに反転し、約１億6948万ドルで9.5%の増、貿易赤字は6278万ドルに広がった。

2015～18年の貿易収支は４年続いて赤字減少となったが、19年には再び悪化に向かった。児童用の絵本と塗り絵(drawing or coloring books)の輸入が44.6

表 6-4　出版物(印刷図書)の品目別輸出入状況(2015 ～ 19 年)(単位:〔千ドル〕)

印刷物の品目(HSコード)	輸出入	2015年	2016年	2017年	2018年	2019年	前年比〔%〕
A.印刷書籍・小冊子・リーフレット(4901)	輸出	94,350	89,042	105,663	110,647	104,206	-5.8
	輸入	145,707	126,886	125,408	128,605	131,663	2.4
	貿易収支	-51,357	-37,844	-19,745	-17,958	-27,457	52.9 (赤字拡大)
B.児童用絵本・塗り絵(4903)	輸出	2,002	2,430	2,240	2,297	2,488	8.2
	輸入	23,053	24,921	24,638	26,158	37,813	44.6
	貿易収支	-21,051	-22,491	-22,398	-23,861	-35,327	48.1
C.出版物印刷図書輸出入規模(＝A＋B)	輸出	96,352	91,472	107,903	112,944	106,692	-5.5
	輸入	168,760	151,807	150,046	154,763	169,476	9.5
	貿易収支	-72,408	-60,335	-42,143	-41,819	-62,784	50.1 (赤字拡大)

資料：関税庁輸出入貿易統計

%も増加したことが、赤字になった主たる原因だった。

表6-5で品目別・年度別に出版物の輸出状況を見てみよう。

出版印刷物の輸出は、「新聞／雑誌及び定期刊行物」の数値が大きく低下した。「切手や収入印紙など」の需要もかなり減った。「その他印刷物」は輸出入ともに高い数値を示した。「その他印刷物」には印刷された書画や写真が含まれている。

表6-6は、年度別出版印刷物の輸入現況である。

表 6-5 出版印刷物の品目別輸出状況（2015 ～ 19 年）（単位：〔千ドル〕）

印刷物の品目	2015年	2016年	2017年	2018年	2019年
印刷書籍及び小冊子・リーフレット	94,350	89,042	105,663	110,647	104,206
新聞／雑誌及び定期刊行物	5,132	3,698	2,796	3,022	4,892
児童用絵本及び塗り絵	2,002	2,430	2,240	2,297	2,486
楽譜	3	5	65	52	170
地図・海図など	510	703	463	443	475
設計図及び図案	500	400	2,543	6,751	944
切手・収入印紙など	4,119	249	8,366	294	2,061
複写物	17,811	17,626	14,749	23,187	16,445
印刷されたハガキ・カード	5,680	5,057	4,818	4,120	4,990
カレンダー	31,684	28,303	27,995	29,686	32,053
その他印刷物	60,944	39,875	51,254	68,492	45,998
合計	222,735	187,388	220,952	248,991	214,732

資料：関税庁輸出入貿易統計

表 6-6 出版印刷物の品目別輸入状況（2015 ～ 19 年）（単位：〔千ドル〕）

印刷物の品目	2015年	2016年	2017年	2018年	2019年
印刷書籍及び小冊子・リーフレット	145,707	126,886	125,408	128,605	131,663
新聞／雑誌及び定期刊行物	11,474	11,755	10,771	9,948	7,809
児童用絵本及び塗り絵	23,053	24,921	24,638	26,158	37,813
楽譜	1,247	1,177	1,444	1,137	1,499
地図・海図など	5,159	4,096	3,684	3,372	2,565
設計図及び図案	1,551	2,045	1,467	562	601
切手・収入印紙など	5,020	2,611	2,046	2,431	10,723
複写物	19,245	17,462	24,466	15,569	10,950
印刷されたハガキ・カード	3,870	1,541	1,559	1,412	1,548
カレンダー	2,692	2,080	2,355	2,778	1,906
その他印刷物	58,311	61,432	66,271	78,140	68,348
合計	277,329	256,006	264,109	268,112	275,426

資料：関税庁輸出入貿易統計

印刷物の種類は、大きく①印刷物、②新聞／雑誌、③図書と刊行物、④出版印刷物に分けられる。印刷物は一般書と児童書に区分されるが、児童図書の輸入が次第に増加しており、図書と刊行物においては輸出よりも輸入が増えて貿易赤字が増加した。

2.2 図書著作権の輸出統計

(1) 分野別の輸出推移

2015～19年(5年間)の図書著作権輸出は8761件だった(表6-7)。

分野別内訳では「児童」の勢いが目立った。特に19年の輸出件数2142件のうち、「児童」は1158件で、全体の54.1%を占めている。15～19年の輸出件数は「児童」4,366件、「漫画」が1048件、「文学」が1000件だった。

(2) 地域別の輸出推移

2017～19年について、韓国出版物の輸出状況を見てみよう(表6-8)。

まず、地域別分布では総件数5141件で、アジア地域への輸出依存度が非常に高い。この期間のアジア地域への図書著作権の輸出は、全体の90.3%を占めた。17年以降も拡大を続けており、韓国図書の著作権輸出にとってアジア地域

表6-7 図書著作権輸出の分野別件数の推移(2015～19年)(単位:〔件〕)

分野	2015年	2016年	2017年	2018年	2019年	合計件数	構成比〔%〕
総記	84	2	68	43	17	214	0.8
社会科学	41	56	64	69	82	312	3.8
哲学	1	22	3	11	19	56	0.9
純粋科学	86	9	11	16	7	129	0.3
科学技術	91	183	8	46	59	381	2.8
芸術	41	65	21	52	22	201	1
言語	48	79	155	125	316	723	14.8
文学	99	189	171	306	235	1,000	11
歴史	4	22	9	50	36	121	1.7
宗教	1	2	0	0	3	6	0.1
学習参考書	88	6	0	38	66	198	3.1
児童	1,062	887	525	734	1,158	4,366	54.1
漫画	330	162	210	224	122	1,048	5.7
合計	1,976	1,684	1,245	1,714	2,142	8,761	100.0

出所:韓国出版文化産業振興院(2021)、『2020年出版産業実態調査』

が最も重要な市場となっていることは一目瞭然である。ヨーロッパは362件(7.0%)、北米は54件(1.1%)、中東は68件(1.3%)にとどまっている。

図書著作権輸出の最大の市場であるアジア地域の国別件数の順位をみると、中国が2017〜19年に合計1711件でトップだった。2位は台湾の980件、3位はタイの718件、4位はインドネシアの493件、5位はベトナムの458件だった。これに香港、日本、マレーシア、モンゴル、フィリピン、ウズベキスタン、シンガポール、カンボジアと続いている(**表6-9**)。

(参考までにヨーロッパ地域についてみると、フランスが最も高く、イタリア、ロシア、ドイツと続き、スペイン、スウェーデン、ルーマニア、イギリスの順である)

表 6-8 図書著作権の輸出地域別状況(2017 〜 19 年)(単位:〔件〕)

地 域	2017年	2018年	2019年	合計件数	構成比〔%〕
アジア	1,169	1,504	1,967	4,640	90.3
ヨーロッパ	81	139	142	362	7
北米	22	21	11	54	1.1
中東	12	37	19	68	1.3
南アメリカ	1	11	2	14	0.3
アフリカ	0	1	1	2	0
オセアニア	0	1	0	1	0
合計	1,285	1,714	2,142	5,141	100

出所:韓国出版文化産業振興院(2021)、『2020 年出版産業実態調査』

表 6-9 アジア地域への図書著作権輸出状況(2017 〜 19 年)(単位:〔件〕)

国 家	2017年	2018年	2019年	3年間合計件数
中国	324	480	907	1,711
台湾	426	272	282	980
タイ	120	231	367	718
インドネシア	147	191	155	493
ベトナム	112	167	179	458
香港	2	96	27	125
日本	26	41	40	107
マレーシア	11	21	6	38
モンゴル	0	2	1	3
フィリピン	0	1	1	2
ウズベキスタン	1	1	0	2
シンガポール	0	0	2	2
カンボジア	0	2	0	2

出所:韓国出版文化産業振興院(2021)、『2020 年出版産業実態調査』

2.3 出版輸出市場の内容

2000年代初頭まで韓国出版の海外進出は、政府が文学作品の翻訳を支援して海外に紹介する程度の広報活動を主とする消極的な段階にすぎなかった。

海外に輸出した韓国内出版物の件数に関して正確な数値は不詳であるが、資料「出版輸出支援センター設立方案研究(2009)」によれば、2000～06年に海外に輸出された韓国出版物は1605点(2992冊)と集計されている。これに非公式的な輸出件数(例：公式集計に含まれない出版エージェンシーの輸出件数や出版社及び著者による直接輸出件数)を勘案すると、この期間に約2000点(4000冊ほど)が輸出されたと推定される。

2003年以降になると、出版著作権の輸出金額は急増している。2003年ペ・ヨンジュン、チェ・ジウ主演のドラマ『冬のソナタ』が、日本でヒットしてから、『冬のソナタ』の原作小説がベストセラーとなった。

当時、中国ではクィヨンの小説『あいつ、かっこよかった』がベストセラーになり、中国大陸での出版市場拡大のきっかけとなった。2005年には、金英夏(キム・ヨンハ)の小説『私は私を破壊する権利がある』のアメリカ進出があり、韓国文学の欧米圏進出の可能性を立証したよい事例となった。

韓国内出版物の海外輸出点数は増加し、2009年は1427件、10年は1477件を記録した。この期間は「児童書」の輸出が圧倒的に多く、「漫画」と「文学書」があとに続いた。

2011～13年に海外に輸出された出版物は11年の828点、12年の668点、13年の815点だった。この期間もやはり「児童書」(503点、61.7％)の輸出比率が高く、「漫画」(114点、14.0％)、「文学書」(108点、13.3％)が続いた。

ここまで韓国出版物の海外進出状況について見てきた。ここで海外市場進出に伴ういくつかの特徴を挙げておこう。

まず、国家間の修好に左右されている点である。韓国内図書の輸出相手国の第１位は中国である。1992年の韓中修好以来、韓国と中国は経済的・文化的交流が活発になった。

その結果、韓国内出版物の最大輸出国に中国が躍進したのだ。政府発表資料によれば、中国は全輸出量の46.1％(2013年)を占めている。

中国でベストセラーになった韓国作品は金夏仁の『菊花の香り』、崔仁浩の

『商道』、クィヨニの『あいつ、かっこよかった』、ナム・インスクの『女性の人生のすべては20代に決まる』、アイセウム出版社の『サバイバル漫画、科学の常識シリーズ』、パランセオリニ出版社の『ファーブル昆虫記シリーズ』、キム・ナンドの『つらいから青春だ』などである。

とりわけクィヨニの小説『あいつ、かっこよかった』は青少年の間で大人気になり200万部も売れた。この本は後続の『オオカミの誘惑』、『私の彼氏へ』の販売にも大きな影響を与えた。しかし2016年になると、THAAD(サード、終末高高度防衛ミサイル)の韓国内配置と限韓令(中国内での韓流禁止令)以降、中国との貿易が停滞したため著作権輸出も頭打ちを余儀なくされた。

この頃から台湾への輸出が増加している。中国は依然、輸出国のトップを占めているが、社会主義国である点を考慮すると、国家の貿易方針に影響される面が大きい。リスクヘッジの意味もあり、その後は次第に東南アジア諸国へ分散シフトさせ、これらの諸国向けの輸出比率が増えることになった。

一方、韓流コンテンツとともに、K-Bookコンテンツに対する関心も高まっている。海外でBTSの人気の高まりにつれ韓国語の学習者が増えた。2019年、ポン・ジュノ監督の映画『パラサイト 半地下の家族』がアカデミー作品賞を受賞したのが契機となり、彼の脚本4作品が2020年からアメリカのジョージア工科大学の韓国語教材として使用されることになった。

申京淑の『母をお願い』(創批)は韓国文学として唯一ニューヨークタイムズのベストセラーリストに入った。これは2009年に輸出されたものだが、11年4月上旬にアメリカで出版された小説で、韓国文学のグローバル化への可能性と潜在力を証明した代表的な作品に挙げられている。

全世界39か国で翻訳出版された『母をお願い』は、2018年10月にアメリカのBlue Jar Picturesとドラマ出版権輸出契約が成立し、韓国文学作品を原作にしたアメリカでのドラマ出版権輸出契約の最初のケースとなった。14年にロンドン・ブックフェアで「今日の作家賞」を受賞したファン・ソンミの『庭を出ためんどり』(四季節出版社)も、18年までに29か国で翻訳出版され韓国文学の力量を着実に誇示した。

2016年にはハン・ガンの『菜食主義者』(創批)が世界3大文学賞のひとつに挙げられる「ブッカー国際賞」を受賞し、新たな韓流コンテンツとして注目された。

チョ・ナムジュの『82年生まれ、キム・ジヨン』は、韓国内でのベストセラーになったのに続き日本・台湾・中国でも翻訳出版され、各国の海外文学部門ベストセラーリストに入った。アジアだけでなく2020年にはヨーロッパでも各国の主要文学賞の候補にノミネートされ、「K-出版韓流」をリードしている。

これらの状況に力を得て、東南アジア及びヨーロッパ地域への進出が増加している。しかし、2005年頃までは、韓国出版物の出版権輸入に積極的だった中国の場合は、韓国市場に対する関心が薄らいでいるようだ。

2016年下半期から18年まで中国市場進出が足止めされたため、代わりに台湾市場への転換が始まった。けれども台湾は中国の空白を埋めるほどの市場規模を有してはいない。こうした状況において、韓国の出版が検討すべき市場は東南アジアで、その代表的な国はタイである。

タイの出版市場は東南アジア諸国のなかで、韓国出版コンテンツが最も多く進出している市場であり、アジアでは中華圏の次に輸出規模も大きい。

ファン・ソンミの『庭を出ためんどり』のほかにも、片恵英(ピョン・ヘヨン)の『灰と赤』は、ポーランドで「2016年、今年の図書」に選出され、18年11月にはアメリカで出版された。

ベトナムでは『薬の代わりにジュース』(キルポッ)、『食物中毒』(金英社)、『健康手指鍼』(ネクサス)など多数の健康図書のほかに、自己啓発書や韓国語学習関連書の出版が活発になされた。児童書も最近ベトナムのNha Nam出版社から出版された『サバイバルシリーズ』のうち５冊が大ヒットした。ベトナムの人口は約9762万人で中年層と高齢者よりも若い世代の比重が高い。若い世代は教育に関心が強く、乳幼児を含む子ども対象図書の消費が続くと予測されている。

またベトナムでは多くの出版社が国営であるため、教育分野のコンテンツが出版される際は、現地政府の意向が出版界に反映される可能性が高い。

実用書中心の「キルポッ出版社」の場合、2019年度海外総輸出件数は33点で前年比200％以上も増えた。輸出国のうち台湾が13点で最も多く、ベトナムが８点で前年比では２倍だという。

今後、アジア地域の場合、これまでも輸出依存度の高かった中国、台湾に続き、ベトナム、インドネシアなど東南アジア市場を開拓し続けることが重要だろう。

第3節 著作権エージェンシーの役割

3.1 著作権エージェンシーの活動

出版エージェンシー(literary agency)とも呼ばれる著作権エージェンシーは書籍の輸出入を仲介するのが仕事である。

欧米では、作家のすべての著作権を本人に代わって管理する職種として定着しているが、韓国の出版エージェントは、主に海外の著作権会社と国内の出版社を仲介する業務を担当している。

出版市場において著作権契約を交わすという場合、通常は国内企画で韓国作家と出版社が出版権の設定をするか、海外図書の企画作品の場合は、海外著作権会社と契約を交わすのが一般的である。

図6-1は、出版社が海外図書を検討したのち、エージェンシーを通じて海外著作権会社と契約を結び、書籍を出版するまでの過程を表現したものである。

(1) 翻訳出版の検討を申請する

出版社が海外の書籍を直接検索したり、エージェンシーから紹介された書籍

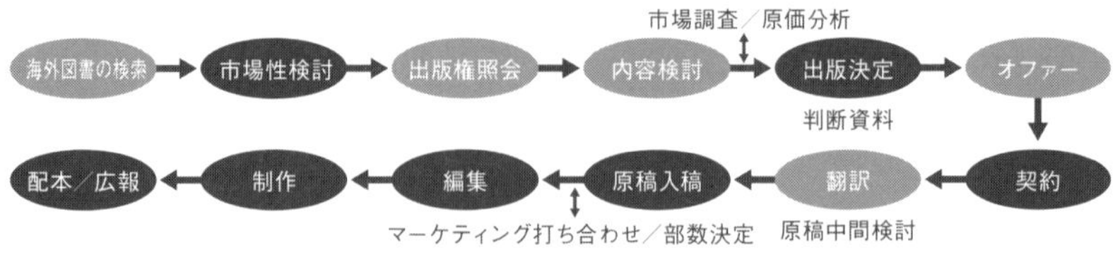

図 6-1 海外図書の開発プロセス

資料などを検討したい際には、該当エージェンシーに問い合わせて、翻訳出版の検討を申請する。この検討を申請した後に、紹介された書籍は、出版社で一定期間、内容の検討と市場性に関する確認をする。これとは反対に、国内図書を海外に輸出する際も、エージェンシーを通じて取引を行う。

(2) 出版権の確認

輸出入の希望図書がある場合、まず該当書籍の出版権の状態を確認する必要がある。出版権の所有者または管理者を確認するのである。また該当図書の出版権は、この書籍を輸出入しようとする国の他の出版社と契約済みではないか、または先に選択権を持っている特定の出版社の有無についても確認しなければならない。出版権の確認は主にエージェンシー側が担当する。

(3) 契約条件の話し合い（オファー申請）

出版権の所在を確かめた後に、契約申請が有効と確認された場合には、サンプル検討が終わり次第、契約条件について話し合い、オファーを申請する。通常、契約条件には、前支払い金(アドバンス契約)や著作権使用料(印税率)、初版発行部数、出版予定日などについて意思決定しておかねばならない。

(4) 契約締結（オファー承認）

輸入先が提示したオファーを輸出先の出版社が承認するか、輸出先が提示したオファーについて双方が同意すればオファーは承認となる。

(5) 契約書の作成

契約書は基本的に輸出先において作成する。契約書の基本言語は英語である。双方が契約書にサインしたのち、翻訳に着手し、完成すれば出版に向かっての実務を進めることになる。

3.2 著作権取引の現況

2017～19年における「知的財産権」取引において、著作権貿易収支(金額ベース)は、**表6-10**のとおりである。

知的財産権は大きく産業財産権、著作権、その他知的財産権に分けられ、さらに産業財産権は、特許権、実用新案権、意匠権、商標及びフランチャイズ権などをいう。著作権は文化芸術著作権、研究開発及びソフトウェア著作権、データなどを指している。

韓国銀行の「知的財産権貿易収支」によれば、2017年度の著作権の輸出額は58億4280万ドルだったが、19年には86億2410万ドルに増えた。一方、著作権輸入は17年52億5030万ドル、19年70億500万ドルで輸出が輸入を上回った。19年基準の著作権輸出は86億2410万ドル、著作権輸入は70億500万ドルで、差し引き16億1910万ドルの黒字を記録した。研究開発及びソフトウェア著作権についても黒字になったが、文化芸術著作権は輸入超過だった。

出版産業分野が主に関連している文化芸術著作権のうち、文学・演劇・美術・建築・写真・図形の著作権部門の19年基準での著作権輸出額は1億7020万ドルで18年より5.8%増加した。輸入額は2億1840万ドルで18年より10.2%減少している。そのために4820万ドルの赤字を記録したが、18年より赤字幅は41.4%も減少し、貿易収支は大きく改善された。

表6-10 知的財産権のうち著作権取引の収支(2017 ~19年)(単位:〔百万ドル〕)

区分	項目名		2017年	2018年	2019年	前年比〔%〕
収支	著作権合計		592.5	1,465.4	1,619.1	10.5
	文化芸術著作権		-408.2	-289.9	-176.7	-39
		音楽・映像著作権	-436.5	-207.6	-128.5	-38.1
		文学・演劇・美術・建築・写真・図形著作権	28.4	-82.3	-48.2	-41.4
	研究開発及びソフトウェア著作権		1,000.6	1,755.3	1,795.8	2.3
輸出	著作権合計		5,842.8	8,040.2	8,624.1	7.3
	文化芸術著作権		1,176.3	1,337.7	1,481.9	10.8
		音楽・映像著作権	933.4	1,176.7	1,311.7	11.5
		文学・演劇・美術・建築・写真・図形著作権	242.9	160.9	170.2	5.8
	研究開発及びソフトウェア著作権		4,666.5	6,702.5	7,142.2	6.6
輸入	著作権合計		5,250.3	6,574.8	7,005	6.5
	文化芸術著作権		1584.4	1,627.6	1,658.6	1.9
		音楽・映像著作権	1,369.9	1,384.4	1,440.2	4
		文学・演劇・美術・建築・写真・図形著作権	214.5	243.2	218.4	-10.2
	研究開発及びソフトウェア著作権		3,665.9	4,947.2	5,346.4	8.1

出所：韓国銀行経済統計システム

第４節

国際図書展（国際ブックフェア）の現状

4.1　世界の４大国際図書展とその役割

世界最大規模を誇るドイツのフランクフルト図書展（Frankfurter Buchmesse Book Fair）、イギリスのロンドン図書展（London Book Fair）、児童図書展として名声の高いイタリアのボローニャ国際児童図書展（Bologna Children's Book Exhibition）、台湾の台北国際図書展（Taipei International Book Exhibition）がこれまで４大国際図書展と呼ばれてきた。

だが2010年以降は、中国の北京国際図書博覧会が急成長を遂げ、現在は、４大国際図書展の一角を占めた状態である。

近代的な国際図書展の始まりは19世紀初頭のドイツのライプツィヒ国際図書展だった。当時の図書展は、書店業界・出版業界・印刷業界が企業を広報して契約を結ぶ機能的な役割だけだった。第１次,２次の二度の世界大戦を経て、ヨーロッパ社会は荒廃し、出版産業もやはり沈滞状態に陥った。

だが産業が復興すると再び教育熱が高まり、図書博覧会は、国際図書展へと変貌を遂げ、書籍を販売すると同時に、国際関係を増進させる場所として発展した。

1949年、ドイツが東西に分裂された後は、ライプツィヒが、東ドイツに位置することになったため、図書展はライプツィヒからフランクフルトに場所を変えて開催されるようになった。

4.2 主な国際図書展とその特徴

(1) フランクフルト国際図書展

フランクフルト図書展は来場者だけでなく、参加出版社の数においても世界最大規模である。毎年10月中旬の水曜日から日曜日までの５日間、ドイツヘッセン州のフランクフルト・アム・マインで開催されている。

開幕後３日は出版業界の専門家だけが入場できる。この期間に入場するには書籍関連業種に勤務しているか、マルチメディア業種に従事していることを証明する必要がある。

出版に関する契約の相談もできる。初日の開幕式には関連機関の役員、主賓国の代表、ドイツ出版業界の代表らとともに国務総理が参席するのが恒例である。出版社ごとにブースを設置して新刊を紹介・販売しており、入場者は入場料を支払う。入場料収入は書籍博覧会財団の運営のために使用される。後半の２日間は一般客も入場できる公開日になっている。

(2) ロンドン国際図書展

1971年に始まったロンドン図書展は毎年春に開催される。フランクフルト図書展と同様に、著作権契約を中心に開催される国際的な図書展である。世界各国の出版社と書店、著作権エージェンシー、図書館関係者らが参加する。

毎年秋に開催されるフランクフルト図書展に先立ち、制作中の書籍を検討し新刊をチェックする図書展として定着している。関係者らが直接会って著作権の契約を結ぶのがメイン業務になるが、出版界の最近の話題や動向、世界の流れに関するセミナーなど多様なイベントも開催される。

(3) ボローニャ児童図書展

1963年からイタリアのボローニャで、毎年３～４月頃に開催される世界的な児童図書展である。

この図書展では、優秀な作品にボローニャ国際児童図書賞を授与している。４部門―フィクション、ノンフィクション、「New Horizon」(西欧諸国以外の作品対象)、「Opera Prima」(作家のデビュー作対象)―から複数の受賞作品を選定している。

⑷　北京国際図書展

北京国際図書展は1986年に始まった。最初は、もっぱら図書販売だけだったが、次第に業務内容を図書著作権取引、文化交流へと内容を進化させて、中国文化の影響力を示しながら、世界屈指の図書展へと発展を遂げるに至った。こうして北京国際図書展は、33年間、中国で最大の著作権取引の拠点として発展してきた。

中国は2011年に初めて著作権取引の面で貿易黒字になり、７年連続で増加を続けている。北京国際図書展は発展過程でフランクフルト図書展の事例を参考にしながら、2005年の第12回北京国際図書展で初めて主賓国招聘を実施した。主賓国の招聘は業界の交流だけでなく、国家間の文化交流という側面もある。現在、北京国際図書展は国際的に重要な文化交流の核心であり、中国文化を広め、中国図書の著作権取引にとって不可欠な催しとなっている。

⑸　ソウル国際図書展

1954年当時の名称は「全国図書展」だったが、1991年10月の第34回図書展からは「ソウル図書展」の名称が使用されている。

1995年光復50周年を記念して、主催の大韓出版文化協会では出版産業の国際競争力の強化、韓国出版物の著作権輸出及びグローバルマーケティングを掲げて、その年からは「ソウル国際図書展」という名称を使用している。

毎年、会場は韓国総合展示場（COEX）で開催している。国内の多数の出版社と海外の諸国からも参加する。2009年からは入場料が有料になった。

「書籍とともに見る韓国近現代100年」、「大韓出版文化協会選定図書特別展」、「世界優秀絵本展示会」、「世界で最も美しい本」、「アジアブックアーティスト特別展」、「国際小型ブックアート展」など多様な特別展が開催されるのも恒例となっている。各種講演会と著者との対話、作家サイン会などイベントが企画・運営され、多くの来場者を迎えている。

＊　　　＊　　　＊

2020年の国際図書展は予期せぬ新型コロナウイルスにより、当初開催時期から延期または大部分が中止された。ソウル国際図書展は10月16～25日までオン／オフラインで同時に開催された。北京国際図書展及びスウェーデンのヨーテボリ図書展はオンラインで開催された。

紙魚の目

海外国際図書展の開催日程（2020年10月基準）

開催時期	開催国家／都市	図書展名
1/4～10	インド　ニューデリー	ニューデリーワールドブックフェア
1/30～2/2	フランス　アングレーム	アングレーム国際漫画祭
5/7～12(2/4～9)	台湾　台北	台北国際図書展
3/12～15	ドイツ　ライプツィヒ	ライプツィヒ図書展
3/20～23	フランス　パリ	パリ図書展
3/30～4/2	イタリア　ボローニャ	ボローニャ児童図書展
3/10～12	イギリス　ロンドン	ロンドン図書展
4/15～19	カナダ　ケベック	ケベック国際図書展
10/28～11/1	スイス　ジュネーヴ	ジュネーヴ国際図書展 マルチメディア展
4/30～5/18	アルゼンチン　ブエノスアイレス	ブエノスアイレス国際図書展
4/15～21	アラブ首長国連邦　アブダビ	アブダビ国際図書展
5/7～10	ギリシャ　テッサロニキ	テッサロニキ図書展
5/14～18	チェコ　プラハ	プラハ国際図書展
5/21～24	ポーランド　ワルシャワ	ワルシャワ国際図書展
5/27～29	アメリカ　ニューヨーク	BookExpo America
6/24～28	韓国　ソウル	ソウル国際図書展
7/15～21	中国　香港	香港図書展
8/26～30	中国　北京	北京国際図書展
9/9～13	インドネシア　ジャカルタ	インドネシア国際図書展
9/2～6	ロシア　モスクワ	モスクワ国際図書展
9/24～27	スウェーデン　ヨーテボリ	ヨーテボリ図書展
10/14～18	ドイツ　フランクフルト	フランクフルト国際図書展
10/20～23	フィンランド　ヘルシンキ	ヘルシンキ図書展
11/14～20	トルコ　イスタンブール	イスタンブール国際図書展
11/13～15	中国　上海	上海国際児童図書展
11/28～12/6	メキシコ　グアダラハラ	グアダラハラ国際図書展

注1：上記の海外図書展は新型コロナウイルス発生以前の一般的な開催日程である。
注2：日本の「東京国際ブックフェア」は20017年より、開催を中止している。

「東京国際ブックフェア」について

「東京国際ブックフェア」は、TIBFの愛称で親しまれ、2016年まで開催されていた。その歴史は古く、日本書籍出版協会（書協）が、「出版事業の発展と出版文化の向上」を目指し、1984年に始めた本の総合展「日本の本展」がルーツである。

1994年から産業見本市として発展し賑わいを見せていたが、長引く出版不況の影響もあって参加出版社が減少し、新しい道を模索していたが、2016年を最後に開催は取りやめとなり、その歴史的役割に幕を下ろした。

その代替イベントとして、現在は「首都圏書店大商談会」などが開催されている。

第7章

出版関連の法律と制度

本章の内容

韓国の出版は他の分野と同様に、国の政策と法制度の影響が強い。

とりわけ出版は、“政策関与度”の高い産業であり、過去には“規制政策”が中心だった（軍事政権時代の出版社設立許可制、禁書指定など）が、2003年から現在までは、“振興（支援）政策”中心に推移している。

この章では、出版基本法としての出版文化産業振興法、図書定価制（再販制度）、著作権法及び出版権関連事項、国と民間団体の標準出版契約書制定及び活用、書籍発行関連の各種規定、出版の自由という前提のもとで、健全な出版活動のための出版規制関連規定、公正取引関連法律、地域出版及び地域書店活性化支援政策、税制などの核心内容を紹介している。

さらに、本の買い占め行為に対する規制や周期的に議論されている図書定価制、南北分断の状況から国家保安法による出版活動規制（処罰事例は皆無）、書店業に対する小規模適合業種指定（2024年10月まで施行）による大型書店売場面積の規制、自治体単位での地域出版及び地域書店振興条例の制定などは、韓国の特異性が反映された政策と言えるだろう。

第1節 出版文化産業振興法と図書定価制

1.1 出版文化産業振興法

出版文化産業振興法は、出版文化産業に関する基本法で、「出版に関する事項及び出版文化産業の支援・育成と刊行物の審議、出版産業の健全な流通秩序確立のために、必要な事項を定めた法律」である。

出版社申告制、地域書店の活性化支援、図書定価制、書籍買い占め行為の禁止、出版文化産業振興院と旧刊行物倫理委員会などについても規定している。

また、文化体育観光部長官は、出版文化産業の振興に必要な基本計画を5年ごとに樹立・施行する旨の規定があり、出版文化産業振興を図るために必要な関連分野の専門家の養成を支援しなければならない。

出版社を創業しようとする場合は、その所在地を管轄する市・郡・区長に、出版社の名称・所在地及び経営者の住所・氏名などを申告すべき規定があり、市・郡・区長は申告証書を発行し、その申告事項を市長・道知事を経由して文化体育観光部長官に報告する仕組みになっている。

出版文化産業振興法の2021年8月10日の改正(2022.2.11.施行)で、地域書店活性化支援の法的根拠にもなった。「書店」と「地域書店」の定義が新たに規定されており、国や地方自治体は地域書店の活性化政策の樹立・支援が義務づけられ、公共図書館が書籍を購入する場合は、地域書店の利用を推奨すべきことが規定された。地域書店実態調査の結果、地域書店のない地域に対しては、別途、支援策を講じる旨の規定も設けられた。

刊行物の流通秩序を維持するために、いわゆる「本の買い占め行為(刊行物の著者、出版及び流通に関係する者が刊行物の販売量を高める目的で、当該刊行物を不当に大量購入したり、著者または出版社や関係者にその刊行物を不当に購入させる行為)」は厳しく禁止された。

これに違反した場合は、2年以下の懲役または2千万ウォン以下の罰金に処し、本の買い占め行為を申告／告発した者に対しては、一定の褒賞金が支給される。

1.2 図書定価制

表7-1のように、図書定価制は、販売価格の行き過ぎた値引き競争により、学術・文芸分野の良質な書籍の出版が萎縮するのを防止するために、出版社が書籍の販売価格を決定し、流通段階(書店の販売)においては原則として出版社が定めた価格でエンドユーザーに販売しなければならないと定めたもので、「出版文化産業振興法」第22条を根拠にしている。

図書定価制は、2003年2月に公布された「出版及び印刷振興法」に基づき、

表 7-1 現行の図書定価制の構造(2022.2.11 施行基準)

定価表示義務と定価変更(出版社)	定価販売(販売業者)		
	①原則	② 許 容	③ 例 外
①販売目的刊行物の表紙に定価(消費者に販売する価格)を表示する義務 ②発行日より12か月が過ぎた刊行物は定価変更が可能。毎月15日前に再定価変更システムに告知＋表紙に変更された定価を表示する。 ⇒翌月1日より値下げ・値上げされた再定価で販売する。	定価で販売しなければならない	①読書振興や消費者保護のために定価の15%以内で割引や経済上の利益を自由に組み合わせて販売可能(但し、価格割引は10%以内) ・経済上の利益 1.物品 2.マイレージ 3.割引券 4.商品券 5.消費者が通常対価を支給せずには取得できないと認める物：景品(抽選式景品含む) ②国、地方自治体、公共機関、公共図書館に販売する場合には定価の10%以内の割引・提供	1.社会福祉施設に販売する刊行物 2.著作権者に販売する刊行物 3.外国で発行された刊行物 4.再販売の目的ではない読書、学習などの目的でエンドユーザーに販売された刊行物として再び販売する中古刊行物

定期的再検討(文体部長官)	違反時の罰則(市・郡・区長)
3年ごとにその妥当性を検討して廃止、強化、緩和、または維持などの措置 ※2014.11.21(施行日)基準	管轄の市・郡・区長は、定価を表示しなかったり、定価販売に違反する者に500万ウォン以下の過料を賦課、徴収する。 (1件当たり500万ウォン)

同年２月27日に施行された。しかし、オンライン書店については、出版後１年以内の書籍に限って「新刊」と見なし、10％以内の割引販売を認めることになった。さらに出版後、１年を経過した書籍の場合は、書店側が自由に割引幅(販売価格)を決めて販売できるとの規定もある。

2007年10月20日に施行された「出版文化産業振興法(それまでの「出版及び印刷産業振興法」に代わる法律)」では、出版後18か月以内の書籍を「新刊」と見なし、オフライン書店においても、新刊価格の10％以内の割引販売を認める旨の規定が設けられた。

2014年11月になると、すべての書籍はジャンルに関係なく、定価の15％までの割引販売が可能と改正された。11月21日施行の、この「改正図書定価制」に基づき、価格割引10％に間接割引５％を加え、最大限15％までの割引販売に制限された。また３年ごとに法規定の妥当性を検討する旨の条項により、2017年に続き2020年にも図書定価制の強化または廃止を主張する論義が繰り返された。

2021年８月10日の法改正(2022.2.11施行)では、定価改訂(再定価)の際における「新刊」の見なし範囲を、それまでの18か月から12か月に短縮し、国、地方自治体、公共機関、公共図書館などの書籍購入については、定価の10％以内の割引が可能と規定された。

図書定価制違反行為には、従前の過料300万ウォンを500万ウォンに引き上げ、３年ごとの「図書定価制の妥当性検討」の際には、これまでの「廃止・緩和・維持」に、新たに「強化」が加えられた。

紙魚の目

日本の図書定価制（再販売価格維持制度）

再販制度とは、「メーカーである出版社または発売元が、小売販売価格である本の定価（本体価格）を決め、版元・取次・書店間で再販売価格維持契約を結ぶことで、定価で販売をする制度のこと」をいう（独占禁止法 23 条に基づく定価販売制度のこと）。

再販商品として指定されている著作物には書籍、雑誌、新聞、レコード、音楽用テープ、音楽用 CD がある。現行の再販制度は、この６品目に限っては定価で販売しても「独占禁止法違反にはならない」という除外規定であるという特徴がある。(編集部)

第2節 著作権法と出版権及び排他的発行権

2.1 著作権法

出版と著作権は、歴史的・文化史的に密接な関係を保ちながら発展してきた概念である。出版者は著作権の利用者であり、同時に権利者でもある二重の側面を持つ。そのため「著作権法」は、出版産業と深い関係を持っている。

「著作権法」は、著作物を創作した著作者の権利(著作権)と、これに隣接する権利(著作隣接権)を保護し、著作物の公正な利用を図りながら、文化及び関連産業の発展に寄与することを目的としている。

韓国の「著作権法」は、1957年に初めて制定され、韓国内外の著作権をめぐる環境変化によって、1986年(1987年施行)と2006年(2007年施行)に、二度の全面改定といくつかの部分改訂を経て、現在に至っている*1。

(1) 著作物と著作者

著作物は、人間の思想または感情を表現した創作物を指している。

著作権法上、著作者は自然人を原則とするが、例外的に法人など(会社・団体・その他)についても著作者に擬制する場合はある。このように法人などが著作権者である著作物を、特別に「業務上著作物」と称している。

*1 日本の著作権法は、1899年の「文学的及び美術的著作物の保護に関するベルヌ条約」加盟に伴い、著作権法(明治32年3月4日法律第39号)が3月4日公布、7月15日施行された。現行の著作権法は、1970年に旧著作権法を全面改正して制定された。
その後、幾度となく、改正されている(編集部)。

(2)　著作権と著作隣接権

著作者の権利である著作権は、著作人格権と著作財産権に二分される。前者は、著作物と関連して著作者の名誉や人格的利益を保護する権利であり、後者は、著作者の経済的利益を保つための権利である。

著作隣接権は、著作物を公衆に伝達するに際して、資本投資及び創造的な寄与をした者に与えられる権利である。著作隣接権者には実演者、音盤製作者、放送事業者がいる。

このほかに、データベースの製作またはその素材の更新・検証・補充に、人的・物的に相当な投資をした者(データベース制作者)の場合にも、一種の著作隣接権者として一定の保護を受けることができる。

狭義の著作権(著作者人格権及び著作財産権)と著作隣接権、データベース製作者の権利を合わせて「広義の著作権」と呼ぶこともある(図7-1)。

著作人格権には公表権、氏名表示権、同一性保持権の３種類があり、著作財産権には複製権、公演権、公衆送信権、展示権、頒布権、貸与権、二次的著作物の作成権の７種類がある。

(3)　著作権の発生と保護期間

著作権は著作物の創作と同時に発生し、いかなる手続きや方式(例えば、納

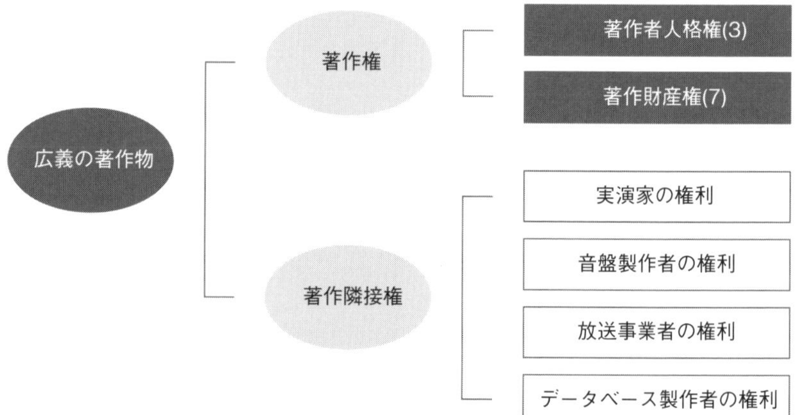

図7-1　広義の著作物

本や寄託または登録など）は要求されない（無方式主義）。

現在、著作財産権の保護期間は、著作者の生存期間プラス没後70年間となっている。著作財産権の保護期間は、最初は没後30年で、1987年７月１日からは没後50年に延長され、2013年７月１日からは没後70年へと再延長された（注：日本では「TPP11」協定の発足した2018年12月30日から没後70年に延長されている）。

(4)　著作財産権の制限

著作財産権は、著作物を排他的・独占的に利用できる権利である。ただし、状況に応じて著作財産権が制限されることもある（訳注：日本の著作権法の第30条から第50条の自由利用の規定参照）。

出版産業と関連のある著作財産権における制限条項を挙げると、「学校教育目的などの利用（第25条）」「公表された著作物の引用（第28条）」「私的利用のための複製（第30条）」「図書館などに保管された資料の複製など（第31条）」「著作物の公正な利用（第35条の５）」などである。

著作財産権が制限されるケースで、著作権者の許可を得ることなく著作物を利用したときには、特定の場合は補償金（教科書補償金、授業目的補償金、授業支援目的補償金、図書館補償金）の支払義務が生じ、合理的な方法で「出所の明示」（第37条）をしなければならない。

(5)　著作権侵害の救済

著作権を侵害された権利者は、民事救済及び刑事制裁を申請することができる。著作権者は、著作権を侵害した者を相手に、裁判所に民事訴訟を提起して侵害予防、侵害停止、不当利得返還、損害賠償などの請求ができる。また故意に著作権を侵害した者に対する処罰を、捜査当局に要求することも可能である。

損害賠償請求権は、不法行為があった日から10年以内、または損害及び加害者が明らかになった日から３年以内に行使しなければ、時効となり権利は消滅する。著作権侵害罪のほとんどは、侵害者が明らかになってから６か月以内に、被害者側が告訴する「親告罪」である。しかし、営利または常習的に他人の著作権を侵害する者に対しては、非親告罪に当たると規定されている。

2.2 排他的発行権と出版権

著作権者は、著作物を発行したり、複製・伝達などに利用する排他的発行権を設定することができ、複製権者は著作物の印刷、その他の類似した方法で文書または図画を発行できる出版権を設定することができる。

“紙の本”を出版する場合には「出版権設定契約」を、電子書籍を発行する場合には、「排他的発行権設定契約」を締結することになる。

なお、著作財産権と排他的発行権及び出版権の相違点は、**表7-2**に示すとおりである。

表7-2 著作財産権と排他的発行権及び出版権の比較

区分	著作財産権	排他的発行権	(設定)出版権
権利の性質	著作財産権者の基本的な排他的権利	著作物を発行したり複製・伝達する権利を持つ者から一時的・制限的に設定される排他的権利	著作物で複製・頒布する権利を持つ者から一時的・制限的に設定される排他的権利
排他的権利の内容	複製権、公演権、 公衆送信権、展示権、 頒布権、貸与権、 二次的著作物の作成権など7種類	設定行為で定めることによって著作物を発行したり複製・伝達に利用する権利	設定行為で決めることによって印刷、その他の類似した方法で文書または図画を原作のまま発行(＝出版)する権利
権利の発生起点	著作物を創作する時(または著作財産権を相続、譲受したとき)	排他的発行権・出版権の設定契約で決めたとき	
権利の存続期間	著作者没後70年	排他的発行権設定契約期間 (特約がなければ3年、映像化は5年)	出版権設定契約期間(特約がない場合3年)
権利者の義務	―	設定行為に特約がない場合には ①9か月以内に発行／出版する義務 ②慣行によって続けて発行・出版する義務 ③著作財産権者の表示をする義務 ④著作物の修正増減のために著作者にあらかじめ通知する義務	
権利の制限	質権者の許可なしに排他的発行権／出版権を設定できない	著作財産権者の同意なしに排他的発行権・出版権を譲渡したり、または質権の目的でしてはならない	
補償金請求権	教育目的補償金(3種類)、図書館補償金	図書館補償金	

2.3 韓国内の出版著作権に関連する重要課題

韓国内の出版著作権と関連して、12の課題が提起されている（表7-3）*2。

表 7-3　韓国内の出版著作権に関連する重要課題

出版著作権課題	主要問題点及び現況と法制改善方案
出版物不法複製	不法複製物に対して実効性のある取り締まりと予防教育の強化
排他的発行権者・出版権者の補償金請求権認定	授業目的／授業支援目的／教科書補償金を出版権者にも分配できるよう「著作権法」第62条第２項改定
出版の定義新設と再概念化	アナログ時代に間接的に定義した出版の概念を、デジタル環境まで包括する概念として新設
出版権と排他的発行権の統合	権利の性質が類似し別々で運営する実益がないため出版権を排他的発行権に吸収統合
出版権・排他的発行権の存続期間延長	発行のための投資にインセンティブを提供するため、基本の存続期間を現行の３年から最少10年以上に延長
私的複製補償金制度の導入	デジタル環境の複製様相の変化（高品質の複製物を安く量産して迅速に広範囲に伝播）に対応して私的複製補償金制度の導入
公共貸出権制度導入及び貸与権拡大	図書館で公衆を対象にした図書貸出による著作者などに発生する損失を補填する必要から、公共貸出権制度を導入し、書籍の貸与権新設
版面権（出版事業者の権利）制度導入	出版のための出版者の創意的努力と経済的投資を保護するために版面権または出版事業者の権利認定
出版権者・排他的発行権者信託団体の設立	出版権・排他的発行権を持つ出版社の権益保護のための信託団体の設立許可
出版分野標準契約書	既存の出版分野標準契約書を合わせた、統合標準契約書を用意し、電子書籍Ｂ２Ｂ契約書、オーディオブック開発契約書などを追加開発
電子書籍制作と流通拡大による著作権の課題	電子書籍購読サービスと関連した著作権料の配分問題、公共図書館のＢ２Ｂ契約問題なとを解決するための方案模索
創作労働者の権利保護のための「著作権法」改定	追加補償請求権、将来著作物に対する包括的契約無効、書面契約の義務化、著作権譲渡契約の種類別特定など、著作者の要求に対する出版者と著作者の相互作業プランの模索

出所：韓珠利、朴益淳、キム・ドンヒョク（2019）「デジタル時代の出版著作権保護のための法制改善方案研究」、18～20頁を要約して再構成。

＊2　韓国法の「排他的発行権」には、電子書籍への対応という範疇を超えて、「独占的、ライセンスの保護」を含んでいるとみられる。一方、日本の著作権は、出版権に加え、新たに「電子出版権」という概念で、広く「電子書籍時代」の著作権保護に対応している。両国の著作権法の違いに留意したい（編集部）。

第3節 標準出版契約書

3.1 出版契約のパターンと標準契約書の登場

個別の出版物の出版過程を見ると、基本的に著作権者と出版者が具体的な出版契約を締結することで、本格的な出版行為がスタートする。

出版契約で出版者が取得する権利の性質または範囲を基準にすると、大きく出版許諾契約、出版権設定契約、排他的発行権設定契約、著作財産権譲渡契約の4種類となる。著作権者と出版者は著作物の特徴、出版の目的を考慮しながら、この4つの契約形態のうち、両者が合意できるものを選択することになるのである。

標準契約書は、慣れない契約文書をいちいち作成する煩わしさと不便さを軽減するという、かなりの実益をもたらしてくれる。

標準契約書では具体的な事情に合わない部分に限って、手を入れて追加・変更・削除することになるので、作業はとても簡便なものになる。総じて標準契約書は、一般的・平均的な契約指針の中から必要なものを選んで、著作物利用に関する法律行為をするにあたって、当事者が留意すべき契約条件の標準的な基本事項を網羅することに意義がある。

大韓出版文化協会では、出版社と著者との法的関係を明確にする慣行を確立させるべく、1976年に「標準出版契約書」を作成して会員出版社に配布した(大韓出版文化協会、1988)。それ以降、必要に応じて様々な契約様式を改良・修正している。

韓国出版人会議でも、2010年に3種類の「標準契約書勧告案」を発表した。民間で作成した出版契約書が定着しつつあるが、いわゆる「ふわふわくもパン訴訟」*3を契機に、文化体育観光部が主導して、2014年６月12日に「出版分野標準契約書」７種が制定された。

3.2 出版分野標準契約書の告示

その後、文化体育観光部は、2021年２月22日に「出版分野標準契約書」10種類を作成し公式に告示した。この「政府標準契約書」は、既存の標準契約書に変化した出版環境を反映させた改訂版６種類と、オーディオブックの制作・取引に関する標準契約書制定４種類、合わせて10種類である（表7-4）。

3.3 文化体育観光部制定の標準契約書の法的根拠

「文化産業振興基本法」第12条の２（公正な取引秩序の構築）によれば、文化商品の制作・販売・流通などに従事する者は、合理的な理由なしに知的財産権の一方的な譲渡要求など、その地位を利用して不公正な契約を強要したり、不当な利益を取得してはならない（第１項）。文化体育観光部長官は、文化産業の

表 7-4　文化体育観光部が公示した出版分野標準契約書の種類

区　分	標　準　契　約　書
既存の出版契約書の改訂	①出版権設定契約書
	②電子出版の排他的発行権設定契約書
	③電子出版の排他的発行権及び出版権設定契約書
	④著作財産権譲渡契約書
	⑤著作物利用契約書（国内用）
	⑥著作物利用契約書（海外用）
新規の標準契約書制定	①オーディオブック排他的発行権設定契約書
	②オーディオブック流通契約書
	③オーディオブック制作契約書
	④オーディオブック著作隣接権利用許諾契約書

出所：文化体育観光部告示第 2021-11 号 (2021.2.22).「出版分野標準契約書」

*3　絵本作家ペク・ヒナの『ふわふわくもパン』はテレビシリーズやミュージカルなども制作されたが、著者が「著作権譲渡契約」を出版社と結んでいたために、2千万ウォン足らずしか手にできず、出版社を相手に訴訟を提起したが、一、二審とも敗訴だった。

公正な取引秩序を構築するために、公正取引委員会委員長及び科学技術情報通信部長官、放送通信委員会委員長との協議を経て文化産業関連の標準約款もしくは標準契約書を制定または改訂し、その施行を勧告できる（第３項）、と規定されている。

また「コンテンツ産業振興法」第25条（標準契約書）第１項によると、「文化体育観光部長官は、コンテンツの合理的流通及び公正な取引のために公正取引委員会と放送通信委員会及び未来創造科学部との協議を経て標準契約書を用意し、コンテンツ産業者にこれを使用するよう勧告できる」とある。

さらに「漫画振興に関する法律」第９条（流通秩序の確立）によれば、「漫画事業者は合理的な理由なしに、漫画家または他の漫画事業者に知的財産権の一方的な譲渡要求など、その地位を利用して不公正な契約を強要したり、不当な利得を取得してはならない（第１項）。漫画事業者が違反行為をしたと認められた場合には、文化体育観光部長官は関係機関の長に必要な措置をとることが要請できる（第２項）。文化体育観光部長官は、公正取引委員会と協議して漫画産業関連の標準契約書を用意し、事業者及び事業者団体に使用を勧奨できる（第３項）」と規定されている。

紙魚の目

日本における電子書籍時代の出版契約のヒナ型

出版者は著作権者（複製権者）と、出版権設定契約を結ぶ（著作権法第79条）ことで、その出版権の目的である著作物の原作を文書または図画として頒布の目的をもって複製する権利を専有することができる（第80条）。

現在、日本書籍出版協会では、電子化時代のデジタル化に対応し出版社が積極的・主体的に電子出版に関わるための契約条項を盛り込んだ「出版契約書ヒナ型」を３種類提示している。　（編集部）

(1)　出版権設定契約書ヒナ型１　（紙媒体・電子出版一括設定用）
(2)　出版権設定契約書ヒナ型２　（紙媒体出版設定用）
(3)　出版権設定契約書ヒナ型３　（配信型電子出版設定用）

第4節 図書発行に関連する法律と制度

4.1 図書館法と納本制度

出版社は「図書館法」第20条に基づき、図書を刊行した場合には、発行日から30日以内に国立中央図書館に、当該図書を２部納本しなければならない。改訂増補版についても同様である。オンライン資料の場合も、国際標準資料番号を与えられたときに同様の措置をすることになっている。

また、国立障害者図書館が障害者のための図書館資料の制作に必要で、図書館資料をデジタルファイル形態で納本するように要請した場合には、特別な理由がなければ30日以内に国立中央図書館にデジタルファイル形態の図書館資料を提出しなければならない(法第20条第1～2項)。

国立中央図書館は図書館資料を納本した者に、直ちに納本証明書を発給しなければならない。納本した図書館資料の全部または一部が販売用の場合には、その図書館資料に対する正当な補償しなければならない(法第45条第3項)。

一方、立法支援に必要な資料については、「国会図書館法」第７条第３項により、発行日から30日以内に資料２部を国会図書館に納本すべきとの規定がある。大韓出版文化協会では、この一般図書に対する国立中央図書館への納本業務を1965年から現在まで代行しており、国会図書館への納本業務についても併せて実施している。したがって出版社は新刊書を大韓出版文化協会に持ち込むと、両機関(国立中央図書館・国会図書館)に同時に納本され、一括して事務処理することが可能となる。

納本すると国立中央図書館の国家書誌目録にその旨が掲載される。公共図書館などはこれを参考にして資料購入の是非を判断する場合がある。

また世宗図書[*4](訳注：優秀出版コンテンツの製作を活性化して読書文化を築くために、文化体育観光部が主催、韓国出版文化産業振興院が主管して毎年優秀教養図書を選定する)の選定・購入などの支援事業においては、一定期間に納本された図書が対象となる。このため出版社は「納本業務」に積極的に協力している。

4.2 国際標準図書番号

書籍を発行する出版社は、国立中央図書館から国際標準図書番号を付与される(図書館法第21条第1項)。

出版者(法人でない個人を含む)は、書籍に**図7-2**の国際標準図書番号(ISBN：International Standard Book Number)と付加記号を付けなければならない。また、雑誌などの逐次刊行物には、国際標準逐次刊行物番号(ISSN)を表示することになっている(図書館法施行令第14条第1項)。

国際標準図書番号の付与対象、手続き、発行者番号の割り当て、表記方法な

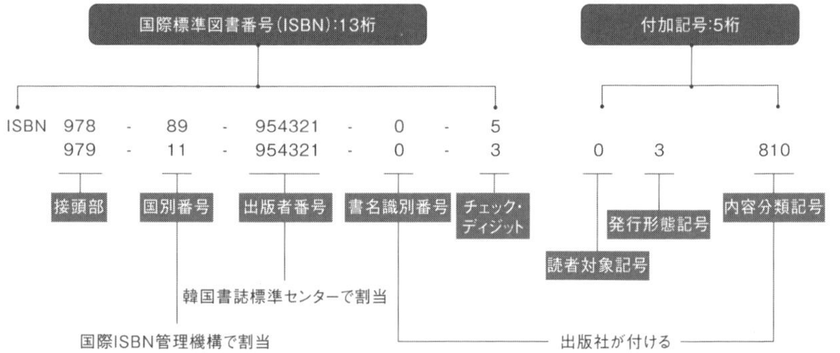

図7-2 韓国図書番号の基本構造
出所：国立中央図書館（2018）、『韓国文献番号便覧（第7版）』

＊4 世宗(セジョン)は、ハングル文字の創生者として尊敬されている国王の名前。2013年12月に「国立世宗図書館」が世宗市に建設されている。

どについては、「韓国書誌標準センター設置及び運営規定」と『韓国文献番号便覧(第7版)』(国立中央図書館、2018)に詳しく規定されている。

国立中央図書館韓国書誌標準センターでは、ISBN、ISSN、納本業務のために書誌情報流通支援システムの運営に当たっている。なお、2002年から施行された出版予定図書目録制度は、2020年12月31日に廃止された。

「図書館法」とは別に「出版文化産業振興法」では、ISBNを重視して、法第2条と法第7条で出版者にISBN表示を義務化している。

「出版文化産業振興法」で定義する刊行物(“紙の本”と電子書籍)を出版する際には、**表7-5**のように、①著者、②発行人、③発行日、④出版者名、⑤国際標準図書番号(電子出版物はコンテンツ識別体系も可能)をすべて表示しなければならない。出版者が販売を目的として刊行物を発行する際には、⑥定価(消費者に販売する価格。発行日から12か月が過ぎて定価を変更する場合には変更した定価)を定めて刊行物の表紙に表示する義務がある。電子出版物の場合には、出版者が定価を書誌情報に明記して、それを販売する者は出版者が書誌情報に明記した定価を購入者が識別できるように、販売サイトに表示しなければ

表7-5　出版者が書籍に表示しなければならない事項

項　目	根拠法令及び条項
1.著者	出版法第2条(定義)第3号
	著作権法第12条(氏名表示権)第2項
2.発行人	出版法第2条(定義)第3号
3.発行日	出版法第2条(定義)第3号
4.出版者名	出版法施行令第3条第1号
5.国際標準図書番号(ISBN)	出版法第7条第2項、同施行令第3条第2号、第5条
6.定価	出版法第22条第1項または第3項
7.出所	著作権法第37条(出所の明示)
8.特約がない限り、①著作財産権者の氏名②最初の発行年③著作財産権者の検印(④複製権譲渡の趣旨)	著作権法第58条第3項、第63条の2、同施行令第38条 ※排他的発行権者(出版権者)が複製権(出版権)の譲渡を受ける場合にはその趣旨の表示
9.法定許諾の意と承認年月日(※法定許諾の場合)	著作権法第50条(著作財産権者不明の著作物の利用)第2項
10.KC認証マーク、注意／警告表示(※児童書)	児童製品安全特別法第25条第1、4、5項、同施行規則第42条
11.青少年有害表示(※青少年有害刊行物)／等級区分	青少年保護法第13条、同施行令第13条／青少年保護法第8条、同施行令第13条

ならない。なお、法律には直接明記されてはいないが、⑦刊行物のタイトルを表示するのも当然のことである。

4.3　児童製品の安全特別法と KC 認定マーク

2015年６月４日から、すべての児童向け製品(満13歳以下の児童が使用する物品、またはその部分品や付属品)は、「児童製品安全特別法」(2014.6.3制定)により最小限の安全性を確認した後に、流通・販売させる規定である。ただし、遊び機能のない児童図書は、１年の猶予期間を置いて、2016年６月４日か

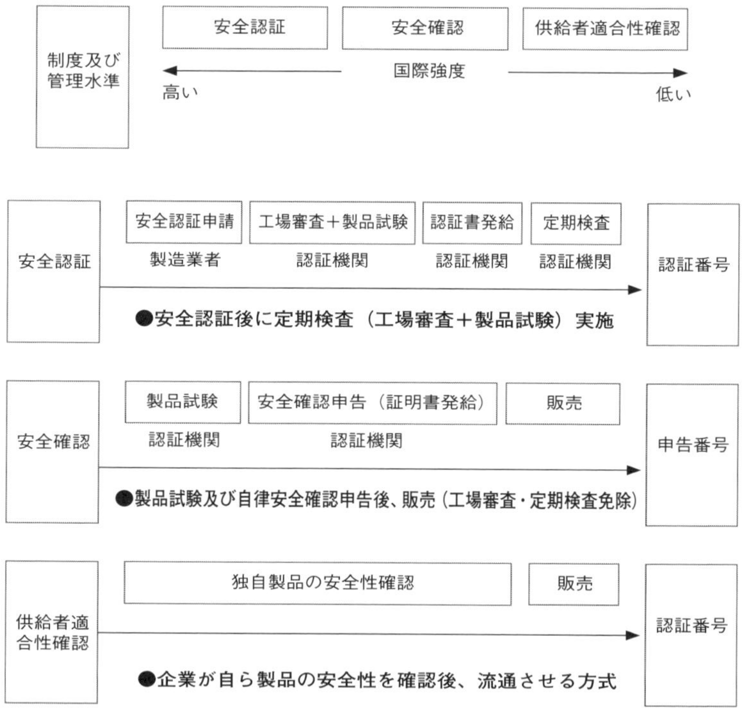

図 7-3　『児童製品安全特別法』による製品安全段階別管理制度

出所：産業通商資源部（2014.12.4. 報道資料参考 3)、
「すべての児童製品は、安全性の確認を得なければ販売できない」

ら出庫・通関されたものから適用された(施行規則付則第２条)。

この法律では、児童製品が消費者に及ぼす危険性を分析するために、程度に応じて、①安全認証対象、②安全確認対象、③供給者適合性確認対象の三段階に分類し、それぞれの個別基準によってチェックしている(**図7-3**)。

紙・インク・糊・コーティング剤の４点で構成される一般的な児童書は、規制のハードルが最も低い「供給者適合性確認対象児童製品」に分類され、本の原／副材料を取り扱う製紙会社、印刷所などの「有害物質安全要件」を満たす「製品検査結果書」を取得して備えあるなら、「有害物質安全要件」に対する検査を受ける必要はない。しかし、紙・インク・糊・コーティング剤の４点の成分に他の成分が一つ以上入っていたり、書籍に付いている付属物がプラスチック・金属材質などの場合(トイブック、スポンジ本、香り本、布の本など)は、安全確認対象児童製品に分類され、指定された試験検査機関が安全基準に適合する旨を確認し、安全認証機関に申告した後でなければ販売できない。

4.4　小・中等教育法と教育課程及び教科書制度

随時変更する教育課程や教科書制度は、特に小・中・高等の教科書出版社、学習参考書出版社の事業に大きな影響を及ぼすことになる。教育課程が変われば教科書も変わり、教科書が変われば学習参考書の内容も変えねばならないからである。

小・中等教育を担当する学校(小学校、中学校、高等学校、特殊学校、各種学校)は、「小・中等教育法」により教育部長官と教育監が定める教育課程を運営しなければならない(法第23条)。

教科書においては、国が著作権を持っている事例もあるが、一般的には教育部長官が検定及び認定をした教科用図書を使用しなければならない(法第29条第１項)。

それぞれの学校の教科用図書の範囲・著作・検定・認定・発行・供給・選定及び価格決定に関しては、「教科用図書に関する規定」によって詳細に規定されている。教科用図書は、教科書及び指導書からなり、また国定図書・検定図書・認定図書の三つに区分される。

4.5 国語基本法と語文規範

1988年、国が「ハングル正書法(文教部告示、第88-1号、1988.1.19制定)」と「標準語規定(文教部告示、第88-2号、1988.1.19制定)」を制定／告示し、1989年3月1日に教科書から適用することを発表して出版業界は非常事態に陥った。

小・中・高等の教科書はもちろん、語文規範が変われば、学習参考書や一般書籍(特に児童書)も新しく変わった規範に合わせて修正しなければならないため、追加費用が生じることになる。

現行「国語基本法」では、国語審議会の審議を経て制定されたハングル正書法、標準語規定、標準発音法、外来語表記法、国語のローマ字表記法など、国語使用に必要な5つの規範を「語文規範」と定義した(法第3条第3号)。

教育部長官は教科用図書を編纂したり検定や認定した場合は、語文規範を遵守しなければならない。このために必要とするときは、文化体育観光部長官と協議する旨が規定されている(法第18条)。

一方、文化体育観光部所属機関の国立国語院では、語文規範の補完及び整備をし、表記の基準になる標準国語大辞典を修正・補完して四半期ごとに修正内容を公開している(図7-4)。

基本法律	国語基本法				
基本語文規範	ハングル正書法	標準語規定	標準発音法	外来語表記法	国語のローマ字表記法
用例	標準国語大辞典(=準拠辞典) ◀			外来語表記用例集	ローマ字表記用例辞典

図7-4 語文制度の体系

4.6　青少年保護法と青少年有害媒体物の等級表示

「青少年保護法」では、青少年(満19歳未満の者を保護の対象にしている。ただし満19歳になる年の1月1日を迎えた者は除外)に有害な媒体物や薬物などの流通を規制する法律である。媒体物には刊行物、電子出版物及び外国刊行物が含まれる(**表7-6**)。

青少年保護委員会及び各審議機関が、青少年に有害と認めた媒体物を「青少年有害媒体物」と決定し、女性家族部長官が告示した(第7条)、青少年有害媒体物を提供する事業者は、青少年有害表示義務(第3条)、包装義務(第14条)を履行すべき旨の規定があり、相手の年齢と本人確認をした後でなければ、青少年には販売・貸与・配布してはならない。また青少年に流通が許された媒体物と区分・隔離して展示・陳列をしなければならない(第17条)とも規定されている。

青少年有害媒体物として審議・決定されなかった媒体物に対しては、その媒体物の特性、青少年有害の程度、利用時間や場所などを考慮して、利用対象の青少年の年齢によって「9歳以上可」、「12歳以上可」、「15歳以上可」というように、媒体物の等級を区分することになる(法第8条、施行令第8条)。

表7-6　青少年有害媒体物（刊行物、電子出版物）に対する義務事項

<table>
<tr><th>義務事項</th><th>義務者</th><th>表示文句</th><th>表示方法</th></tr>
<tr><td rowspan="2">青少年有害表示義務(第13条)</td><td>刊行物を制作・輸入・発行・提供する事業者</td><td>19歳未満購読不可</td><td>一辺が60㎜以上、他の一辺が15㎜以上の赤色の長方形の中に白色の文字で記載して該当媒体物の表表紙と裏表紙の右側上段に表示</td></tr>
<tr><td>電子刊行物及び電子出版物事業者</td><td>19歳未満利用不可</td><td>プログラムが始まる前に「このプログラムは19歳未満の青少年は利用できません」と字幕表示</td></tr>
<tr><td>包装義務(第14条)</td><td>発行・製作・輸入者(電子出版物は除く)</td><td colspan="2">・包装に利用された用紙などを切ったり壊したりしなければ内容物を閲覧できない方法で包装
・表紙が有害な刊行物は名称を除く表紙の内容が見えないように不透明の用紙を使って包装</td></tr>
<tr><td>販売禁止(第16条)</td><td>販売・貸与・配布事業者</td><td colspan="2">年齢及び本人確認をする。青少年には販売・貸与・配布は禁止</td></tr>
<tr><td rowspan="2">区分・隔離(第17条)</td><td>刊行物、電子出版物販売店</td><td>19歳未満購入不可</td><td rowspan="2">一辺が400㎜以上、他の一辺が100㎜以上の赤色の長方形の中に白色の文字で記載</td></tr>
<tr><td>刊行物、電子出版物貸与店</td><td>19歳未満貸与不可</td></tr>
</table>

出所：「青少年保護法」の中の関連内容を再構成

4.7 障害者差別禁止及び権利救済などに関する法律

出版物を長期的に発行する事業者は、「障害者差別禁止及び権利救済などに関する法律」第21条第5項に基づき、障害者が障害者ではない者と同等に接近・利用できるように出版物(電子出版物含む)を提供するよう努力しなければならない。

4.8 出版業界の慣例事項

法の条項にはないが、**表7-7**は、出版者が書籍に表示しなければならない事項をまとめたものである。

自社の刊行物を認知させて管理するために、刊行物の題目(タイトル)の表示は必須事項である。この他に、出版者申告確認証に記載された申告番号、所在地、申告年月日を表示することも慣行として定着している。

また、読者と刊行物の流通事業者の便宜のために、出版社の営業と広報の意味でも出版者の連絡先など(代表電話、FAX、e-mail、ホームページのアドレス；URLなど)を表示することも忘れてはならない。

表7-7 出版者が書籍に表示しなければならない事項

項目	根拠法令及び条項
1.著者	出版法第2条(定義)第3号
	著作権法第12条(氏名表示権)第2項
2.発行人	出版法第2条(定義)第3号
3.発行日	出版法第2条(定義)第3号
4.出版者名	出版法施行令第3条第1号
5.国際標準図書番号(ISBN)	出版法第7条第2項、同施行令第3条第2号、第5条
6.定価	出版法第22条第1項または第3項
7.出所	著作権法第37条(出所の明示)
8.特約がない限り①著作財産権者の氏名②最初の発行年③著作財産権者の検印(④複製権譲渡の趣旨)	著作権法第58条第3項、第63条の2、同施行令第38条 ※排他的発行権者(出版権者)が複製権(出版権)の譲渡を受ける場合にはその趣旨の表示
9.法定許諾の意と承認年月日(※法定許諾の場合)	著作権法第50条(著作財産権者不明の著作物の利用)第2項
10.KC認証マーク、注意／警告表示(※児童書)	児童製品安全特別法第25条第1、4、5項、同施行規則第42条
11.青少年有害表示(※青少年有害刊行物)／等級区分	青少年保護法第13条、同施行令第13条／青少年保護法第8条、同施行令第13条

第5節 出版の自由と出版物の内容を規制する法律と制度

言論・出版の自由に関して、韓国の現行憲法は、次のように規定している。

「全ての国民は言論・出版の自由を有する。言論・出版に対する許可や検閲は認めない。言論・出版は他人の名誉や権利または公衆道徳や社会倫理を侵害してはならない。言論・出版が他人の名誉または権利を侵害した場合、被害者はこれに対する被害の賠償を請求できる」（憲法第21条第１,２,４項）。

「国民の全ての自由と権利は国家安全保障・秩序維持または公共の福祉のため必要な場合に限って法律により制限することができるが、制限を行う場合も自由と権利の本質的な内容を侵害することはできない」（憲法第37条第２項）。

「戦時・事変またはこれに準ずる国家非常事態の場合で、非常戒厳令が宣布されたときは、法律の定めによって言論・出版の自由に関して、特別の措置を講じることができる」（憲法第77条）。

5.1 他人の名誉や権利侵害を防止するのための規制

刑法はある行為を犯罪として処罰し、その処分の程度・種類を規定した基本法規である。刑法のうち出版と関連する代表的な条項は、名誉に関する罪である。刑法では出版物による名誉毀損を、一般的な名誉毀損よりも重く処罰している（次ページ表7-8）。

「少年法」第68条によれば、反社会性のある少年（19歳未満の者）を調査・審理中の保護事件または刑事事件については、姓名・年齢・職業・容貌などで、その者が当該本人であることを推察できるような事実、または写真を出版物に掲載してはならない(第68条)と規定している。また、「家事訴訟法」第10条によれば、家庭裁判所で処理中または処理した事件については、本人が誰なのか推察できるような事実または写真を出版物に掲載してはならない。

「性暴力犯罪の処罰等に関する特例法」では、被害者の身元が漏洩することを禁止し(第24条)、「児童・青少年の性保護に関する法律」では、被害者の身元を漏洩することや申告者等の人的事項または写真等を出版物に掲載することを禁止している(第31条、第34条)。

この他に「家庭暴力犯罪の処罰等に関する特例法」第18条、「児童虐待犯罪の処罰等に関する特例法」第35条第2項、「特定強力犯罪の処罰に関する特例法」第8条などでも、行為者、被害者、告訴人、告発人または申告人の人的事

表 7-8　刑法のうち名誉に関する罪

法律	条項	対象	罰則	備考
刑法	第307条(名誉毀損)	①公然と事実を適示し、人の名誉を毀損した者	2年以下の懲役もしくは禁錮または500万ウォン以下の罰金	違法性阻却 反意思不罰罪
		②公然と虚偽の事実を適示し、人の名誉を毀損した者	5年以下の懲役、10年以下の資格停止または1千万ウォン以下の罰金	反意思不罰罪
	第308条(死者の名誉毀損)	公然と虚偽の事実を適示し、死者の名誉を毀損した者	2年以下の懲役もしくは禁錮または500万ウォン以下の罰金	親告罪
	第309条(出版物による名誉毀損)	①人を誹謗する目的で新聞、雑誌またはラジオその他の出版物により第307条第1項の罪を犯した者	3年以下の懲役もしくは禁錮または700万ウォン以下の罰金	反意思不罰罪
		②第1項の方法により、第307条第2項の罪を犯した者	7年以下の懲役、10年以下の資格停止または1,500万ウォン以下の罰金	反意思不罰罪
民法	第764条(名誉毀損の場合の特則)	他人の名誉を毀損した者に対しては、裁判所は被害者の請求により損害賠償に代えて、または損害賠償とともに名誉回復に適当な処分を命ずることができる		

出所:「刑法」と「民法」の関連内容を再構成

項または写真等を出版物に掲載することが禁止されている。

5.2　社会倫理のための規制

性風俗に関する罪は、刑法第243条、第244条に従って処罰される。猥褻（わいせつ）な物品(文書、図画、フィルムなど)を頒布・販売・展示した者や、猥褻な物品を製造・所持・輸入または輸出した者は、１年以下の懲役または500万ウォン以下の罰金に処される。

5.3　国家安保と秩序維持のための規制

反国家団体や、その構成員またはその指令を受けた者の活動を称賛・鼓舞・宣伝・同調する目的で文書・図画などの表現物を製作・輸入・複写・所持・運搬・頒布・販売または取得した者は、「国家保安法」第７条第５項によって７年以下の懲役に処せられる。

また、非常戒厳地域で戒厳司令官が軍事上必要なときに行う出版に対する特別の措置を従わなかったり、これに違反した者は、「戒厳法」第９条第１項、第14条第２項によって、３年以下の懲役に処される。

紙魚の目

特別法のない知的財産権と人権の保護

特別法のない知的財産や知的創造物は、さまざまな形で保護されている。また、プライバシーや肖像権・パブリシティ権など、憲法や民法などの派生的権利として保護されるケースがあり、人権の問題としても留意しておきたい。肖像権や氏名権は、個人がみだりに自分の写真を撮影されたり、名前を利用されたりしないための権利である。

なお、人格権としての肖像権だけでなく、タレントや有名人は、その写真を財産権として譲渡できるパブリシティ権がある。報道以外の商業利用には、十分な留意が必要とされる。

(出所:『新版 本づくりこれだけは』下村昭夫ほか、出版メディアパル)

第6節

公正で正当な取引と関連する法律と制度

6.1　本の買い占め行為の禁止

「出版文化産業振興法」第23条では、刊行物の流通秩序を確立するために、虚偽のベストセラー操作を目的とする本の買い占め行為を厳しく禁じている。「本の買い占め」とは、刊行物の著者、出版及び流通関係者が、刊行物の販売量を高める目的で、当該刊行物を不当に購入したり、刊行物の著者または出版社と関連した者に、その刊行物を不当に大量購入させる行為をいう。これに違反した場合には２年以下の懲役または２千万ウォン以下の罰金に処され、買い占め行為を申告・告発した者には一定の褒賞金が支給される。

6.2　独占規制及び公正取引に関する法律

「独占規制及び公正取引に関する法律」は、事業者の市場支配的地位の乱用や過度な経済力の集中を防止し、不当な共同行為及び不公正取引行為を規制している。公正で自由な競争を促進することで、創意的な企業活動を助長する消費者を保護するとともに、国民経済の均衡的な発展を企図したものである。

事業者は原則として契約・協定・決議など、方法のいかんを問わず、他の事業者と共同で不当に競争を制限する行為をすることを合意したり、他の事業者にとってこれを行うように勧めてはならない。不当な共同行為を約定する契約などは、事業者間においては無効となる（第19条不当な共同行為の禁止）。

また事業者は、公正な取引を阻害するおそれのある行為をしたり、系列会社または他の事業者にこれを行うように勧誘してはならない（第23条不公正取引行為の禁止)。

6.3 不正競争防止及び営業秘密保護に関する法律

「不正競争防止及び営業秘密保護に関する法律」は、韓国内で広く知られた他人の商標・商号などを不正に使用する不正競争行為や、他人の営業秘密を侵害する行為の防止により、健全な取引秩序の維持を目的としている。

不正競争行為で自身の営業上の利益が侵害されたり、侵害されるおそれがある場合は、その行為の禁止または予防を請求でき、不正競争行為を醸成した物の廃棄、不正行為に提供された設備の除去、違反する行為の対象にされたドメイン名の登録抹消などを請求することができる。さらに不正行為で他人に損害を負わせた者は、損害賠償責任を負う。

営業秘密の保有者は、営業秘密侵害行為をしたり、しようとする者に対し、その行為の禁止または差し止めが請求できる。侵害行為を醸成した物の廃棄、侵害行為に提供された設備の除去なども請求することができ、営業秘密侵害行為で営業秘密保有者の営業上利益を侵害して損害を負わせた者は、その損害を賠償する責任を負う。侵害行為が開始された日から10年、営業侵害事実を知った日から3年間権利行使しなければ、営業秘密侵害行為に対する禁止請求権などは消滅する。

6.4 大規模流通業での取引公正化に関する法律

この法律は、大規模流通業における公正な取引秩序を確立し、大規模流通業者と納品業者、または売場賃借人が対等な立場で、相互補完的に営業の発展ができるように制定された法律で、2012年1月から施行された。

「大規模流通業者」とは、消費者が使用する商品を多数の事業者に納品させて販売する者で、①直前の事業年度の小売業種売上額が1千億ウォン以上の者、または②売場面積の合計が3千平方メートル以上の店舗を小売業に使用する者が該当する。

主に百貨店、テレビショッピング、大型スーパーマーケットなどの大規模流通業者が該当するが、出版産業関係の事業所としては、教保文庫とYP books

が該当する。

大規模流通業者は、書面の交付及び書類の５年間保存義務、商品販売代金の支払義務(販売日後40日以内)、売場設備費用の補償義務など三つの義務事項を遵守しなければならない。

また商品代金減額、商品受領拒否遅滞、商品返品、販売促進費用の負担転嫁、納品業者の従業員の使用、排他的取引の強要、経営情報及び経済的利益の提供要求、不当な営業時間の拘束、商品の券購入を強いるなど不利益な行為や報復行為などの禁止事項を守らねばならない。

公正取引委員会は、この法律に違反した大規模流通業者に、是正勧告・是正命令・課徴金賦課などを発することができる。さらに最大納品業者の納品代金全額、または売場賃貸人の年間賃貸料全額を課徴金として賦課することができる。加えて公正取引委員会が告発して訴訟を提起した場合には、２年以下の懲役または１億５千万ウォン以下の罰金に処すとされている。

第７節 中小企業と地域書店及び地域出版の保護・育成関連制度

7.1 中小企業基本法における中小企業者

国は「中小企業基本法」に基づき、中小企業を育成するために第５条(創業促進と起業家精神の拡散)、第６条(経営の合理化と技術向上)、第７条(販路の確保)、第10条(公正競争及び同伴成長の促進)、第11条(事業領域の保護)、第12条(共済制度の確立)、第14条(国際化の促進)、第15条(人材確保の支援)、第16条(小企業対策)、第17条(地方所在中小企業などの育成)、第18条(法制及び財政措置)、第19条(金融及び税制措置)などを遂行する。また中小企業に属するか否かによって、租税関係の法令での減免措置が別途適用される。

中小企業を育成するための施策の対象になる中小企業者は、①業種別に売上高及び資産総額などが大統領令で定めた基準に適合し、②持分所有や出資関係など、所有と経営の実質的な独立性が大統領令で定められた基準内にあり、③営利を目的とした事業を営む者である(中小企業基本法第２条第１項)。

また中小企業は、大統領令で定められた区分基準によって、さらに小企業と中企業に区分される(中小企業基本法第２条第２項)。中小企業の範囲は、該当企業の業種によって売上高適用基準が異なっている(中小企業基本法第3条)。

情報通信業に該当する書籍出版業の中小企業適用規模の基準は、「売上高800億ウォン以下」であり、小企業適用規模基準は、「売上高50億ウォン以下」である。さらに、書店業(書籍、新聞及び雑誌類の小売業)の場合は、「売上高１千億ウォン以下」とされ、小企業の規模基準は「売上高50億ウォン以下」となっている。

7.2　中小企業適合業種の勧告制度

「大・中小企業相生協力促進に関する法律」第20条の４（適合業種の合意申請など）によって、同伴成長委員会議は特定業種に対する大企業の進出を禁止・制限について勧告ができる。これは大企業の一方的な分野進出によって中小企業の経営が悪化するのを防ぐために、社会的な合意を通じて中小企業に競争力を維持させようとする措置である。

同伴成長委員会は2013年、書店業（書籍及び雑誌類の小売業）を中小企業適合業種として初めて指定し、2016年に再指定して３年延長となった。この期間に中小企業以外の企業は書店業への新規参入の抑制措置があり、中小企業以外の既存書店が、新規に店舗を設ける場合には、小・中・高校の学習参考書を１年６か月間は販売できなかった。

書店業の「中小企業適合業種指定」は、2019年２月に期間が終了となり、その後は、さらに強力な「生計型適合業種」として再指定されている。

7.3　小規模商工業の生計型適合業種指定制度

生計型適合業種指定制度は、「小商工人生計型適合業種指定に関する特別法」（2018.6.12制定、2018.12.13施行）第７条によって小規模商工業者の生存権を保障するために、政府が生計型適合業種を直接指定し、大企業の営業を制限する制度である。この業種に指定されると、指定日から５年間は、大企業は該当事業について引受・開始・拡張することが不可能となり、これに違反すると是正命令を受けることになる。是正命令に従わない場合は、違反行為関連の売上額の５％以内の履行強制金が賦課される。また２年以下の懲役または１億５千万ウォン以内の罰金に処されることもある。

韓国書店組合連合会では、「書籍、新聞及び雑誌類の小売業」（書店業）を小規模商工業の生計型適合業種に指定推薦するように同伴成長委員会に要請し、同委員会の推薦を経て、中小ベンチャー企業部では書店業を生計型適合業種の第1号に指定告示（第2019-51号、2019.10.14）した。

書店業に対する指定期間は５年間（2019.10.18～24.10.17）で、大企業などはこの期間内は書店の事業を引受・開始または拡張することはできない。ただし、大企業は生計型適合業種指定日を基準に、事業所の新規出店を1年に１店ずつすることが認められているが、該当事業所は、その出店日から36か月以内は、小・中・高校の学習参考書を販売してはならない。

専門中堅企業は、事業所の新規出店日から36か月間、小・中・高校の学習参考書を販売しない場合、事業所数の制限なしに新規出店ができる。また、指定日以前に同伴成長委員会の適合業種合意（関連相生協約含む）によって、小・中・高校の学習参考書の販売禁止勧告を履行している場合、その履行された期間を含む18か月間、小・中・高校の学習参考書の販売禁止を勧告する。

書籍などの販売を主目的とせずに、他業種・他品目と融・複合して書籍などを販売する事業所の場合は、該当事業者の６か月平均の売上のうち、書籍などの売上割合が50％未満で、その売場面積が1,000㎡未満の場合には業種の範囲から除外される。しかし小・中・高校の学習参考書を取扱販売する場合は、業種の範囲に含むものとされている。

7.4　地域書店の振興条例

以前は地域書店の活性化のための、地域書店振興条例の制定を直接規定した法令は存在しなかったが、2021年８月10日に改定された「出版文化産業振興法」第７条の２第４項（地方自治体は地域書店の活性化に必要な事項を条例で定めることができる）において、条例を制定できる旨の法的根拠が設けられた。

2016年７月14日、ソウル市が初めて地域書店振興条例を制定すると、2021年９月に世宗特別自治市が続き、さらに全国広域自治体17の市・道が独自の地域書店活性化条例（単行条例）を制定、施行している。

各自治体の地域書店条例では共通して地域書店の定義を「該当地域に“住所”と“販売店舗”があって営業している書店」と限定している。このためオンライン書店は、該当地域に住所があっても販売店舗がないので地域書店には該当しない。また、経営者や企業の規模を限定する条項を設けて、地域書店の範囲を狭く設定するケースも見られるが、これは地域書店の規模範囲が統一されていないためで、最も混乱しがちな部分になっている。

書店業（書籍、新聞及び雑誌類の小売業）の場合、年間売上高が１千億ウォン以下の企業が中小企業とされ、中小企業のうち年間売上高が50億ウォン以下の企業が小企業、小企業のうち常時従業員数が5人未満の企業が小商工人(小規模商工業者)とされている。売上高1千億ウォン以上の企業は大企業に分類される。小商工人と小企業間には大きな差は無いと見られるが、小企業、中小企業、大企業は規模の差がかなり大きく、地域書店の規模基準を合理的な水準に再定立して統一する必要がある(**表7-9**)。

一方、改定された「出版文化産業振興法」第7条の2第1項では、基本的に3つの要件(①管轄地域に住所と売場があり、不特定多数が利用できること。②「付加価値税法」第8条により、書籍小売業として事業者登録していること。③「中小企業基本法」第2条による、中小企業者が経営すること)に当てはまる書店を「地域書店」と規定しているが、「地方自治体は地域の実情によって地域書店の要件を条例で別に定めることができる」と規定し、地方自治体に自主的に判断する権限を与えている。

7.5 地域出版振興の条例

地域出版の活性化を目指して、地域出版振興条例の制定ブームが起きている。2013年10月には釜山広域市が、「釜山広域市図書館及び読書文化振興条例」を改訂し、第22条(地域出版支援活性化)を新設した。

単行条例では2018年に済州島が全国自治体のうち、初めて「済州特別自治道地域出版振興条例」(2018.2.28)を制定・施行した。

2019年以降には釜山広域市(2019.5.29)、大邱広域市(2019.7.10)、慶尚北道

表7-9 書店業の範囲基準

主な業種	韓国標準産業分類(KSC-10)細分類	中小企業規模基準(平均売上高/年間売上高)			小商工人の範囲基準
		中小企業	中企業	小企業	
24. 取次及び小売業	47611. 書籍、新聞及び雑誌類小売業	1千億ウォン以下	50億ウォン超~1千億ウォン以下	50億ウォン以下	売上高50億ウォン以下&常時従業員数5人未満

出所:「中小企業基本法施行令」第3条第1項関連別表1及び第8条第1項関連別表3。「小商工人保護及び支援に関する法律施行令」第2条第1項、韓国標準産業分類(KSC第10次改訂、統計庁告示 第2017-13号、2017.1.13告示、2017.7.1施行)を総合して再構成

(2019.9.19)、ソウル特別市(2019.9.26)、光州広域市(2021.9.29)など、2021年11月現在、６つの市及び道で地域出版振興条例の制定・施行している。

一方、大邱広域市は衰退していく地域出版産業の発展のために、出版政策と地域書店育成政策を同時に遂行しなければならないとの認識から、地域出版振興条例に地域書店活性化に関する条例の主要部分を付加挿入させることで、二つの条例を統合して地域書店振興条例については、これを廃止した(2019.12.24大邱広域市地域出版振興条例改訂)。

紙魚の目

韓国の出版関連主要機関・団体名簿

◉ [出版]「社団法人」大韓出版文化協会、韓国科学技術出版協会、韓国大学出版協会、韓国電子出版協会、韓国出版人会議、仏教出版協議会、出版都市入住企業協議会、出版流通振興院、学習資料協会、韓国キリスト教出版協会、韓国児童出版協会、韓国中小出版協会、韓国学術出版協会、韓国検認定教科書協会、「財団法人」韓国出版文化振興財団、出版都市文化財団、韓国国際交流財団、「任意団体」韓国出版営業人会議、韓国出版協同組合、「政府機関(傘下)」韓国出版文化産業振興院、韓国文学翻訳院、大韓民国学術院

◉ [雑誌]「社団法人」韓国雑誌協会、韓国専門新聞協会

◉ [制作]「社団法人」大韓印刷文化協会、韓国製紙連合会、「財団法人」大韓印刷研究所

◉ [著作権]「社団法人」韓国文芸学術著作権協会、韓国翻訳家協会、韓国複製伝送著作権協会、「政府機関(傘下)」韓国著作権委員会

◉ [学術]「社団法人」韓国出版学会、出版文化学会、韓国電子出版学会、「財団法人」韓国出版研究所

◉ [読書]「財団法人」本を読む社会文化財団、韓国作家協会、「政府機関(傘下)」韓国文化芸術委員会

◉ [図書館]「社団法人」韓国図書館協会、「政府機関(傘下)」国立中央図書館

◉ [書店]「社団法人」韓国書店組合連合会、「任意団体」全国街の本屋ネットワーク、韓国書店経営者協会

出所:『韓国出版年鑑』(大韓出版文化協会、2019)

第8節 出版関連税制と租税減免措置

8.1 出版関連の税金

出版社が申告・納付しなければならない租税の種類と内容は、表7-10のとおりである。

出版業を開始するときは、管轄の市・郡・区に出版社登録申告の手続きをし、地方税法による登録免許税を納付して、出版社申告確認証を受領する。そして管轄の税務署に事業者登録をして事業者登録証が交付され、税務的に事業者となる。出版社を法人として設立し、著作権・排他的発行権・出版権を登録する際も登録免許税を納付する。出版社申告時と毎年1月末日まで納付する免許に対する登録税は、出版社規模を考慮した免許の種別と出版者所在地によって次のように段階的に適用されている(表7-11)。

出版社は、どの産業よりも多様な人的役務を利用する業種である。印税を始め、翻訳・執筆・校正・校閲・絵画・写真・デザイン・装幀などの専門家(個人)が提供する様々な形態の役務に対する対価を支払う際には、役務の性質に応じて次のように区分して源泉徴収をしなければならない。

第1は、雇用関係にある者に対価を支給する場合で、受領者は、「勤労所得」となる。

第2は、雇用関係なしに事業的に人的役務への対価を支払う場合で、受領者は、「事業所得」となる。

第3は、雇用関係なしに一時的に人的役務に対する報酬を支払う際で、受領者は、「雑所得」となる。

表 7-10　出版社が申告・納付する税金

税金の種類	根拠法律	納税・徴収義務者	税率・税額	申告・納付期限など
所得税（源泉徴収）	所得税法	全ての出版社	項目、所得金額によって異なる	毎月所得税（勤労所得、事業所得、雑所得など）を源泉徴収し、翌月10日までに申告・納付
地方所得税（源泉徴収）	地方所得税法	全ての出版社	源泉徴収した所得税・法人税の10％	毎月地方所得税を源泉徴収し、翌月10日までに申告・徴収
総合所得税	所得税法	個人出版社外	6～42％	毎年5月1～31日
法人税	法人税法	法人出版社	10～25％	12月決算法人は3月31日
登録免許税（出版社免許）	地方税法	全ての出版社	9,000～67,500ウォン	出版社の従業員数と所在地によって等差適用 毎年1月16～31日
登録免許税（登録）	地方税法	該当出版社	①相続：1件当たり6千ウォン ②その他：1件当たり2万ウォン	著作権、排他的発行権、出版権などの権利登録申請書受付前
付加価値税	付加価値税法	付加税免除個人事業者	－	毎年1月1日～2月10日に事業所現況申告
		個人一般事業者	－	年2回（7月1～25日、翌年1月1～25日）
		法人事業者	－	年4回（4月1から25日、7月1～25日、10月1～31、翌年1月1～25日）
印紙税	印紙税法	該当出版社	著作権・出版権譲渡契約書：2～35万ウォン	①契約書作成時、収入印紙添付後消印 ②電子収入印紙を添付して消印

出所：関連法令の内容から抜粋して構成。

表 7-11　出版社が納付する免許税の種別・地域別金額

種別	出版社従業員規模	免許税		
		人口50万人以上の市	その他の市	郡
第1種	100人以上	67,500ウォン	45,000ウォン	27,000ウォン
第2種	50人以上100人未満	54,000ウォン	34,000ウォン	18,000ウォン
第3種	30人以上50人未満	40,500ウォン	22,500ウォン	12,000ウォン
第4種	第1種～第3種以外の出版社	27,000ウォン	15,000ウォン	9,000ウォン

出所：「地方税法」第34条第1項と「地方税法施行令」第39条関連別表1を合わせて構成。

8.2 書籍（電子書籍を含む）に対する付加価値税の免除制度

付加価値税（VAT,Value Added Tax）とは、取引段階毎に財貨や役務に生成される付加価値（マージン）に課される税で、間接税の一種である。

韓国は、現在、「付加価値税法」によって、財貨及び役務の最終価格に10%の付加価値税が賦課される（注：日本の「消費税法」に当たる）。

付加価値税は原則としてすべての財貨（商品）や役務（サービス）の供給に対して課税されるが、例外として一部の財貨と役務の供給に対しては「付加価値税法」と同法の施行令によって免除されている。

現在、「付加価値税法」第26条第１項第８号、第27条第２号などによって、書籍に関する財貨と役務を供給や輸入する場合には、付加価値税を免除している。「付加価値税法」制定（1977.7.1施行）当時から、書籍（書籍に付随してその書籍の内容を録音したレコードまたはテープを付録して、通常ひとつの供給単位とするものを含む）の供給と輸入に対する付加税を免除し、1997年１月1日からは電子出版物（細部基準は文化体育観光部告示に定める）についても付加税は免除されている。

2000年１月１日からは、書籍に付随してその書籍の内容を収めたビデオテープを付録として、通常ひとつの供給単位とするものにも付加税を免除し、2007年１月１日からは、書籍レンタルサービスに対しても付加価値税は免除されている。書籍に対する付加価値税の免除は、消費者の書籍価格負担を軽減し、出版社と書店の書籍販売の増大に寄与することと評価されている。

8.3 文化費支出額の所得控除制度

「租税特例制限法」第126条の２第３号によって、年間７千万ウォン以下の給与所得者がクレジットカードなどで文化費（書籍購入及び公演観覧、新聞購読料、博物館及び美術館入場料）に支出した金額が総給与額の25%を超える場合、クレジットカードなど所得控除金額を該当課税年度の勤労所得額から追加で控除（追加控除限度100万ウォンまで認定）している。

①書籍購入費と公演料は2018年７月１日から、②博物館、美術館入場料は2019年７月１日から施行され、③新聞購読料は2021年１月１日から施行され

た。当初は2018年下半期の使用分だけ一時的に適用される予定だったが、2019年までに１年延長され、さらに2022年まで３年間再延長された。

8.4 文化接待費の損金算入

「租税特例制限法」第136条(接待費の損金不算入特例)第３項、「租税特例制限法施行令」第130条(接待費の損金不算入特例)第５項によって、文化振興及び企業の健全な消費文化政策のために、一般の接待費のほかに図書購入費など文化接待費を追加で損金として認めている。

2007年９月１日施行当時には、接待費限度額の10％まで追加で損金と認めていたが、2016年からは20％に増額された。

8.5 出版業の中小企業特別税額減免

出版業の場合、小企業と首都圏以外の地域で活動する中企業は、法人税または所得税減免の恩恵を受ける。2014年２月21日に「租税特例制限法施行令」が改定されると、首都圏で活動する中企業規模の出版社も2014年から「知識基盤産業」と見なされ、「租税特例制限法」第７条による中小企業特別税額減免制度の恩恵を受けることになった(表7-12)。

表 7-12　出版業の規模及び所在地による特別税額減免

地域	売上規模	適用	法人税／所得税減免率
首都圏(ソウル、仁川、京畿道)	800億ウォン超	首都圏大企業	0
	50億ウォン超～800億ウォン	首都圏知識基盤産業	10
	50億ウォン以下	首都圏小企業	20
首都圏外の地域	800億ウォン超	非首都圏大企業	0
	50億ウォン超～800億ウォン	非首都圏中企業	15
	50億ウォン以下	非首都圏小企業	30

出所：「租税特例制限法」第７条、「租税特例制限法施行令」第６条第６項、「中小企業基本法施行令」第３条第１項関連別表１と第８条第１項関連別表３を総合。

第９節 その他出版関連の主要法律

9.1　民　法

民法は私人と私法人など、私的法律主体の法律関係において生じる権利・義務の発生・消滅と、その内容ほか法律関係の判断基準を定めた法律である。

出版業務でよく発生する契約の締結と解約及び解除、請負(当事者の一方がある仕事をやり遂げることと、相手側がその仕事の結果に対して報酬を支給することを約束すること)、不法行為と損害賠償などに対する細かな内容も規定されている。

9.2　個人情報保護法

「個人情報保護法」は、個人情報の処理及び保護に関する事項を定めている。個人情報とは生きている個人に関する情報として氏名、住民登録番号及び映像などを通して個人を特定できる情報(該当の情報だけでは個人を特定できなくても、他の情報と簡単に結びつけて特定できるものも含む)をいう。

この法は当事者の同意なく個人情報を第三者に提供することが禁止されているため、刊行物に個人情報を表すものを掲載することは原則として禁止され、出版営業のために個人情報を収集、活用するにも相当な制約が伴なっている。

特に2014年８月７日からは「住民登録番号収集法定主義」(第24条の２)が本格的に施行となり、法令に根拠なく住民登録を収集・利用したり提供する場合には、３千万ウォン以下の過料賦課対象となった。

9.3 文化及び文化産業に関する法律

出版産業は文化産業に属し、文化及び文化産業に関するいくつかの法律の適用対象になる。

出版産業と関連した主要文化関連の法律は、**表7-13**のとおりである。

表7-13 出版産業と関連した主要文化関連の法律

法律	主要関連内容
国際文化交流振興法	国際文化交流振興のための財源調達及び運用、基盤の造成、民間の国際文化交流振興、専門人材養成など
読書文化振興法	読書文化振興基本計画、年度別施行計画、読書教育の機会提供、地域・学校・職場の読書振興、読書の月行事など
漫画振興に関する法律	基本計画の樹立、漫画創作及び漫画産業関連標準契約書(第9条)など
文化基本法	文化の概念、国民の文化圏など
文化産業振興基本法	・文化産業に出版と関連する産業を含む ・創業の支援、製作者の支援、流通活性化のための国際標準バーコード、流通専門会社の設立支援、企業付設創作研究所または企業創作専担部署の認定など
文化芸術振興法	・文化芸術の範囲に出版及び漫画を含む ・図書・文化専用商品券認証制度(第15条)、文化芸術振興基金(第16条～第18条)など
文化芸術後援活性化に関する法律	文化芸術後援者及び文化芸術後援媒介団体に対する国税及び地方税の減免など
人文学及び人文精神文化の振興に関する法律	研究活動支援(第12条)、人文教育の実施(第13条)、人文学及び人文精神文化の拡散(第16条)など
印刷文化産業振興法	印刷文化産業振興計画の樹立・施行、創業及び施設・流通の現代化、専門人材養成、国際交流、印刷物品質向上に関する事業、印刷文化産業団地の造成、印刷社の申告など
雑誌など定期刊行物の振興に関する法律	定期刊行物の責任、読者の権益保護、広告、優秀定期刊行物支援、定期刊行物登録・申告など
地域文化振興法	地域の生活文化振興、地域の文化振興基盤構築、文化都市・文化地区指定及び支援
コンテンツ産業振興法	・コンテンツ産業の振興に関する中・長期基本計画樹立、コンテンツ制作の活性化、コンテンツ産業の基盤造成、コンテンツ共済組合、コンテンツ流通合理化、コンテンツ識別体系、標準契約書など ・コンテンツを最初に制作した日から5年間営業保護

出典：関連法令内容を抜粋して構成した。

紙魚の目

日本における“本の原価と定価の考え方”

(1) 本の原価構成の要素

本のコストを分析すると、直接費と間接費に分けられる。直接費には、固定費（部数に関係なく要する費用）として、組版代、製版代、図版代、装幀代や編集・校正費などがあり、変動費（部数にほぼ比例して要する費用）として印刷費、製本費やその他の材料費、印税などがある。

その他にもさまざまな間接費が発生するが、通常、印税までの本の製作に掛る直接製造原価を基礎として定価は決められる。

直接費	固定費：組版費、製版費、図版費、装幀費、編集経費など。 （部数に関係なく掛かる費用） 変動費：印刷費、製本費、材料費など。 （部数にほぼ比例して増減する費用） 印　税　（原稿料）
間接費	販売費、宣伝費、倉庫料、運送料など。 間接経費：人件費、福利厚生費、事務用品費、交通旅費、 通信費、減価償却費、損害保険料、家賃、地代、金利など。

(2) 定価計算の手順

本の定価（本体価格）の決定要素にもさまざまな要素があるが、一般的には、発生費用を積算するコストプラス方式が主流で、直接製造原価の2.5～3倍程度を目安に決定されるケースが多い。いい換えれば、初版の原価率は45%程度、重版の原価率を35%程度とするケースである。

次に考慮されるのが、購買意欲や類書の市場価格から、逆算して定価を考えるプライスライン方式で、この二つの要素の兼ねあわせで、本の定価（本体価格）は決定される。

〈書協調査「書籍の出版企画・製作等に関する実態調査」2005年版より〉

(1) 本体価格を決定する際の考慮事項

「直接製作費（用紙、印刷、製本費）」「印税・原稿料等」「初版販売見込部数」「類書の本体価格」「編集費」「外注費」「読者層」「編集人件費」「宣伝・広告費」「内容の価値」「重版販売見込部数」「販売経費」「編集・製作に要する時間」の順

(2) 初版の本体価格は、平均して直接制作費のほぼ何倍になるか。

アンケート結果では、0.5倍から8～9倍まで分散しているが、「2.5倍（7.6%）」「3倍（26.7%）」「4倍（11%）」「5倍（22%）」にまで広がっている。

（出所：『新版 本づくりこれだけは』（下村昭夫ほか、出版メディアパル）

第8章

出版産業政策と出版の未来

本章の内容

韓国では、「出版文化産業振興法」に基づいて、政府（文化体育観光部）が５年ごとに出版振興基本計画をつくり、これを実施している。

この章では、2022年から施行されている第５次計画以前の４回に渡る基本計画の内容を紹介し、第４次基本計画（2017～21）において施行中の出版産業振興政策と事業内容について紹介する。

さらに、「読書文化振興法」による読書振興政策についても、その要点を紹介する。出版産業の未来と関連する知的財産権の強化と出版流通のメタデータ化というキーワードを通じて発展課題を要約してみた。

韓国出版産業では、改善が必要な多様な課題がある。特に個人が運営する小規模出版社と小規模書店が多く、出版市場では学習参考書など教育出版の比重が圧倒的に高い。韓国の出版産業構造は、大規模出版資本と流通資本により左右される海外出版市場とは大きく異なるので、未来ビジョンと発展戦略が必要である。

多くの産業主体の協業を通じた規模の経済の追求と合理的流通プラットフォームの構築、コンテンツ生産及び流通のデジタル化、グローバル化と海外市場への進出拡大、読者開発と社会的読書環境醸成による購入需要の創出・拡大などが今日の出版産業及び出版政策の課題となっている。

第1節 出版文化産業振興5か年計画と読書推進政策

1.1 出版文化産業振興5か年計画

出版産業が国際化し、海外の巨大IT企業がプラットフォームを構築するなど出版環境が急変している。

本格的なデジタル時代を迎え、こうしたパラダイムの変化は、コンテンツの3D化、スマート化、グローバル化、IT生態系の醸成など、コンテンツ産業全般に波及し、国境のない無限競争時代の到来を予告している。

政府はこれまでに「第1次出版・印刷文化産業振興発展計画(2003～07)」、知識強国への成長戦略と出版知識産業の育成を唱えた「第2次出版・印刷文化産業振興計画(2007～11)」、対象業種から印刷産業を除外し、出版文化産業を中心に振興発展を企図した「第3次出版文化産業振興計画(2012～16)」を策定し、2017年2月には「第4次出版文化産業振興計画(2017～21)」を発表した。

1. 第1次計画の概要

このうち第1次計画は、出版が知識文化産業の核心的コンテンツであるとの認識に立ち、書籍中心の知識文化社会の実現を政策課題とし、出版・印刷産業の中長期振興計画を樹立し、その推進を強調した。

言い換えれば、この計画は、韓国の出版産業の活性化に重点を置いたものだった。

2. 第２次計画の概要

第２次計画は、知識強国への成長戦略を図り、出版知識産業の育成を目標に掲げたが、第１次計画に及ばない不十分な政策だったため、「韓流」の維持・発展のための出版コンテンツ拡張に対するビジョンが不明確だった。出版知識のグローバル競争力強化を強調し、韓国出版情報の海外PRの強化、外国語翻訳出版の活性化、出版・印刷分野の国際交流・協力増進、出版物の海外進出を図るための国際出版振興センター(仮称)設立なども提唱された。しかし実際に取り組まれたものは少なかった。

3. 第３次計画の概要

第３次計画は、印刷産業を除く出版文化産業を中心とし、本格的な「出版コンテンツ韓流」の強化に力点を置いた。世界に「出版コンテンツ韓流」を広める施策として、海外市場情報の提供、著作権担当者の輸出実務能力の強化、中小出版社の輸出実務の支援、出版コンテンツ韓流の輸出成功ビジネスモデル及び事例開発の強化などを掲げた。

具体的には翻訳サポート方式の改善、支援規模の拡大、翻訳環境のレベルアップ、翻訳家の養成教育、専門性強化のためのシステム構築、ソウル国際図書展をアジア出版交流のハブとして育成し、海外図書展を通じる輸出ネットワークの強化、ビジネス中心のグローバル協力フォーラムの運営、韓国文学の世界文学の中心部との交流拡大、地域別特性を考慮した海外進出の強化などだった。特に、出版輸出支援センターの設立、著作権の輸出支援、翻訳サポート強化、海外交流活性化、海外広報及びマーケティングの強化に力点を置いた。

4. 第４次計画の概要

第４次計画においては、ITグローバル出版情報のサービス向上、ニーズに合わせた国際交流の推進、海外著作権の輸出支援、国内発行図書の海外普及拡大、国際図書展の開催及び参加の活性化を目標に掲げた。

これまでの第１～３次計画の政策課題に比べると、第４次計画は、さらに進んだ内容で構成されている。その核心は、グローバル出版文化強国への飛躍、出版文化の活性化による出版産業の競争力強化、先進産業環境の醸成に基づく新成長の原動力発掘、これらによる海外進出の活性化が挙げられている。

表 8-1 第4次出版文化産業振興計画 (2017～21)

大課題	中課題
出版産業研究開発(R＆D)管制塔の設立	・韓国出版研究開発(R＆D)センター(仮称)設置 出版統計情報システムの構築 ・出版産業関連研究発表会(コンファレンス、フォーラム、会合など)常設運営
出版専門人材の養成	・韓国出版総合学校(仮称)設立支援(民間運営) ・出版大学大学院設立支援、グローバル出版人材養成プログラムの運営 ・出版社青年インターンに対する持続的支援
出版文化産業の広域拠点醸成	・首都圏：ソウル(麻浦)出版デザイン地区と国家産業団地(坡州出版都市)を出版中心複合文化都市に育成 ・嶺南圏：大邱出版産業支援センターの活用 地域出版／印刷コンテンツ産業の育成 ・湖南圏：韓国出版文化産業振興院(全州)を活用
出版振興機構の機能強化	・出版産業インフラ構築のための組織的機能強化／出版政策年次評価 ・出版政策説明会の定例化、振興院機関誌を統合し発行 ・出版文化産業振興院の職員の「政策開発/研究調査」の持続的な力量の確保／持続推進
出版に優しい法律制度の改善	・出版文化産業振興法改正、読書文化振興法及び施行令の改正 ・著作権法改正、税法施行令の改正、放送法施行令の改正 ・公共機関の運営に関する法律、公企業準政府機関の経営及び革新に関する規則の改正 ・公共図書館での合理的な電子書籍資料サービス政策の策定 ・出版振興基金設置に関する討論の開始、文化コンテンツの多様性確保のための「出版ファンド」の助成支援
デジタル出版生態系の構築	・電子書籍の標準メタデータシステム構築、電子書籍の流通協業システムの構築 ・Webベースのスマート電子出版プラットフォーム(エディター)開発 ・電子書籍の統合検索システム開発
出版コンテンツ多重活用(OSMU)基盤醸成	・1次的OSMU事業化のための基盤醸成 ・2次的OSMU事業化のための基盤醸成 ・出版コンテンツのOSMU発展のための環境整備
出版基盤融複合ビジネス活性化	・知識情報産業(ネイバー、カカオなど)において出版コンテンツ生態系の造成を強化 ・出版コンテンツ活用ビジネスラボ運営
出版コンテンツ特化企業の育成	・出版コンテンツに特化した優秀企業(出版社/書店)選定・支援 ・出版コンテンツに特化した翻訳サポート ・出版コンテンツに特化したビジネスフォーラム運営
BOOK TECHビジネス支援体系の樹立	・BOOK TECH専門投資基金造成及び税制優遇 ・BOOK TECH関連企業支援体系構築 ・BOOK TECH関連技術開発支援

大課題	中課題
出版流通先進化	・出版流通情報化推進 ・健全な出版流通秩序確立と書籍販売活性化誘導 ・出版社と書店がともに成長できる取引関係(相生供給率)定立支援 ・地域書店の図書館への納品環境の醸成
書店の革新的育成	・韓国書店支援センター（仮称）の設立、書店開業のワンストップ支援体系の樹立 ・書店会館の建立支援、書店で出会う作家のプラットフォームの運営 ・書店の日（11月11日）プロモーションの推進
図書の普及と購買需要の促進	・図書館の図書購入費増額、世宗図書の選定拡大/普及事業の推進 ・優秀出版コンテンツ制作支援事業の持続的な推進 ・社内図書室(図書館)設置キャンペーンの推進 ・主要商業施設内の図書閲覧／貸出空間の設置と拡大 ・読書経営大賞（仮称）褒賞制度の創設、書店連携型非書店図書販売への支援
地域出版と書籍生態系の育成	・地域出版の活性化支援 ・全国14地域におけるブックビジネスセンターの設立・運営 ・地域内で書籍関連の事業者のネットワーク構築の推進 ・大学連携型地域出版のスタートアップ支援(非首都圏地域限定)
読書インフラ構築と読書文化拡大	・読書ポータルサイトの活性化 ・放送など大衆メディアにおける書籍情報番組の編成義務化の推進 ・Book Multi Channel Network事業を通じる読書人口の拡大 ・読書公益広告の放送制作／施行 ・ソーシャルメディアにおける読書キャンペーン公募展の開催 ・電子書籍を読む地下鉄（eReading Subway）サービス事業の推進
グローバル出版情報のサービス向上	・国内出版関係者のための「海外出版動向」サイト強化/セミナー開催 ・海外出版関係者のための「K-Book Live!」英文ポータルサイトの構築
ニーズに合わせた国際交流推進	・国際交流イベントの体系的な推進、出版韓流年次報告書の作成 ・細部領域別（圏域、出版分野、イシュー）現況と政策対応方案、主要国における著作権輸出入市場調査/研究
海外への著作権輸出支援	・韓国図書の広報／出版著作輸出支援事務所（K-BOOK Office）の設立運営 ・主要言語圏別・地域別出版著作権輸出ロードマップの作成 ・グローバルビジネスの協力推進 ・拠点地域の輸出専門家養成/ネットワークの構築
韓国内発行図書の海外普及の拡大	・ハングル図書の海外普及事業への持続的な推進 ・韓国語図書を取り扱う海外書店への支援 ・国内出版社／同胞が著述した韓国学の外国語図書に対する出版支援 ・外国人向け韓国関連図書刊行への支援
国際図書展開催・参加の活性化	・ソウル国際図書展常設組織委員会の構成 ・ソウル国際図書展内の出版産業コンベンションプログラムの活性化など ・海外国際図書展への参加範囲の拡大

出所：文化体育観光部(2017.2.)、「第４次出版文化産業振興基本計画(2017～2021)」

1.2 第3次読書文化振興基本計画の推進

現在は、2006年制定の「読書文化振興法」に基づき、「第3次読書文化振興基本計画(2019～23)」が、各年度の施行計画をベースに実施されている。

この基本計画は、ビジョンを「人と社会の変化を先導する読書」、目標を「読書率、読書サークル参加率増大」と定め、①社会的読書の活性化、②読書の価値の共有と拡散、③包容的な読書福祉の実現、④未来読書生態系醸成の推進戦略の確立等を志向している。

こうした読書政策の期待される効果としては、次の項目が挙げられる。

(1)読書運動を通じたコミュニケーションと知識の共有とその広がり

(2)多様な読書活動を通じる価値観の向上

(3)体系的な読書活動支援による読書生活化への誘導

(4)読書する社会の雰囲気の醸成/読書文化の広がりへの貢献

表 8-2　2019 年文化体育観光部施行読書振興事業

- 読書サークルの活動支援(全国の読書サークル400団体の支援、読書サークルのスペース分配など)
- 読書する社会の広がりプロジェクト(書籍文化センターの構築、“本の村”の造成、深夜書店の運営など)
- 「世界本の日」(4月23日)記念行事、書籍寄贈イベント(京義線ブックストリート)
- 大韓民国読書大展の開催(8月30日～9月1日、清州市)
- 読書文化キャンペーン(読書の月のポスター作成、読書情報サイト「読書人」の活性化など)
- 読書経営が優秀な職場の選定／授賞(公共部門／民間企業を対象)
- 優秀読書の選定/普及支援(学術・教養・文学分野の優秀図書選定、全国の図書館に配布)
- 図書館「道の上の人文学」の運営(人文学講演及び探訪)
- 人文読書アカデミー(全国公共図書館・文化院・書院など85か所において連携講演会を開催)
- 読書文化キャンプ(全国5大圏域別、青少年／青年参加)
- ブックスタート事業(全国単位でブックスタート教育プログラムの活動支援)
- 全国青少年読書討論大会
- 幼児・青少年読書振興事業(国公立図書館など)
- 兵営読書活動化への支援(300の部隊への読書コーチング、新兵3万人への読書支援プログラムなど)
- 障害者代替資料制作・利用拡大／公共図書館での障害者読書プログラム支援など
- 読み聞かせの文化ボランティア活動、矯正施設での読書活動の支援など

出所：文化体育観光部(2018)、「第3次読書文化振興基本計画」

第2節 出版産業の未来

2.1 知的財産権の強化

知的財産権は、産業財産権・新知的財産権・著作権からなる。

産業財産権は特許権・実用新案権・意匠権及び商標権に分かれ、新知的財産権は先端産業著作権と情報財産権に分類され、著作権は著作財産権及び著作隣接権からなる。

産業著作権の特許権は技術的創作の原点である核心技術を発明するもの、実用新案権はライフサイクルが短く実用的な改良技術を考案するものであり、意匠権は審美性を感じられる物体の形状をデザインするものであり、商標権は他の商品と識別するための記号・文字・図形などの商標を保護する。

新知的財産権のうち先端産業財産権は、半導体集積回路の配置設計、生命工学、植物の新品種を保護し、産業財産権はコンピュータプログラム、人工知能(AI)、データベースなどを保護し、情報財産権は営業秘密、マルチメディア、ニューメディアなどで生産される権利を保護するのが目的である。

著作権の協議の著作権は文学、芸術分野の創作物を保護し、著作隣接権は実演家・レコード製作者・放送事業者らの権利を保護する。

出版界は、いまだに過去の著作権概念に留まっている。周知のとおり世界はコンテンツプラットフォーム、メディアの多様化、物の私有から共有へと急速に変化を遂げ、私的複製補償権・公共貸出権・版面権・複写転送権などの権利と分配についても多様な意見が表明されるようになった。

2018年、複写権管理機構国際連合(IFRRO、International Federation of Reproduction Rights Organisation)は、著作権の先進化と立法、学術活動を目

的とする非営利団体として80か国101社が参加している。

この団体のキャロライン・モルガン(Caroline Morgan)CEOは、2018年6月にソウル国際図書展に参加し、「デジタル時代の著作権：著者と出版社の権利」をテーマとして講演を行った。

この席で彼は、「堅実な著作権システムは作家と出版社を支援し、国と地域社会の経済的・文化的成長に寄与できるようにする。また、作家と出版社のための革新と新たなデジタルビジネスモデルを支援して社会をより豊かにする。テキストとイメージは容易にコピーや伝達が可能なので、効果的で効率的な著作権の集中管理は、出版産業が有効に機能し貴重な改革を実施するためには欠かせない」と主張した。

作家の金英夏は、すでにマネジメント会社と契約を締結した。作家の金衍洙や片恵英も契約をしたという。また、アメリカ、ドイツ、日本などの出版先進国においても、有望な作家を発掘・交渉・管理・広報しながら、多様な付加価値を創出する「作家マネジメント」が、ビジネス領域に定着して久しくなり、その影響力も無視できないものになった。著作権管理部署の専門人材は、原稿の企画段階から参画し、海外販売・映画化・ドラマ化・キャラクター及びゲーム商品化にすでに参画する「ワンソース・マルチユース戦略」を樹立している。

2.2 出版流通のメタデータ化

図書メタデータは書籍の情報、つまり図書情報のことである。メタデータとは他の客体を記述するために使用するデータで、昔から出版界では主に「書誌情報」という用語を使用されてきた。

2000年代初頭に出版流通現代化事業が開始されてからは、それまでに比べて「メタデータ」という用語を頻繁に使うようになった。

出版界において図書メタデータを必要とする理由は、インターネット環境において、図書の識別と記述、所在確認に役立ち、そのほかにも図書とそれに関するデータを管理する業務を簡便にするように支援してくれるからである。

図書メタデータは、図書の検索、所在確認、マーケティングに役立つ出版社の主要な図書広報手段で、図書資源管理と著作権管理に有益な道具にもなる。

標準メタデータの必要性を要約すると次のとおりである。

第1は、豊富なメタデータは書籍の発見と販売強化に影響を与える重要なマーケティング要素だからである。各出版社が標準メタデータを作成し、韓国内外の出版市場に図書を広める戦略がより重要になった。これを必要に応じて解決していかなければ、出版産業全体が世界的水準に立ち遅れるのは必定だろう。

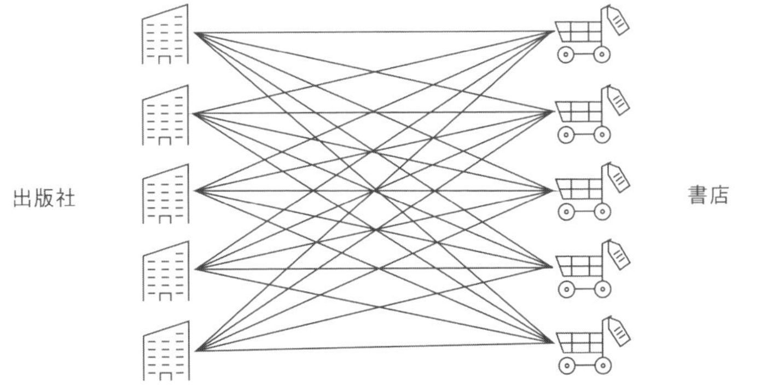

図8-1　韓国出版業界の図書メタデータの交換状況

出所：大韓出版文化協会(2018)、『出版流通統合システム構築のための研究調査』、韓国出版文化産業振興院

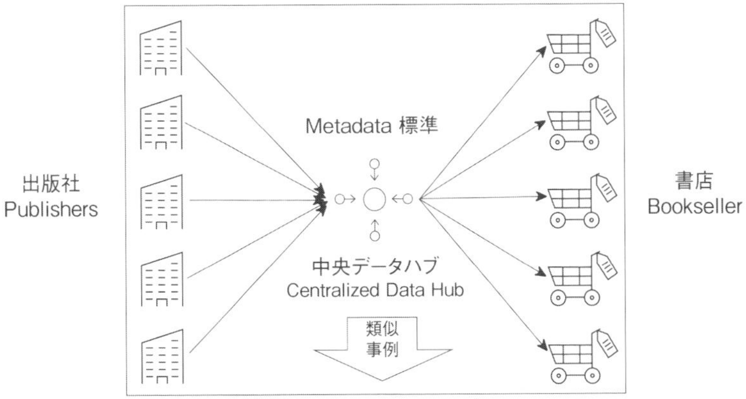

mvb BOOKNET CANADA JPO nielsen Bowker

図8-2　出版流通統合システムを活用した図書メタデータの交換状況

出所：大韓出版文化協会(2018)、『出版流通統合システム構築のための研究調査』、韓国出版文化産業振興院

第2は、標準メタデータを用いて出版産業界で多発している情報交換の非効率性と、インフラ不足による重複投資の問題を解決しなければならない（**図8-1**及び**図8-2**）。

今後、標準メタデータの不使用のために社会的コストが発生するとすれば、それは韓国出版界成長の足かせになってしまうだろう。

紙魚の目

日本における「知的財産権」の法体制とさまざまな権利

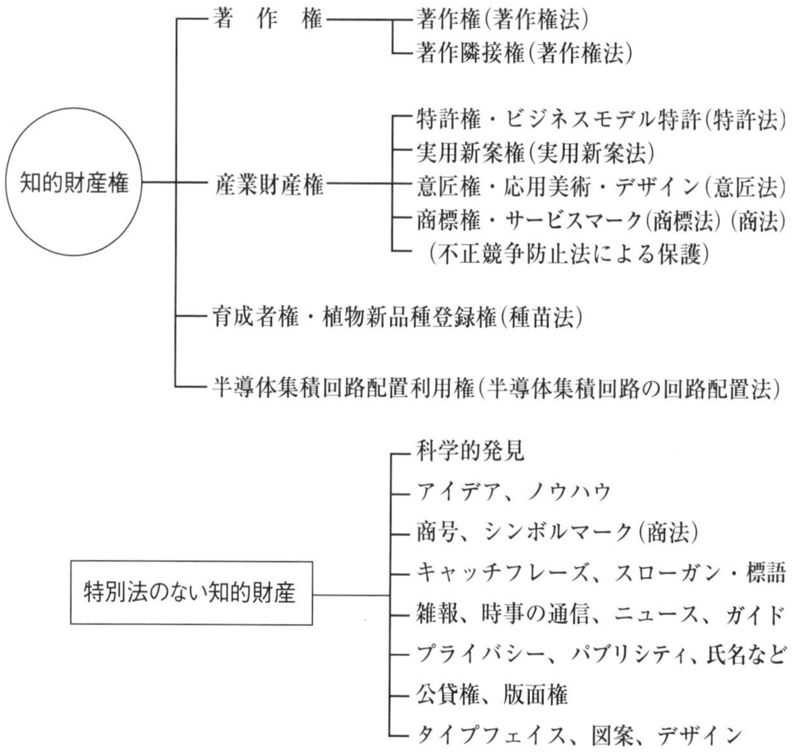

出所：『新版　本づくりこれだけは』下村昭夫ほか、出版メディアパル。

付 録

参考資料と寄稿

本章の内容

この章は、「参考資料」と「寄稿」の二つで構成されている。

韓国出版産業の現状について理解を深めるのが、本書の目的とすることであるが、第1章から第8章の解説では、詳しく説明出来なかったテーマのいくつかの関心事を補足するために「参考資料」を設けることにした。

初めに、出版支援政策を総合的に行う「韓国出版文化産業振興院」が、どのような機関であるのか、また、中央政府や自治体に登録されている出版団体や組織はどのようなものがあるのかをまとめてみた。

次に、世界中の出版関係者や建築業界からも注目されている「坡州（パジュ）出版都市」の概況を紹介した。

さらに、出版に関わるエキスパートを育成するための出版教育の現況、なかなか無くならない出版物の違法複製の問題点を考え、出版労働と労働組合についての概要説明を加えた。

後半の「寄稿欄」では、日本の読者のために、原書には収録されていない韓国出版の最近の動きをまとめた。

この寄稿集は、本書の執筆者でもある白源根氏が、日本の出版業界紙『文化通信』に「ソウル通信」と題して寄稿したレポートを再録したものである。

また、本書には、原書にはないコラムを『紙魚の目』の形で収録した。韓国と日本の出版事情の違いを学ぶ教材になれば幸いである。

資料 1

韓国出版文化産業振興院

(1)　設立の根拠及び沿革

「青少年保護法」に基づく従前の「韓国刊行物倫理委員会」は、2003年に「出版及び印刷振興法」を根拠に新たな組織への変身が決まった。

追って2008年１月には、「出版文化産業振興法」によって、出版物の検閲をしていた韓国刊行物倫理委員会は廃止となった。次いで出版振興を目的とする新組織に包括されることになり、韓国出版文化産業振興院（以下、「振興院」と略称）が設立され、再出発した。

振興院は2012年７月27日に公式スタート、2015年７月に全羅北道の全州・完州革新都市に執務庁舎を移転し、ソウル傍花洞時代に別れを告げた。

さらに2016年３月には大邱広域市が所管する大邱出版産業支援センターの委託指定及び運営機関に選定され、2017年１月には「人文学及び人文精神文化振興法」に依拠する人文精神文化振興を目的とする専門担当機関となった。

2020年現在、正規職の定員は61名、役職員総数（無期契約職28名を含む）は91名で、2018年の決算額は428億ウォン、2022年の予算額は約553億ウォンである。

(2)　設立目的と主要事業

振興院は、「出版文化産業振興法」が定める各種出版振興事業を実施する法定組織である。

ここを拠点に出版文化産業の振興・発展を支援・育成し、出版文化産業の総合的かつ体系的な振興を図り、国の知識競争力強化に寄与することが目的とされている。主要事業は次のとおり。

＊出版文化産業振興のための実態調査及び政策と制度の研究・調査・企画
＊出版文化産業関連の教育及び専門家の育成支援
＊出版文化産業発展のための制作活性化及び流通の先進化支援
＊良書の拡大及び読書振興など出版需要拡大のための事業
＊電子出版の育成と支援
＊出版文化産業活性化のための支援施設の設置など基盤づくり
＊出版文化産業の海外進出への支援
＊刊行物の有害性に関する審議（出版文化産業振興法　第16条の４）

(3)　組織構成

2021年現在、振興院は院長１名、理

事8名、監事1名、事務処長及び12のチーム(3つのセンターと刊行物倫理委員会事務局を含む)で構成されている(**図9-1**)。

組織の特徴は、出版振興に重点を置く産業支援本部、読書・人文・地域出版を支援する文化支援本部、さらに政策研究統計センター及び支援部署を設け、出版振興を主軸に読書振興業務などについても併せて担当している点である。

(4) 2020年の主要事業

振興院は、出版産業インフラの強化、市場の拡大、生活密着型の読書文化の拡大などの戦略目標を土台に各種事業を推進した。部署別予算額は、産業支援本部が約243億ウォン(コンテンツ支援110億ウォン、未来産業51億ウォン、輸出支援48億ウォン、出版流通の先進化33億ウォン)、政策研究統計センターが約8億ウォン、文化支援本部が約112億ウォン(読書支援64億ウォン、人文支援17億ウォン、地域出版支援16億ウォン、出版産業支援センター16億ウォン)である。

主要事業は出版産業実態調査、世宗図書の選定・購入支援(教養・学術部門、総950点、87億ウォン)、優秀出版コンテンツ制作支援、中小出版社の出版コンテンツ創作資金支援、優秀コンテンツ電子書籍の制作支援、オーディオブックの制作支援、国際図書展の開催・参加(モスクワ国際図書展への主賓国参加)、人文図書アカデミー、大韓民国読書まつり支援などである(事業関連の詳細については、振興院の「2020事業説明会資料」及びwebサイトを参照)

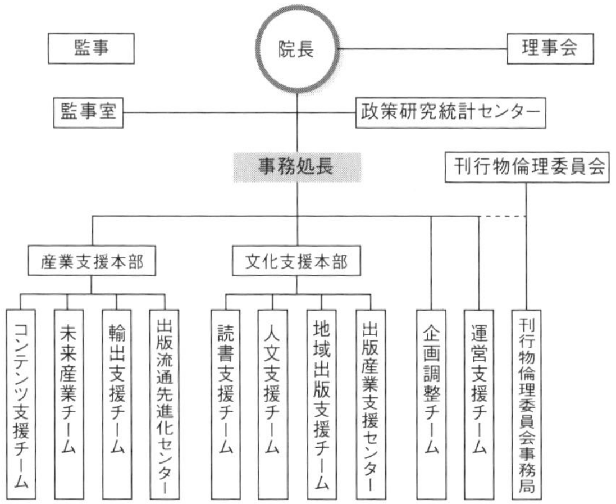

振興院の設立によって任期3年の初代院長には李載昊(2012.7~)、第2代院長には李起盛(2016.2~)、第3代院長には金秀映(2018.7~)の各氏が着任した。第2代院長は、朴槿恵政府によるブラックリスト作成事件(政府に批判的な出版社や著者などを政府の支援事業の対象から意図的に排除した事件)が発生したため任期途中に辞任している。

図 9-1 韓国出版文化産業振興院の組織図

出所:韓国出版文化産業振興院ホームページ(http://www.kpipa.or.kr)

資料 2

出版関連団体リスト

韓国内の主な出版関連団体の認可主体別リストは次のとおり。

表 9-1 (1) 文化体育観光部の認可法人

NO	団体名	法人認可日	所在地
1	(社)出版都市入居企業協議会	2019.7.29	京畿道坡州市
2	(財)韓国出版研究所	2019.6.13	ソウル市麻浦区
3	(財)出版都市文化財団	2019.5.9	京畿道坡州市
4	(社)大韓出版文化協会	1952.3.26	ソウル市鍾路区
5	(特法)韓国出版文化産業振興院	2012.7.27	全羅北道全州市
6	韓国出版協同組合	1962.5.29	ソウル市麻浦区
7	(公財)白鵬濟記念出版文化振興財団	2001.11.13	京畿道坡州市
8	(公財)出版都市文化財団	2003.12.16	京畿道坡州市
9	(公財)韓国出版文化振興財団	1985.12.14	ソウル市鍾路区
10	(公社)韓国出版学会	1991.5.13	ソウル市麻浦区
11	(社)韓国漫画出版協会	2002.7.24	ソウル市銅雀区
12	(社)韓国音楽出版社協会	2000.9.18	ソウル市江南区
13	(公社)韓国電子出版協会	1999.10.20	京畿道高陽市
14	(公社)韓国出版人会議	2000.7.21	ソウル市麻浦区
15	(公社)韓国マイクロブロギング出版協会	2002.3.7	ソウル市麻浦区
16	(公社)出版流通振興院	2003.6.3	ソウル市麻浦区
17	(公社)出版都市入居企業協議会	2007.2.28	京畿道坡州市
18	(公社)韓国大学出版協会	2013.5.1	ソウル市東大門区
19	(公社)韓国中小出版協会	2014.2.17	ソウル市麻浦区
20	(特法)韓国写真アルバム印刷協同組合連合会	1987.11.10	ソウル市永登浦区
21	(公社)大韓印刷文化協会	1973.9.12	ソウル市麻浦区
22	(社)韓国書店組合連合会	2019.1.16	ソウル市九老区
23	(社)韓国文芸学術著作権協会	1988.7.13	ソウル市江南区
24	(社)韓国複製伝送著作権協会	2000.7.10	ソウル市麻浦区
25	(社)韓国検認定教科書協会	2016.4.18	京畿道坡州市
26	(社)学習資料協会	1976.4.17	ソウル市麻浦区

(社):社団法人、(財):財団法人、(特法):特殊法人、(公財):公益財団法人、
(公社):公益社団法人

表9-1 (2) 地方自治体の認可法人

NO	団体名	法人認可日	所在地
1	(特法)金星文化財団	1993.12.20	ソウル
2	(財)ハンウリ読書文化運動本部	1990.12.11	ソウル
3	(財)本を読む教育社会実践会議	2002.5.24	ソウル
4	(社)国民読書文化振興会	1992.2.18	ソウル
5	(社)韓国学術出版協会	—	ソウル
6	(社)韓国読後能率協会	2005.11.28	ソウル
7	(社)こども図書研究会	1997.7.4	ソウル
8	(特法)韓国刊行物倫理委員会	1997.7.25	ソウル
9	韓国製本工業協同組合	1973.7.28	京畿道
10	(財)劉基天教授記念事業出版財団	2004.8.13	ソウル
11	(財)蓬莱出版文化財団	2002.11.11	ソウル
12	(財)大韓印刷研究所	1998.2.24	ソウル
13	(社)チェクッタセ	2007.11.23	ソウル
14	(社)幸せな朝の読書	2007.4.25	京畿道
15	(社)海外同胞送本運動協議会	2005.12.9	ソウル
16	(社)韓国キリスト教出版協会	2002.12.26	ソウル
17	(社)韓国出版経営者協会	2002.3.7	ソウル
18	(社)韓国教員大学校出版部	1999.10.13	忠清北道
19	(社)韓国放送通信大学校出版部	1992.3.30	ソウル
20	(社)忠南大学校出版部	1990.6.28	大田
21	(社)釜山大学校出版部	1991.1.1	釜山
22	(社)韓国外書協会	1987.11.4	ソウル
23	(社)全南大学校出版部	1965.6.5	光州
24	(社)ソウル大学校出版部	1961.10.11	ソウル
25	(財)汎友出版文化財団	2003.11.14	ソウル

(社):社団法人、(財):財団法人、(特法):特殊法人、(公財):公益財団法人、(公社):公益社団法人

表9-1 (3) その他の団体

NO	団体名	法人認可日	所在地
1	(社)韓国科学技術出版協会(科学技術処)	1988.1.28	ソウル市麻浦区

(社):社団法人

資料3

坡州出版都市

(1) 坡州出版都市建設の目的

坡州出版都市(Paju Book City)は、京畿道坡州市文発洞[*1]に所在する。正式名称は、「坡州出版文化情報国家産業団地」という。

21世紀の高度情報社会に備えて、出版や映像など知識・情報産業を中心に出版文化産業を集積し、国家戦略産業として成長させるために計画的に造成された国家産業都市である。

造成面積は、第1段階が87万4,089㎡、第2段階が68万6,666㎡で、現在第1段階は完成済みで、第2段階にまだ未完成部分が残されている。

団地には出版・印刷・デザイン・出版流通・放送・映画・展示などの業種の企業が入居しているが、企業・業種の特性は知識情報を集約したものであるため、通常の産業団地とは異なり、国の所管は産業通商資源部(省)ではなく、文化体育観光部である。また入居企業が組織する協同組合が団地の共同事業活動の中心であり、さらに出版都市入居企業協議会が、「人間性回復のための共同性の実現」を目指して空間づくりに励んでいる。

坡州出版都市は、産業団地としての役割に加え、通常の産業団地とは異なる多様な姿と機能を有している。団地完成に至るまでの過程を辿ってみよう。

1989年に発起人らによる準備委員会が構成され計画の推進が決まり、1993年には自由路周辺の敷地の選定、1994年には国から「文化産業に対する支援意思」があり、事業化にスピードが加わった。

1994年9月には事業計画が確定され、1997年3月に国家産業団地の指定/告示がなされた。

1998年1月になると実施計画の承認/告示に続き、8月にはモデル地区に対する用地分譲契約が締結された。

こうして完成した第1段階地区には、出版・印刷・出版流通など300社が入居済みで、年間売上高は1兆2000億ウォン、雇用者数は約8000名に達している。

毎年春になると「子どもの本まつ

＊1　「文発」という地名は「文化」または「文章」が広く伝えられる地点という意味であり、さらに出版都市は自然と共存しながら「新しい文化を創出する基地」として成長を志向する地区という含意がある。古来の地名と出版都市の目指す方向には密接な関係がある。

り」が、秋には「坡州ブックソリ」が開催されている。中核施設は、アジア出版文化産業情報センターで、終日「知恵の森」図書館や各種の付属施設が利用者に提供される。団地内の出版社の社屋では、直営の書店やブックカフェ、古本屋、ギャラリーなどが競い合い、活気があり、散策するには最適の場所となっている。

(2) 坡州出版都市の成果

出版都市はアラブ首長国連邦のシェイク・ザイード書籍賞、文化技術部門最高賞をはじめ、大韓民国「デザイン賞」など有名な賞を受けており、都市造成の成果は高く評価された。

韓国出版文化産業振興院など関連機関の研究からの**表9-2**ように、いくつもの成果が結実している。

まず「本の都市」として企画･生産･流通など、出版産業の諸要素を集中させ、境界的な面でのシナジー効果を発揮する実験場としての役割を果たした。

第1段階では出版社105社、印刷会社34社、出版流通会社が２社、製紙会社及び製本会社９社など、150もの企業が自社建物を建て入居完了、賃貸入居の123社を合わせると、合計273企業が入居済みである。

特に出版社の図書企画や編集、印刷会社の生産、流通会社の全国供給網などは、出版都市の造成以前に比べて、紙の書籍の効率的供給面において有効な生産/流通体系に集約整備された。入居企業の物流費用の負担は約30％ほど節減されているという。

第２に「建築都市」として都市造成を推進した1990年代前半から、建築家

表 9-2 出版都市造成の成果

	主要内容
産業都市として	・出版社、印刷会社、出版物流専門企業が集積化され全国の出版物の34％を生産 ・第2段階では出版、印刷業や映像、ソフトウェア、公演美術業の入居で国内文化産業の集積地としての役割が期待されている
文化都市として	・子どもの本まつり（年間約10万人）、坡州ブックソリ（年間約30万人）、国際出版交流行事、人文学堂、坡州体験学校、エディタースクールなどによる出版産業振興のための様々な文化事業の遂行 ・入居者独自の文化事業（ミョンフィルム、楽党利班など）で市民対象の様々な文化芸術交流の機会提供
建築都市として	・韓国内外有数の建築家70名余が、団地造成に参加して産業団地開発の新しいモデルを提示 ・民間自律協約で準備された建築指針を遵守した産業施設建築により秀麗な景観を醸成
教育都市として	・坡州タイポグラフィー学校（安尚秀校長、前弘益大学教授）、ミョンフィルム映画学校などが設立され人材を育成 ・今後、ライティング学校、印刷学校、建築学校などが運営される予定
国内外で受賞	・2006年第３回「大韓民国土木建築大賞」造景部門最優秀賞受賞 ・2012年第６回アラブ首長国連邦「シェイク・ザイード書籍賞」受賞

と協力して都市デザインに関するマスタープランを作成した。これを受け、韓国内で初めて指定建築家が制度を運営し独特な景観の建築造形に尽力した。

こうして建築家と協力した成果は、韓国の代表的な計画都市として認定された。2015年11月には、国立現代美術館は「アーキトピアの実験」という企画展示の一環として出版都市の事例を挙げ、アメリカの建築家協会など世界各国の建築家協会賞を受賞した。

第３は「生態環境都市」づくりである。出版都市周辺地域は漢江と臨津江、礼成江が交わり、黄海に流れ込む地域に付随する湿地で、渡り鳥の飛来地であり、葦の群落など川岸湿地独特の植生が見られる。特に地域の中心を横切る葦の生い茂った支流は、典型的な干潟蛇行地として国内の湿地専門家の研究対象にもなっている。

都市造成を推進する際には、建築上の遵守指針の履行を個別の建物設計での条件とし、自然環境と調和する都市の造成を心がけた。

第４に「文化都市」として、出版都市は市民の文化芸術共有権の強化を図り、様々な文化プログラムを企画開催している。

市民対象の「子どもの本まつり」、「坡州ブックソリ」の専門家を対象にする国際出版フォーラムなど、階層別の文化プログラムが運営されており、特に出版文化都市の核となる公共施設のアジア出版文化産業情報センターを中心に、各出版社ごとに文化空間となる展示場・ブックカフェ・ギャラリー・イベント広場・セミナー室などを常設し、随時、周辺住民の文化的要望に応じている。

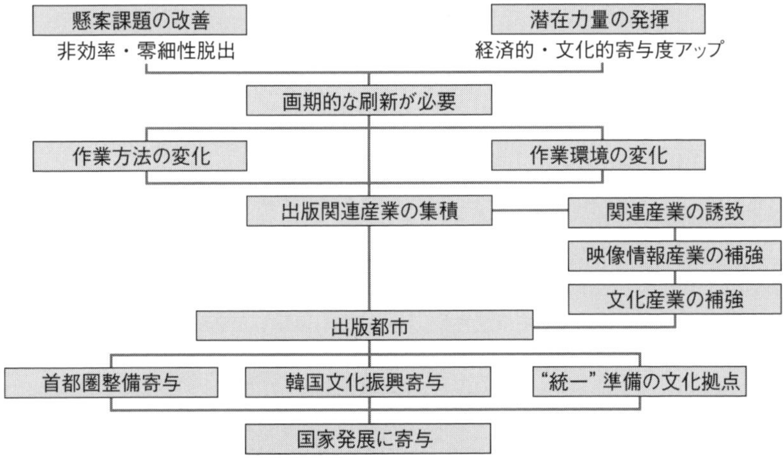

図 9-2　坡州出版都市造成とビジョン

資料４

出版教育の現況：学校、機関、団体

(1)出版教育の現況と未来ビジョン

現在、専攻分野を細分化し、総合的に出版専門家を育成する専門出版大学院や４年制大学の出版学科は皆無である。

世明大学の場合は、デジタルコンテンツ創作学科で、2014年から電子出版専攻を設置しており、グローバルサイバー大学の融合コンテンツ学科文化コンテンツ企画専攻では、出版PD実務課程を設けている。

出版関係の教育課程を終えて、輩出される人材の数はかなり制限的である。主にその講義は専門大学が受け持っているが、内容は知識コンテンツ産業の専門家養成ではなく、“紙の書籍”や電子書籍のための技術者養成に偏重しているのではないか、との批判も寄せられている。

出版は書籍を中心とした製造産業型から、知識を媒介にした文化コンテンツ産業へ重心を移しているため、出版人材育成も知識コンテンツ専門家、文化コンテンツ専門家、コミュニケーション専門家を育成に配慮すべきである。こうした欠陥を補うため、新丘大学メディアコンテンツ学科や瑞逸大学メディア出版学科では、専攻深化課程を開設・運営していて、この課程を終えると４年制学士号が与えられる。

表 9-3　出版関連大学の年間教育対象者数（2021 年基準）

大 学 名	学年	受講人員〔人〕
世明大学　デジタルコンテンツ創作学科	4	40
グローバルサイバー大学　融合コンテンツ学科	4	40
瑞逸大学　メディア出版学科/２年制+専攻深化２年	2＋2	45/15
新丘大学　メディアコンテンツ科/３年制+専攻深化１年	3＋1	70/15
韓国ポリテク大学　江西キャンパス　出版編集デザイン科	1	54
韓国ポリテク大学　南仁川キャンパス　印刷デザイン科	1	27
韓国ポリテク大学　南仁川キャンパス　コンテンツデザイン科	1	27
釜慶大学　印刷情報工学科	4	18
中部大学　電子出版印刷工学専攻	4	30

⑵第４次産業革命と出版の未来モデル

出版産業は伝統的な製造業路線から、知的サービスを提供する革新コンテンツに生まれ変わらねばならない。

４次産業革命の拡散で、出版産業は開かれたプラットフォームの上で、多くの人々の相互作用を通じて知識と情報を生産・共有し、流通をリードする構造に変化している。

ICT環境の伝統的な出版産業の構造から、統合型生態系構造へと変化すべきである。情報通信技術の発達によって、コンテンツ産業の本質は疎通と創造にあることが明らかになった。

コンテンツを加工して精製された結果を作り出すことが伝統的出版の構造だったとするなら、構造をスマートにして談論ができるようにするのが、未来の出版の役割なので、これに適合する人材の量産が必要になる。

４次産業革命で価値の派生から集中する方向に、コンテンツ産業が再編されており、出版コンテンツはオリジナルコンテンツとしての重要性が一層増している。このような変化に対応するために、出版産業においてもダヴィンチ型人材が求められる。特に電子書籍のようなデジタルニューメディアコンテンツ分野では、ダヴィンチ型人材、創意的なマインドを持つ融合人材が必要になっている。

◇出版業界における出版専門人材育成システムの現況と改善方向

(出版教育と出版人材育成の活性化方案研究、2015参照)

＊公教育活性化、出版と関連する様々な分野で理論と実務を兼ねた専門講師陣と教材の確保
＊専門機関で長期的かつ体系的な専門人材教育の長期計画を構成した後、育成機関を設立
＊新しい時代に適合した教育プログラムの開発
＊出版先進国(欧米、日本)の人材養成プログラムの分析及び導入
＊関連学科や特性化高校における出版人を育成する体系の整備
＊人材育成プログラムの多様性の確保と持続的な管理監督、果敢な予算
＊４年制大学に出版専攻学科を設置－大学院課程で出版人材再教育－出版専門大学院設立など公教育の強化
＊優秀な出版人材が流入するように、広報活動の強化と遠距離受講生のためにオンライン出版教育プログラムを開発
＊出版業従事者のグローバルマインド構築のために、政府レベルの韓国内外研修プログラムの定例化
＊ソウルブック・インスティテュート(SBI)は、もっぱら韓国出版人会議の会員出版社向けの教育をしているので、この組織とは無縁の出版社や出版人は出版教育を受けられない。非会員であっても出版教育が受講できるように窓口の開放が必要
＊講義に相応しい講師を公開採用する道を考えてほしいとの意見もあり
＊出版専攻教授及び講師(出版産業専

門家）を十分に確保して出版環境の変化に見合う高度のカリキュラムを開設

民間の出版教育機関、振興院出版アカデミーなどとの協力関係をベースに、機関別ミッションを設定し、役割分担をしながら出版人材育成事業の効率化を図る必要がある。

少なくとも年1回以上の協議会を実施することで、各機関の差別化及び機関別の教育効果の向上を図らねばならない。出版教育プログラムの公募を通じて、選定・支援する方式や、教育後の結果に対する評価も重要である。またオン/オフラインチャネルによる多角化された教育と出版経営者向けの教育課程が必要である。

なによりも出版人材を継続的に育成する常設教育機関として、公的教育機関の設立が求められる。

⑶海外の大学における出版学専攻の運営事例と特徴

◇大学院大学水準で作成するプログラムへの要請事項

＊出版の海外輸出のための企画及び広報とマーケティング、出版哲学、出版マーケティング、出版心理学、出版メディア

＊出版コンテンツの分野別生産生態系の理解、出版コンテンツ分野別消費生態系の理解

＊出版市場のターゲットの変化や推移分析などのプログラムと1対1のメンタリング制度

＊グローバルトレンド、最新経営技法、会計と税金、投資と投資誘致の方法など他分野の経営成功事例についての教育と、それを出版界に応用するため出版MBA

＊出版最高経営者の革新力量を分析し、経営者の後継世代を指導育成し、相互協力的なネットワークを構築する出版CEO講座の開設

＊新しい出版ビジネスモデル、本の発見とデジタルマーケティング、マルチチャネル出版が可能な出版工程の革新（XML Publishing）など多様なプログラムの提示

◇海外の出版教育が与える示唆点

＊出版関連教育は、主に国の教育機関が担当している。短期課程のような場合にも教育機関で主管して運営する。

＊出版初心者からマーケター・編集者・経営陣などのための様々な段階別プログラムに取り組んでいるが、各段階と分野別に人材を育成していく。教育を受ける人材が本人の経験や実務経歴を活かして次の段階の人材を育成する。

＊産学の出版関連専門家で諮問グループを構成し、短期・中期・長期の出版関連教育プログラム及び方向を提示する諮問協議会を組織運営する。

＊出版専門諮問グループを各国の出版関連教育機関に短期派遣し、調査・研究をする。これを受けて韓国に適合する出

版プログラムを開発し、各国の出版教育機関との交流を試みる。

①出版初心者、マーケッター、編集者、経営陣など各分野の人々と、段階別教育プログラムを開発し専門家育成に努める。

②現在の出版教育機関は、政府支援などの理由で在職者中心の教育になっている。そのためすでに創業し、創業を希望する人材に対する短期・中期課程のプログラムの開発が必要とされる。

③電子出版と関連した教育も、従来型の出版社在職者を対象とするものではなく、電子出版専門の新規人材育成プログラムが必要である。
現在は出版社の在職者が単純に既に出版されたものを電子書籍化するための教育になっている。
そこで、各種形態のデジタル出版のための様々な教育プログラムの開発が必要とされる。

④出版実務についての教育も行われているが、さらに重点的に教育したい部分は、出版の未来に対するビジョン獲得のための課程である。未来のコンテンツ・アイデア企画・PR・ブランド形成・使用者の経験・Google分析・セルフパブリッシング・デジタルメディア・ソーシャルメディア戦略・グローバル市場の理解など、出版をめぐる傾向について多様な分析や教育が進行している。

さらに本の誕生、メタデータに関する内容から、経営学原論・メディア経営論・財政論・会計論・組織論・関連法律・マーケティング及び流通・文学論・展示論・疎通論・産業論など基本理論についての教育も大切にしている。

◇韓国の出版学の位相を定立するためのプラン

政府は多様な見せかけの政策支援策よりは、出版の未来を構築するための足がかりとなる「出版大学院大学」設立のために尽力してほしい。急速に変化している出版環境とコンテンツ事業を考えると、現場で懸命に働く人材と理論や知識を伝達する教授陣が一緒に考え学ぶ、活気ある教育の必要性が高まっている。

出版専攻教授及び講師(出版産業専門家)を十分に確保し、出版環境の変化に合った高い水準のカリキュラムの企画が望まれる。

また公教育が果たす出版教育のあり方についての認識を高めることが必要である。

出版企画に関する教育も重要であり、社会を導いていく出版の文化的・産業的意味と役割についての教育が必要とされる。なによりも出版の流れと今後のビジョンを提示し、出版教育を統合的に運営し創意性を発揮させる教育が不可欠である。

４次産業革命の環境のもと、出版の未来は次の３つの形態に分類されることになる(コン・ビョンフン、2017)。

第１に大勢の出版関係者の多様なジ

ャンルのコンテンツが出版される。出版VAN(付加価値ネットワーク)の主要要因から、創作と生産の様々な主体が出版VANに参加し、多彩なコンテンツジャンルを創作・生産する体系がさらに拡大されるだろう。

第2に“紙の書籍”の出版社からVANの拠点として、出版社の進化が予想される。なぜなら、様々な主体のコンテンツ出版というトレンドが出版社の協業者であり、豊富なコンテンツ開発資源に活用できるからだ。

第3に産業革命技術に最適化されたコンテンツ出版へ進化するとみられる。

第4次産業革命の中核技術やコンテンツの主要要因、紙の書籍と関連して現れる現象やトレンドは、拡張現実の紙の書籍や、オンデマンド基盤のPOD、仮想現実やNスクリーンに対応するEPUB電子書籍を企画・開発・流通する活用が功を奏すだろう。特にコンテンツと関連した主要要因と集中すべきキーワードは「融合」といえる。このために技術的な要因とともに創意的・融合的思考力を持つ人材が要求される。

出版と関連した専門知識と事業モデルを研究できる出版大学院大学設立、出版課程がある特殊大学院に出版最高位課程の開設、オンライン教育システムが構築された大学と協力してオンライン出版講義の開設を要求している。

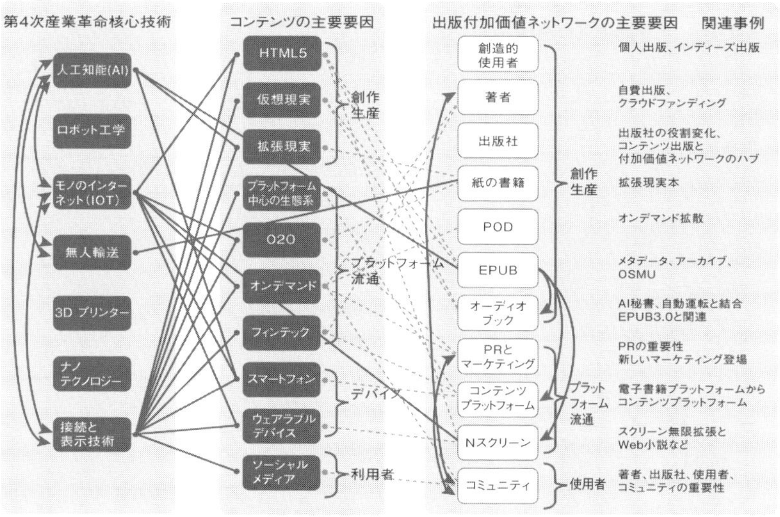

図9-3 第4次産業革命と未来出版の変化

出所：コン・ビョンフン「第4次産業革命と出版の未来モデル研究：技術革新環境の出版モデルと適応戦略を中心に」『韓国出版学研究　通巻80号』2017

資料 5

出版物違法複製の現況

韓国著作権保護院が調査・発表した「2019著作権保護年次報告書(2018年基準違法複製物流通実態調査)」によれば、直近5年間(2014～2018年基準)の分析結果は、次のとおりである。

(1) 違法複製の市場規模

2018年の出版違法複製の流通量は約6099万点で、前年(6147万点)対比で0.8%減少し、違法複製物流通量に複製物単価を乗じて算出した市場規模は、約1602億ウォンであり、前年(1410億ウォン)対比13.6%の増加だった(**表9-4**)。

(2) ジャンル別違法複製の規模

ジャンル別にみると、2018年の違法

表 9-4 出版物の違法複製の逸失規模 (2014 ～ 18)

年度	流通量〔千点〕	増減〔%〕	金額〔百万ウォン〕	増減〔%〕
2014年	112,586	ー	114,496	ー
2015年	81,443	-27.7	141,795	23.8
2016年	57,555	-29.3	172,625	21.7
2017年	61,473	6.8	141,020	-18.3
2018年	60,993	-0.8	160,153	13.6
5年平均	74,810	ー	146,018	ー

出所：韓国著作権保護院、「2019 著作権保護年次報告書」、293 項 .

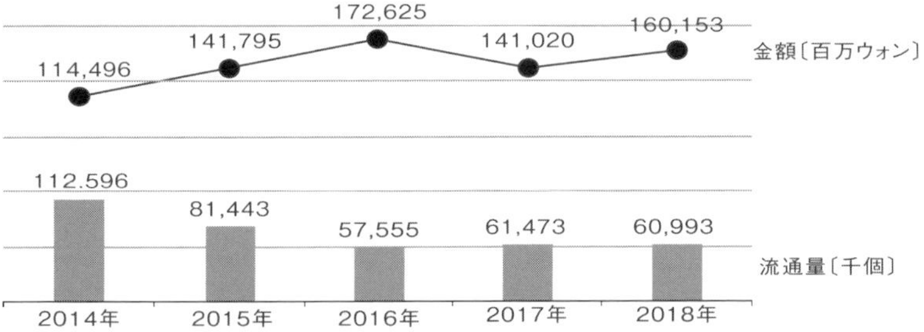

図 9-4 出版物違法複製の逸失規模 (2014 ～ 18)

出所：韓国著作権保護院「2019 著作権保護年次報告書」293 頁

複製物のうち「漫画」が2,567万点でもっとも多く、続いて「小説・エッセイ」1,501万点、「学習教材(参考書)」1,196万点、「学術書籍」435万点の順だった。

一方「大学外コピー機(コピー店)」を通じる違法コピーは、401万点であることが明らかになった(**表9-5**)。

これを金額に換算すると約1,602億ウォンを違法複製物消費に支出していることになる。

「学術書籍」の違法複製が816億ウォンで全体の50.9%を占め、「大学外コピー機での違法複製」が401億ウォンと全体の25.1%に相当している。

(3)合法著作物の逸失規模

2018年基準で、違法複製物の市場規模は約1,602億ウォンで、このような違法複製物によって侵害される合法著作物の市場規模は約4,844億ウォンと推定される。

2018年の合法著作物の市場規模は、約6兆1,286億ウォンで、同年の出版分野合法著作物市場の逸失率(潜在的合法著作物の市場全体に占める合法著作物の割合)は7.9%だった。

これは2016年の合法著作物市場の逸失率(9.1%)と比較すると、約2.1%ポイント低い数値であり、2014年の6.8%と比べると1.1%ポイント高まっている(**表9-6**)。

表 9-5　違法複製物の流通量及び金額（2018）

区分		合計	小説エッセイ	漫画	学習教材	学術書籍	大学外コピー機
全体	流通量〔千点〕	60,993	15,006	25,668	11,955	4,350	4,014
	金額〔百万ウォン〕	160,153	117	32	38,276	81,588	40,138
オンライン	流通量〔千点〕	48,039	15,006	25,668	7,365	—	—
	金額〔百万ウォン〕	208	117	32	56	—	—
オフライン	流通量〔千点〕	12,954	—	—	4,591	4,350	4,014
	金額〔百万ウォン〕	159,945	—	—	38,220	81,588	40,138

出所：韓国著作権保護院「2019 著作権保護年次報告書」295 ～ 296 頁　再構成

表 9-6　違法複製物による合法著作物市場の侵害規模と侵害率

	違法複製物市場規模		合法著作物市場規模(A)		合法著作物の逸失規模(B)		逸失分を加えた合法的著作物市場の規模(C=A+B)		逸失率(B/C)	
	金額〔億ウォン〕	増減率〔%〕	金額〔億ウォン〕	増減率〔%〕	金額〔億ウォン〕	増減率〔%〕	金額〔億ウォン〕	増減率〔%〕	逸失率〔%〕	増減〔%〕
2014年	1,145	55.5	56,868	17.1	4,162	29.6	61,030	17.9	6.8%	0.6
2015年	1,418	23.8	56,171	-1.2	4,504	8.2	60,675	-0.6	7.4%	0.6
2016年	1,726	21.7	56,330	0.3	4,313	-4.2	60,643	-0.1	7.1%	-0.3
2017年	1,410	-18.3	56,476	0.3	5,598	29.8	62,074	2.4	9.0%	1.9
2018年	1,602	13.6	56,442	-0.1	4,844	-13.5	61,286	-1.4	7.9%	-2.1

出所：韓国著作権保護院「2019 著作権保護年次報告書」295 ～ 296 頁　再構成

資料６

出版労働の実態と出版労働組合

(1)「出版産業実態調査」にみる労働実態

出版労働について語る前に、「2018出版産業実態調査」[*2]で確かめてみると、従事者５人未満の企業が72.8％（１～２人が54.3％、３～４人が18.5％）を占め、50人以上の企業は2.5％と極めて少なく、経営構造の零細性が如実に現れている。

調査対象3,473社のうち2,527社が従事者１～４人だった。また従事者数を前年対比でみると、「変化なし」が89.5％で大部分を占め、「減少」は6.3％、「増加」は3.9％だった。

2017年内に従業員の新規採用は全体の27.8％で、合計1010人を採用して、内訳をみると、「経験者」が「新人」より遥かに多かった。

2017年の実態調査ではあるが、従事者数はほとんど変わらず、新人が出版産業に入るよりも経験者が同業の職場へ転職するケースが多く、それがこの職種の特徴となっている。

また出版産業は、女性が全体の勤労人口の半分以上を占めていて、女性には優しい勤務環境ではなさそうだ。加えて労働組合の組織率が低く、労働者は小規模企業の中で分断化された労働環境で働いている。

「勤労基準法」は、「常時５名以上の労働者を使用する事業所または事業者に適用される」と規定している。同時に、常時４名以下の労働者を使う事業または事業所に対し、一部の規定を適用するとも定めている。

最近は、事業上のリスクと労務負担を軽減するために、別途に５人未満の子会社や系列会社を設立し管理する大型出版社が増えている。

このような子会社は、期待した業績を上げれば生き残ることができるが、そうでなければ「整理対象」になる。

本社の経営者と「雇われ社長」である子会社代表にとってはリスクを減らす戦略であるが、労働者の立場からすると危険負担と劣悪な労働条件に耐えねばならない。このような分社化経営

＊2　調査母集団の現況は、「出版」が3,473社、「出版流通」が2,126社、「電子書籍」が955社で、合計6,554社だった。

戦略は、出版界でだけで広がっている問題ではない*3。

(2) 出版労働組合の現況

出版労働組合協議会は、全国言論労働組合の職種別協議会の一つである。

メンバーは、「コレガグレッソ出版社分会」、「トルベゲ出版社分会」、「ポリ出版社分会」、「四季節出版社分会」、「ソウル京畿地域出版支部」、「ハンギョレ出版分会」など7つの支部/分会の協議体である。

ソウル京畿地域出版支部は、出版社内の支部・分会とは異なり、ソウルと京畿道地域を基盤とする事業所で労働組合の無い労働者や、フリーランスとして働く労働者の組織化を目標とする。

しかし離職が頻繁な職種特性のため組織化は困難で、出版労働者が自ら連帯し、権益を守らねばならないという切迫した状況の中で活動している。

現在、使用者団体には「大韓出版文化協会」と「韓国出版人会議」の2つがあるが、統合を検討している状態で、この両者が使用者中心の出版政策を主導している。

出版産業は他の多くの文化産業と同じく、労働環境の不安定、違法的な労働慣行が横行しているため、やむなく離職したり、他の職種へ転職していく者も少なくない。出版産業の特性上、多くの事業所は小規模の運営で、校正校閲・デザインなどの業務については外注処理する場合も多い。

数年前までは、勤労契約書を作成せず、メーデー当日も当然のように出勤し、年俸に退職金が含まれる、いわゆる「13分の1契約」などの弊害が当たり前のように認められたりしていた。また、ありとあらゆる理解不能の事由で、労働者を不当に解雇する事例も無数に蔓延しているのが現実だった*4。

こうした状況にもかかわらず、全般的に低い労働組合組織率と分断化された労働環境などのために、出版業に従事する女性労働者の声は公的に明るみに出る機会は少なかった。

しかしながら、「2018出版産業女性労働実態調査」を要約した「隠れた労働事例」は、出版産業に従事する女性労働者の労働環境や生活環境に関する広範囲な基礎調査実施し、女性労働者が置かれている労働条件を具体的に調べ、未組織労働者の要求を把握して、労働生活と日常生活がどのような関係にあるかに焦点を当てた。

(3) 全国出版労働組合連盟

全国出版労働組合連盟は、1963年6月3日に設立された団体で、出版・印刷業分野に従事する産業別労働組合の連合組織である。

＊3　韓国労働安全保健研究所「出版産業内の隠れた労働凡例：2018出版産業女性労働実態調査」2019.9(https://kilsh.tistory.com/1697)

＊4　韓国労働社会研究所「幸せな労働が良い本を作る！」言論労働組合出版労働組合協議会の話、2019.1.31(http://www.klsi.org/node/8889)

1961年の「５.16軍事クーデター」(当時、少将だった朴正熙が中心になって起こした軍事クーデター、後に大統領になる)以後、韓国労働組合総連盟が全国連合労働組合に組織化を依頼して支部が結成された国定教科書労働組合を基盤に、東亜出版社など12の事業所を中心に、1963年に全国出版労働組合として出帆した。

1980年の「労働法」改定によって産業別連盟として再編され今日に至っている。

組合員総数の76.2%がソウルに集中しており、従来は企業別労働組合だけに加盟を認めていたが、1988年に規約を改定し地域別・職種別労働組合の加入も可能となった。

しかし言論機関労働組合については加盟対象から除外している。

⑷民主出版労働組合協議会

民主出版労働組合協議会の結成は、電子時報労働組合の解雇撤回闘争の際に、日曜新聞労組、女苑労組、熊津出版社労組、時事英語社労組、創人社労組、三省堂労組の７つの出版労働組合の代表が、1987年12月23日に共同声明を発表したことからスタートした。

続いて1987年12月26日、籠城中の電子時報労組に５つの労働組合の約30名が支持の座り込み闘争を展開し、1988年１月８日の『韓国日報』に、10の労働組合名義で「鹿を誰が殺したか」という女苑社の労働組合弾圧に対する抗議の意見広告を掲載した。

１月７日から９日までは、三省堂労組の不当配転に抗議する平和民主党本部での二次籠城に参加し、１月13日、電子時報労組が24日間の徹夜籠城の末、解雇撤回を勝ち取る成果を獲得した。

こうした闘争の結果、１月19日に10の出版労働組合の組合員約300名を集結し「出版労組弾圧の共同対処実践大会」を開催した。

次いで民主出版言論労働協議会の組織化が提案された。こうした動きに押され、１月27日に労組委員長らが再度集まり、協議会構成のための具体的なプランを議論し、２月11日には再びこの集会で議長と総務を選出することを決め、「民主労協(民主出版労働組合協議会)」がスタートした。

(参考：「全国労働組合協議会白書」)。

資料7

参考文献

＊姜煕一『韓国出版の理解』、センガゲナム、2007
国家法令情報センター(http://www.law.go.kr/main.html)
＊キム・ジンドゥ「韓流と出版著作権輸出方案の研究」、『東西言論』9号、2005
＊黎満強/パク・ジュウン訳『参加感』、ワイズベリー、2015
文化体育観光部(https://www.mcst.go.kr/)
＊朴錫煥“数字で見る2018漫画、ウェブトゥーン産業界のイシュー”「2018年漫画、Webトゥーン決算」、デジタル漫画奎章閣、2019
＊パク・ジュフン『出版マーケティング戦略ガイド』、韓国出版マーケティング研究所、2018
＊パク・チャンス「出版コンテンツ海外進出のための支援政策研究」、韓国外国語大学校博士学位論文、2017
＊白源根「出版産業」人文コンテンツ学会編『文化コンテンツ入門』、ソウル：ブックコリア、2006
＊シン・ミョンファン「デジタルメディアを活用した読書活動の現況と特性に対する研究」『韓　国出版学研究』第42巻第2号通巻第74号、韓国出版学会、2016
アグレアブル読書会(agreablebook.com)
＊李建雄『第4次産業革命時代のコンテンツとK出版の未来』、ストーリーハウス、2019
＊李建雄、コ・ミンジョン「独立出版の概念と事例研究」『韓国出版学研究』第44巻第3号、韓国出版学会、2018
＊李建雄、パン・ミヨン「読書環境の変化と読書振興方案研究」『韓国出版学研究』通巻92巻46巻(1号)、韓国出版学会、2020
＊李建雄、チェ・スンホ(2020).『トランスメディア時代の文化産業と文化商品』、ブックコリア、2020
＊イ・グヨン「‘出版韓流’の診断と対応方案」、2013ソウル国際図書展出版専門セミナー発表論文、2013
＊イ・ギソン、コ・ギョンテ『出版概論』、ソウルエム、2004
＊イ・ミジョン、キム・ギス「複合文化空間としての日本蔦屋書店に関する研究」『韓国生態環境建築学会学術発表大会論文集』18(1)、韓国生態環境建築学会、2018
＊イ・ソンミンほか(2018)、『出版の未来ビジョン2030』、全州：韓国出版文化産業振興院、2018
＊李是雨ほか『ひとり出版社創業実務ノート』、トゥデイブックス、2013
＊イ・ヨンフン「図書館の空間変化の現在と新たな課題」『企画会議』436号、2017

* 『出版文化生態系と書籍文化拡散』、リーディングフォーコリア、2018
* イ・ウンハ「海外主要国の読書実態及び読書文化振興政策事例研究」、文化体育観光部、2015
* イ・ジュンホ“スマート時代の出版物制作先進化方案”「スマート時代、出版を語る」、ソウル：韓国出版文化産業振興院
* チャン・ウンス“マーケティング4.0時代の出版”、2017.2.26.(https://bookedit.tistory.com/577)
* チョン・ジュンギ“雑誌市場の変化：個性あふれる雑誌のみ生き残る”「韓国日報」、2019年２月20日
* チョ・カプチュン「2019年印刷産業を取り囲む環境の変化」『プリンティングコリア』通巻199号、2019年１月号
* チェ・ヨンイム「ウェブ基盤読書戦略模型研究」『韓国ビブリア学会誌』、2014
* チェ・テヒョク『ライフスタイルを売る書店　蔦屋』、セムト社、2016
* 統計庁(https://kosis.kr/)
* トレバリ (https://trevari.co.kr/)
* フィリップ・コトラー/イ・ジンウォン訳『コトラーのマーケティング4.0 スマートフォン時代の究極法則』、キルポッ、2017
* 韓国出版研究所編著『出版事典』、ソウル：韓国出版研究所、2002
* 韓珠利「出版の再概念化研究：出版の概念拡張を中心にして」、2019
* 韓珠利、金貞明、ク・モニカ、朴益淳、李建雄『本は冊ではない: 21世紀出版キーワード研究』、ソウル：夢見る権利、2014
* “『応答せよ1988』に登場した本、絶版５年ぶりに再出版”、「中央日報」、2016年 1月18日
* “８年ぶりに再出版『ウォーリーをさがせ!』…１週間でベストセラー１位”、「マネートゥデイ」、2016年4月 28日
* “図書館、文化を抱く：日本武雄市図書館、音楽が流れる書店…カフェのように雑談できる図書館”、「光州日報」、2018年7月9日
* “殺到するラブコール、ペンス全盛時代”、「コンシューマータイムズ(Consumer times)」、2019年12月25日
* “嬉しい‘再出版ラッシュ’”.「文化日報」、2016年 7月 1日
* “ユ・サンスル+ピンクフォン、‘ちびザメ　トゥルルットゥル’トロットバージョンが出た”、「中央日報」2019年12月20日
* “忘れないで、消えても復活する”、「The PR」、2016年4月22日
* “『ゾンビ高校』人気実感、コミック累積販売100万部突破”、「gamemeca」、2019年 7月18日
* “カフェ・書店・文化センターが一か所に…日本の図書館は‘住民の広場’”、「朝鮮日報」、2019年6月14日
* 「2018年 出版産業実態調査」、韓国出版文化産業振興院、2019
* 「2018年 韓国書店便覧」、韓国書店組合連合会、2018

＊「2018年 韓流白書」、韓国国際交流文化振興院（KOFICE）、2019
＊「2018年 海外出版市場報告書」、韓国出版文化産業振興院、2019
＊「2018年上半期コンテンツ産業動向分析報告書(出版・漫画産業編)」、韓国コンテンツ振興院、2018
＊「2019年 国民図書実態調査」、文化体育観光部、2019
＊「2019年 イシュー報告書」、韓国輸出入銀行/海外経済研究所、2019
＊「2019年 著作権保護年次報告書」、韓国著作権保護院、2019
＊「2019年 出版産業カンファレンス：決算と展望」、韓国出版文化産業振興院、2019
＊「2019年 出版産業実態調査」、韓国出版文化産業振興院、2020
＊「2019年 コンテンツ産業統計調査」、韓国コンテンツ振興院、2019
＊「2019年 読書振興に関する年次報告書」、韓国出版文化産業振興院、2019
＊「2019年 コンテンツ産業統計調査報告書(承認統計)」、韓国コンテンツ振興院、2019
＊「2020年 読書振興に関する年次報告書」、文化体育観光部、2020
＊「2020年 事業説明会」資料集、韓国出版文化産業振興院、2020
＊「2020年 韓国書店便覧」、韓国書店組合連合会、2019
＊「KPIPA 出版産業動向(2019 上半期)」、韓国出版文化産業振興院、2019
＊「KPIPA 出版産業動向(2019 下半期)」、韓国出版文化産業振興院、2020
＊「デジタル時代の出版著作権保護のための法制改善方案研究」、韓国出版文化産業振興院、2019
＊「スマート時代、出版を語る」、韓国出版文化産業振興院、2012
＊「第10次基準韓国標準産業分類実務適用ガイドブック」、統計庁、2019
＊「第3次読書文化振興基本計画」、文化体育観光部、2018.
＊「地域書店現況調査及び振興政策研究」、韓国出版文化産業振興院、2019
＊「出版物の地域書店供給効率性向上方案研究」、韓国出版文化産業振興院、2019
＊「出版産業実態調査」、韓国出版文化産業振興院、2016
＊「出版産業実態調査」、韓国出版文化産業振興院、2017
＊「出版産業実態調査」、韓国出版文化産業振興院、2018
＊「出版産業実態調査」、韓国出版文化産業振興院、2019
＊「出版輸出支援センター設立方案研究」、文化体育観光部、2009
＊「出版流通の手形取引の実態と改善方案研究」、韓国出版文化産業振興院、2018
＊「コンテンツ産業の生態系診断と今後の政策課題」、情報通信政策研究院、2012
＊「コンテンツ産業2018年の決算及び2019年の展望」、韓国コンテンツ振興院、2019
＊「コンテンツ産業統計調査」、利用者用統計報告書、文化体育観光部、2020
＊「コンテンツ産業統計調査」、文化体育観光部、2019
＊『出版雑誌研究』第27巻第1号

＊https://ferret-plus.com/8630
＊https://www.ama.org/the-definition-of-marketing-what-is-marketing/

ソウル通信 1

韓国における日本書籍の翻訳出版事情

本と社会研究所代表　**白源根**

（初出：『文化通信』第 4556 号（2021.3.22）、「ソウル通信」を転載）

2020年に韓国で翻訳出版された外国の書籍は、発行書籍全体の18%にあたる1万2016点だった。

このうち日本の本は5164点で、国や言語圏別の翻訳書比率では最高の占有率(43%)を示した。

第２位のアメリカ(3253点、27%)とは大きな差がある。昨年、韓国語版が出た日本の書籍は、漫画2906点、文学1035点、技術科学297点、社会科学250点、児童書233点の順であり、点数の多い漫画を除けばアメリカの翻訳書の方が多い。次でヨーロッパの3か国(イギリス、ドイツ、フランス)と中国の翻訳書となる。

大韓出版文化協会で集計する納本統計を筆者が分析した結果、過去20年間(2001～2020)韓国で発行された日本の書籍は、総9万17点だった。

漫画が5万1374点(57%)で最も点数が多く、文学1万6193点(18%)、児童書6172点(7%)、社会科学5493点(6%)なども占有率が高かった。

漫画は2001年に4192点を発行だったが、2020年には2906点まで下落し、20年間で30%も減少した。それに比べると、同じ20年間でも文学は298%増加し(260点→1035点)、他の分野の翻訳書も55%(787点→1223点)増加し、全体的には5千点台の出版点数が維持されている(**図9-6**)。

若い世代が紙の本よりスマホでWeb漫画を楽しむ媒体環境の変化のために漫画の翻訳書は減ったが、一方では他の出版分野の翻訳が総体的に増えたのである。

文芸書は2017年に1534点が翻訳されるほど韓国出版市場での需要が高いのが特徴となっている。

日本文学の力は強い。韓国一の大型書店の教保文庫が2019年に調べた資料によると、2009年から10年間、小説の累積販売部数では東野圭吾が127万部で第１位だった。

あまたの韓国人作家を追い抜いての実績である。教保文庫だけで36万部も売れた『ナミヤ雑貨店の奇蹟』、『仮面山荘殺人事件』などの影響が大きい。２位は村上春樹、3、4位はフランスの作家ベルナール・ヴェルベールとギヨーム・ミュッソだった。

2016年には、ポッドキャスト「浪漫書店」が「我々が愛した日本小説」という特集を組むほどだった。

2007年から2016年までの10年間によく売れた小説は、東野圭吾の『ナミヤ雑貨店の奇蹟』、村上春樹の『1Q84』、奥田英郎の『空中ブランコ』の順で、上位の30点のうち東野圭吾の作品が8点、村上春樹が4点、江國香織が4点だった。

教保文庫の2020年ベストセラー・データをもとに、日本の翻訳書の販売状況を探ってみよう。

文芸書では東野圭吾の『クスノキの番人』、韓国で150万部以上売れた『ナミヤ雑貨店の奇跡1 』と『仮面山荘殺人事件』が粘り強い人気を見せた。薬丸岳の『誓約』、横関大の『ルパンの娘』、さらに太宰治の『人間失格』も入っている。

人文分野では、岸見一郎の『嫌われる勇気』、山口周の『武器になる哲学』、丸山俊一の『欲望の資本主義3』が読者に長く愛された。

科学書では、涌井良幸の『「数学」の公式・定理・決まりごとがまとめてわかる事典』、芸術では、藤井英俊の『マンガキャラデッサン入門』が人気を集めている。

実用書は家庭分野で、はせがわわかの『一人でできる子になるテキトー子育て』、荒井詩万の『今あるもので「あか抜けた」部屋になる。』(韓国版タイトルには「成功保障」と書いている)、中山弘典の『科学でわかるお菓子の「なぜ？」』、技術科学では、齋藤康毅の『ゼロから作るDeep Learning』などが売れた。

また、強いのは健康関連書である。『1日3分見るだけでぐんぐん目がよくなる！ ガボール・アイ』、『骨盤調整ヨガ気持ちいい体になる』、『内臓脂肪がストン！と落ちる食事術』など後に続く。

児童書では廣嶋玲子の『ふしぎ駄菓子屋 銭天堂』と『十年屋』、韓国でも多くのファンを持つヨシタケ シンスケの『ころべばいいのに』、幼児向けでは『おりがみ大全集』、いわい としおの『100かいだてのいえ』シリーズ、超長期ロングセラーとなった多田ヒロシの『リンゴがドスーン』が人気の的だった。

マンガは言うまでもなく、ベストセラー30位圏内の半分以上を日本の漫画に占拠されている。『ワンピース』、『名探偵コナン』、『ワンパンマン』、『鬼滅の刃』、『進撃の巨人』などが強い。

韓国で翻訳書の数は減り続けているものの、日本の書籍はまだまだ元気のようだ。

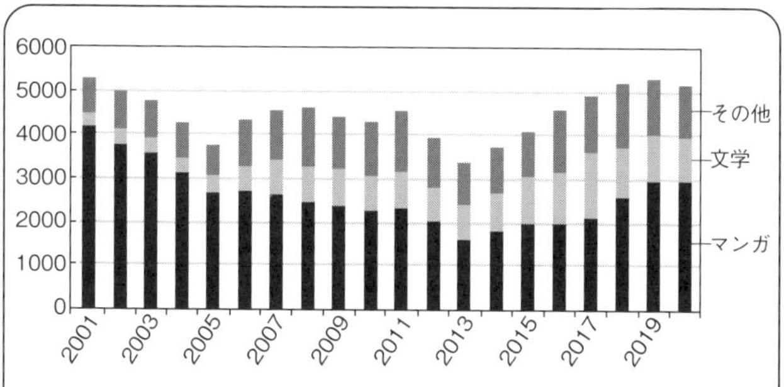

図 9-6 韓国出版発行点数に占める分野別の比率

表 9-8　日本書籍の韓国語翻訳出版状況（2001 ～ 20）〈単位：点〉

年度	総記	哲学	宗教	社会科学	純粋科学	技術科学
2001年	2	27	32	169	27	108
2002年	3	23	16	209	49	123
2003年	0	24	24	214	40	149
2004年	6	41	25	315	23	119
2005年	3	29	16	259	23	120
2006年	8	40	17	303	24	157
2007年	16	75	16	342	38	185
2008年	27	44	17	370	39	188
2009年	13	45	21	341	39	191
2010年	20	79	23	301	41	194
2011年	31	88	20	248	49	267
2012年	18	78	20	225	25	267
2013年	22	80	23	238	26	266
2014年	35	63	20	245	29	262
2015年	44	77	17	251	31	267
2016年	64	61	28	381	42	340
2017年	66	102	27	317	38	272
2018年	66	168	22	262	71	315
2019年	60	140	18	253	63	300
2020年	60	136	15	250	61	297
累計〔点〕	564	1,420	417	5,493	778	4,387
構成比〔%〕	0.6	1.6	0.5	6.1	0.9	4.9

資料：大韓出版文化協会

芸術	語学	文学	歴史	児童	漫画	学参	計
23	72	260	18	308	4,192	1	5,239
31	56	345	54	347	3,727	0	4,983
43	71	372	38	239	3,556	0	4,770
28	36	364	47	170	3,081	2	4,257
28	41	423	35	157	2,618	0	3,752
43	32	581	48	402	2,668	1	4,324
88	108	780	61	243	2,602	1	4,555
85	39	837	54	480	2,404	8	4,592
74	21	886	43	386	2,343	0	4,403
102	37	832	44	374	2,235	0	4,282
91	18	863	39	560	2,278	0	4,552
99	16	781	54	362	2,003	0	3,948
80	15	812	44	211	1,551	0	3,368
96	11	883	48	271	1,762	0	3,725
99	9	1,109	34	205	1,945	0	4,088
118	17	1,199	69	318	1,939	2	4,578
100	16	1,534	52	300	2,080	1	4,905
118	29	1,201	67	365	2,545	0	5,229
108	16	1,096	66	241	2,939	3	5,303
98	11	1,035	59	233	2,906	3	5,164
1,552	671	16,193	974	6,172	51,374	22	90,017
1.7	0.7	18.0	1.1	6.8	57.1	0.0	100.0%

ソウル通信2

ベストセラーを左右するユーチューブの力

（初出：『文化通信』第4591号（2021.10.26）、「ソウル通信」を転載）

韓国では2008年からサービスが始まったグーグルの動画共有サイト、ユーチューブ。ユーチューブの影響力によってベストセラー上位リストが変わる出版市場の事情を紹介したい。

政府機構の放送通信委員会で調べた「2020年放送媒体利用行動調査」によると、韓国人が普段視聴するオンライン動画提供サービス（OTT）の中で、ユーチューブの利用率は62.3％である。

世代別に見ると10～20代が86％で最も高くて、年齢が高いほど利用率は下がって、60代36.9％、70代以上は10.6％である。

多媒体環境の中で非常に多い人がユーチューブと接していることがわかる。自らユーチューバーとして活動して受益を創出するユーチューブ・チャンネルは、2020年末の時点で9万7934個であった。時間が経ったので、ユーチューブで儲かる人が既に10万人台を突破したことになる。

出版市場に関わるユーチューブ・チャンネルとしては、141万人を超える登録者（購読者）数を誇る「キム・ミキョン・テレビ（MKTV）」が有名で、ここで本を有料で紹介してもらうためには一回で100万円程度を支払わなければならない。

こんなに本を紹介する値段が高いのに「予約を取ることさえ難しい」と嘆く出版関係者も少なくない。

それほど本の販売においてユーチューブのパワーが大きいことを表している。キム・ミキョン氏は、2017年「21世紀ブックス」出版社で出した新刊『母の自尊感勉強』の紹介映像（出版社のユーチューブ・チャンネル）「1千回すまなくても私は母です」が65万回も視聴されて出版界で話題になったことえ知られる。

有名ユーチューバーの紹介で本がよく売れる現象と共に、有名ユーチューバーが自分の本を出版してベストセラーとなるように仕掛けるのも珍しくはない。

『人生は実戦だ』、『日差しは輝いて、人生は大切ですから』、『ラッキー』など、事例は多い。コメディ・クリエイターを標榜して224万人の登録者を持つユーチューバー「ありふれた兄と妹」は、学習漫画「ありふれた兄と妹」シリーズをベストセラーに押し上げるのにも役立った。8巻まで刊行されたこのシリーズは、すべてがベストセラーリストに入ったようだ。

出版界では、ユーチューバーが書いたり紹介する本を買ってくれるのは、ユーチューブ・チャンネル登録者の1～5%程度だと推測する。

だからこそ、本が売れない時代に、出版社の編集者は、少しでも人気のあるユーチューバーに本を書かせるのに必死になる。

もはやユーチューバーセラーとも言うべき出版市場に変わったのだ。ユーチューブでも、何チューブでも、本が売れるのであればよいかもしれないが、ユーチューブを上手く使える人や出版社と、そうでない場合との格差が益々広がるのは決して望ましいことではない。だが、現実は望みとは違う。

少しでも規模のある出版社では、新刊が出るとマスコミと同時に有名ユーチューバーやブロガーたちに本と報道資料を送るのが当然なことになった。数年前からは、新刊の分野や特性に合うユーチューブ・チャンネルに本の紹介を依頼する場合が増えている。

一部の出版社では、自社の公式ユーチューブ・チャンネルを作って、結構本格的に運営しているところもある。

文学、人文社会科学分野に強い出版社「チャンビ(創批)」では、2018年から動画をユーチューブに投稿している。新刊を発行した著者が映像に出演して本の内容を紹介したり、伝えたい話をするケースが多い。時には新刊発表の記者会見の映像を編集して使う場合もある。

今や人気作家になったパク・サンヨンは、2019年に『大都市の愛し方』を紹介する出版社の動画で、作品に登場する場所を訪ねて説明したり、カレー料理を披露して親しいイメージを広めようと努めた。確かにユーチューブは、著者の魅力を伝えるのに最適なメディアなのかもしれない。

文学分野の大手版元である「文学トンネ」では2013年から始めた公式チャンネル以外に、2019年からは「出勤した文ドン氏」チャンネルも用意して、本や出版社の情報を絶えず送り続けている。

文学出版社の「民音社」のチャンネルでは、若い編集者たちの活躍が注目を浴びている。

最近は、本の紹介やインタビューなどのありふれた方法から脱皮し、著者が好きな音楽を読者に聞かせながらブック・トークショーを開いたり、著者自身が歌ったりする動画もある。放送ニュースのように本を紹介する形式、芸能番組もどきに出版社の裏話をする映像もある。

本を企画する感覚を生かして動画の企画を試みる。本をつくる過程で起きった出来事とか、本を編集した編集者同士のおしゃべりなどが人気を集めている。出版社のユーチューブを見る視聴者は、本が好きな固定ファンが多いので、重版になるケースも増えたという。出版社は、弱体化したメディアと書店に代わって、自己広告を展開する時代を迎えたのだろうか。

ソウル通信 3

脚光を浴びるオーディオブック

（初出：『文化通信』第 4601 号（2021.12.21）、「ソウル通信」を転載）

グローバル市場調査機関のグランドビュー・リサーチ(米国)によると、世界のオーディオブック市場は、2020年の32億ドルから2027年には150億ドルへと、約５倍ほどの成長が予測される。

スマホの利用率や利用時間(一日平均4時間)で世界の先頭を走る韓国でも、立ち遅れていたオーディオブックの成長ぶりは確かなものになっている。

オーディオブックのプラットフォームとしては、「ウィラー」、「ストーリーテル」、「ミルリの書斎」、「リディブックス」が主力である。大手オンライン書店よりは、オーディオブックに特化した企業の方が強い影響力を持つのが特徴の一つとなった。１か月9900ウォンで聞き放題の定期購読サービスも利用者が順調に増えている。

200万人が選択した“韓国１オーディオブック”を標榜するウィラーは、有名俳優を前面に打ち出した大々的なメディア広告で一気にブランド名が知られるようになった。

テキストを自動的に機械音声で読みこなすTTS機能は一切使わない。すべてのコンテンツを専門の声優が完読録音する強みを活かして“聞く楽しみ”を伝える。自社の20個の録音室をフルで稼働させている。

ストーリーテルはスウェーデンが本社のグローバルオーディオブック・ストリーミング企業で、2019年に韓国支社を設立した。2021年11月から『ハリーポッター』シリーズの韓国語版オーディオブックを発売し、毎月一編ずつ公開する形でキラーコンテンツを拡大している。

ミルリの書斎は、急速な業績の好調で、2021年9月に大手通信社のKTグループのジニーミュージックの傘下に入った。

リディブックスは、電子書籍1位の会社として知られているが、TTSオーディオブックも大量に供給している。

オーディオブックを聞く場面はどこなのだろうか。ウィラーが利用者5248名を調べた資料によると、通勤など外部移動の場合が多い、大衆交通の利用時(1位)、運転する時(2位)の利用時間が長かった。とりわけ、小説は69%の移動中に聴取しており、家事や就寝前にも聞く場合が多かった。

読者層は、本を読むことを負担に思う者、もしくは何かをやりながら読書したい人で、30〜40代の働き手の比率が高くなっているなっている。ウィラーは、年間1千点以上のオーディオブックを公開しているが、提供分野は小説から株式投資までと幅広い。300ページぐらいの単行本であれば、声優の朗読時間だけで8時間、編集と背景音楽(BGM)など後続作業に40時間と、1冊の“紙の本”が“音の本”に衣替えするのに平均3週間は要するようだ。

ウィラーが発表した年間決算資料によると、2021年の同社利用者のオーディオブック聴取時間は1330万時間で、前年の514万時間より2.6倍も増えた。累積ダウンロード数も180万件から270万件と1.5倍ほど伸びた。

会員の2021年上半期の月平均再生時間は8時間40分で、2019年上半期の0.9時間に比べて10倍近く伸びている。

利用者が好むジャンルは小説が44%で最も高く、人文15%、経営経済11%、自己開発9%と続く。

年間ベストセラー・トップ20点のうちでは、小説が14点(70%)を占める。やはり聞く読書でも王座は小説のようだ。

単行本を読む形が一般的だった制作の流れにも変化が生じている。シリーズのネット小説や分量の多い大作が続々加わっているのだ。

ウィラーでは、東野圭吾の作品を独占公開するなど、独自のコンテンツ供給に力を入れている。

最近の話題は、韓国で最も有名な大河小説『土地』がオーディオブックとして公開され始めたことである。作家の朴景利(パク・キョンニ)が、1969年から94年まで長期連載した20巻に達する大河歴史小説で、近代化期と日本植民地時代を背景に登場人物も600人に及ぶ。

ランニング・タイムは1巻当たり12時間で、合わせて240時間の大作が予定されているようだ。2021年10月末に1冊目が公開されて、10日間27万回の再生回数を記録するなど反響を呼んだ。16人の声優が600人の役を演じるのだから壮大な挑戦と言える。

また、作家の李文烈(イ・ムニヨル)の空前のヒット作『三国志』(10巻)は、2021年12月27日に公開された。5か月間の作業で、ランニング・タイムは110時間。この作家の全作品65巻がオーディオブックで2022年の秋までには完結される予定になっている。

“読書プラットフォーム”が謳い文句のミルリの書斎は、現在10万点の読書コンテンツを提供しており、2021年11月末基準の会員数は400万人。

12月13日まで会員投票方式で実施した「2021ミルリ読書大賞」の「今年のオーディオブック」には『不便なコンビニ』が選ばれた。9人の声優が出演して、“紙の本”で人気を集めたストーリーを読み上げる。完読率や完読時間を示す読書マーケティングも注目されている。

“紙の本”の読書率と出版市場が減退する中、果たしてオーディオブックが救世主になれるだろうか。

ソウル通信 4

独立系書店でも増えるオンライン販売

（初出：『文化通信』第 4613 号（2022.3.15）、「ソウル通信」を転載）

一般的販売ではオフライン売り場とオンライン販売が当たり前のように共存している。長引くコロナ禍で、この「非対面経済」の傾向がいっそう強まっているようだ。

では、書店業界ではどうだろうか。韓国の場合、オンライン書店の一方的な独り勝ちが続く中で、規模の小さい独立系書店でさえもオンライン販売が増える現象見られる。

独立系書店情報サイト「株式会社ドンネ書店（町の書店）」で 調べた「2021独立書店のショッピングモール・プラットフォーム利用現況」調査(2021.12.30)によると、当該サイトに登録した独立書店のうち18.2%がオンライン販売を実施していたという。主なプラットフォームとしては、国民ポータルサイトのネイバーが個人事業者に提供するオンライン販売サイト「スマートストア」が45.8%で最も利用者が多く、日本にもあるグロバル・ショッピングモール「カフェ24」が14.0%、自社の運営モールが11.2%、「アイムウェーブ」9.3%、グーグルフォームなどの設問応答形注文8.4%、ワードプレス基盤のショッピングモールである「ウーコマース」(1.9%)、その他(9.3%)となっていた。

大型オンライン書店が使用する本格的な電子商取引機能では無くても、小さなショッピングモールを支援する方式のプラットフォームがいろいろと増えてきたので、手軽にオンライン販売が出来る環境になったのだ。

費用負担も少なく済む。むしろ鍵は、技術ではなく常連客のロイヤルティーやオリジナル商品の可否にあるようだ。実際の事例をいくつか探ってみよう。

ソウルにある「本屋思春期」は、児童・青少年文学専門の小さな書店で、作家のトークショーや集まり、展示会などを積極的に行っている。

オンライン販売ではやはり常連からの注文が多い。町の本屋限定版とグッズの販売が好調のようだ。コロナ禍のなか月によっては売上げの過半数をオンライン販売が占めるほど、ネット販売は、いまや欠かせないほどの存在感を発揮しているという。ツールはネイバーの「スマートストア」を使用している。

この本屋を営むユ・ジヒョン氏は「オンライン販売は大事な販売方式」と語り、「一般書籍よりは、作者が自分で出版した独立出版物を専門的に扱う独立出版物書店の方が、オンライン販売に適しており、それの占める比率も高い」とコメントしている。

ソウルの北側にある議政府（ウィジョンブ）市にある「同伴ブックス」は、猫や犬など動物関連の出版物を扱う小さな本屋である。

国内外で出版された動物に関する本を販売するだけではなく、「動物を愛した芸術家」というポスターブックのシリーズを作って販売することもある。四コマ漫画、お勧め書籍の紹介、エッセイなどで編んだ月刊誌「小さな友たち」の発行もしている。

「一日本屋さん」というタイトルで、本屋でボランティア活動をしたい人を募集し、一日5時間務めてもらうプログラムもある。この書店のオンライン販売比率は、まだ売上げの10%弱程度だが、「遠方の読者からの注文では、大変便利だ」と評価していた。

書店のオンライン販売でよく知られているのが、ソウルにある「書店リスボン」だ。元ラジオ番組の放送作家出身のジョン・ヒョンジュ氏が運営する文学中心のキュレーション書店である。

「ちょうど5年前から始めたオンライン販売は、コロナ禍が深刻な状態であった時期には、売り場売上げの2倍の実績をオンラインで上げるほどだった。今はオンライン販売の比率が25%程度にあるので、オンライン販売を増やすよりは、基本であるオフライン店舗での販売を忠実に続けたい心情だ」という。

「書店リスボン」がオンライン販売で成長し、町の本屋としても競争力を持つようになったのは、販売のためのアイデアと仕掛けが新鮮だったこと、加えてオリジナル商品の存在によるものではないかと思われる。

例えば、「お誕生日の本」は同じ誕生日の作家、または人物に関わる本、その日に初版が発行された本をプレゼントする仕組みである。どんな本が入っているかは知らせない。セット販売では、一冊の本とオリジナル・グッズ（鉛筆、ハガキ、コーヒーのドリップパック、本の香水、革のしおり、エコバックなど）を組み合わせる。このようにオリジナル商品を数多く用意しているが、出来ればグッズ単品よりも本を売るための補助的ツールとして使用する。

オリジナル商品の中には「一か月本棚」もある。本好きの読者が一か月間読む本を保管する本棚の意味で、オンラインで注文をもらってから提携先の工房に頼んで制作し、宅配便で送る仕組みである。

一人暮らしをする若者が多い町の特性を生かして毎晩集まって読む会、毎日文章を書く「物書きクラブ」、それを応援する「初文章ノート」の制作・販売もする。秘密の本を毎月一冊送る「定期購読」、読んで良かった文章を分かち合う「文章収集家」など面白いプログラムが後を絶たない。「本を読むことは、人々を自由にする」と語る書店主の言葉が頼もしく響いた。

あとがき

韓国出版学会・出版政策研究会で、本書の発行計画を立てたのは2019年である。出版関連の統計や資料は多くの機関や団体で発表しているが、出版産業の現況と展望を一目で理解できるように解説された“韓国出版産業の概論書（入門書）”の役割を果たせる書籍は見当たらないと判断したからだった。

特にグラフや視覚資料を用いて出版産業の理解に役立つ単行本があったら、出版産業の現場にいる人はもちろん、政策と行政分野の従事者、出版を専攻する学生、出版社や書店の設立を考えている人々、出版に関心を持っている一般人の需要にも応じられる良い資料になるに違いないと思った。

そこでサンプルの役割をしたのが、日本出版学会が2004年と2010年に二度にわたって出版した『白書 出版産業』（発行元：文化通信社）だった。

単行本の発行計画は、出版政策研究会の会員が分担執筆し、中堅出版社のブックコリアから出版の承諾を得て、計画から2年が経過した2021年2月に完成となったが、今回発行された日本語版を手にする喜びを感じることができた。

韓国出版に深い関心を持っている日本の出版関連専門出版社の出版メディアパルの下村昭夫編集長の慧眼で、日本語版発行を決断されたのが、2021年7月末だった。かねてから同氏と交流のあった韓国側の李斗暎先生がメールで送付した『韓国出版学会報（PDF版）』によって、本書の韓国語版の発行のニュースに接した下村編集長は、「日本語版を発行したい」という希望を私たちに伝えてくれた。

その間、本書は韓国出版学会が毎年授与する「韓国出版学会賞の著述・研究部門賞」を受賞（2021.11.13）する栄誉に浴した。受賞の理由は、「巨視的な産業的観点から出版の全般的な流れを貫く書籍」という過大な評価だった。その背景としては、「韓国出版学会の分科研究会で発行した初めての単行本」という点が評価されたと思われる。

この日本語版の発行は「韓国と日本の出版関係者の友情の象徴」であると位置づけられることを強調しておきたい。韓国の執筆者の出版関連書を翻訳出版した実績のある出版メディアパルが、この本を「出版社創立20周年記念出版」として刊行されたこと、韓国の出版活動に制約があった頃から「韓国と日本の出版をつなぐ架け橋」の役割を担ってこられた日本出版学会会員の舘野晳さんが宗実麻美さん・山口裕美子さんとともに翻訳に尽力されたことにも、心からお礼申し上げたい。

2022年5月

韓国出版学会・出版政策研究会　執筆者一同

索 引

■ 韓国出版学会・出版政策研究会　執筆者紹介

◇ 白源根（ベク・ウォングン）：第 1 章担当
本と社会研究所代表。韓国出版研究所の責任研究員、ソウル図書館ネットワーク委員長、京畿道地域書店委員会委員長、韓国出版学会の副会長歴任。現在、文化体育観光部定期刊行物諮問委員、高陽市読書文化振興委員長、出版都市文化財団理事。

◇ 韓珠利（ハン・ジュリ）：第 2 章担当
瑞逸（ソイル）大学校メディア出版学科教授。言論学博士。現在、韓国出版学会理事、韓国電子出版学会副会長。国立中央図書館及びソウル図書館蔵書開発委員、文化体育観光部規制改革委員会委員。

◇ 李建雄（リ・ゴンウン）：第 3 章担当
チャイナメディア代表。グローバルサイバー大学校と建国（ゴングック）大学校非常勤教授。韓国外国語大学校から文化コンテンツ学博士。現在、韓国電子出版学会編集委員長、コンテンツ文化学会長及び出版著作権先進化推進委員会委員。

◇ 金貞明（キム・ジョンミョン）：第 4 章第 1 節・第 2 節担当
新丘（シング）大学校メディアコンテンツ学科非常勤教授。マーケティング博士。現在、韓国出版学会学術理事、出版文化学会副会長、第 3 期ソウル特別市地域書店委員会委員、韓国地域出版連帯理事、『出版ジャーナル』企画編集委員。

◇ 朴燦洙（パク・チャンス）：第 4 章第 3 節・第 4 節及び第 8 章担当
韓国出版文化産業振興院事務処長。文化コンテンツ学博士。世明（セミョン）大学校デジタルコンテンツ創作学科非常勤教授、韓国電子出版学会副会長、人文コンテンツ学会の出版理事、GKL ウリ文学翻訳賞実行委員、韓国出版文化産業振興院／出版流通情報化委員などを歴任。

◇ 李銀浩（イ・ウンホ）：第 5 章担当
教保文庫次長。理学博士。韓国電子出版学会副会長、韓国電子出版協会認証運営委員、韓国出版学会理事。教保文庫が電子書籍事業を開始し 2005 年初にメンバーとして参加し、現在まで電子書籍関連の業務を担当。

◇ 崔俊蘭（チェ・ジュンラン）：第 6 章担当
ギルボツ（道の友）出版社編集部長。文化コンテンツ学博士。韓国外国語大学校文化コンテンツ学科非常勤教授。大学校卒業後は出版社に勤務、以後 20 年余り語学書と多様な単行本を企画・制作を担当。現在も編集者として活動中。

◇ 朴益淳（パク・イクスン）：第 7 章担当
韓国出版著作権研究所長。出版学修士。熊津（ウンジン）シンクビッグ常務理事、大韓出版文化協会事務局長、出版著作権先進化推進委員会委員などを歴任。現在、東国（ドングック）大学校言論情報大学院非常勤教授、韓国著作権委員会・著作権講師。

◎**編者「韓国出版学会・出版政策研究会」**

社団法人 韓国出版学会（第23代会長 盧炳成）は、1969年6月22日、韓国内で最初に“出版学”の旗を掲げて安春根先生ほか7人の出版編集者によって発足した学術団体である。“紙書籍”と“電子書籍”及び雑誌とWebジン、WebトゥーンとWeb小説などWebパブリッシング、新聞とデジタルジャーナリズムなど文字中心のメディアについての研究に取り組んでいる。

学術誌『韓国出版学研究』の発行（年6回刊、通巻100号発行済み）、韓国出版学会賞（1972年から）、定期学術大会（通算40回開催）、出版政策ラウンドテーブル開催、大学院論文発表会、中国新聞出版研究院との「韓・中出版学術会議」の開催（通算20回）、日・韓・中3か国による「国際出版学術会議」開催（2020年に第19回ソウル大会をオンラインで開催）、「南涯・安春根先生記念事業会」運営など多様な出版学術振興関連の活動を展開している。

こうした学会の活動については、30年史の発行に続いて2019年に50年史（『韓国出版学研究50年：韓国出版学会半世紀の軌跡、1969～2019』）を発行した。現在、学会員は約400人である。

本書の執筆・編者を担当した「出版政策研究会」は、韓国出版学会内の分科研究会として、2013年に設立され、2017年から本格的に活動を開始している。現在、白源根分科会長を中心に8人の正会員が、出版政策と関連した発表会（毎月開催）をもち、研究活動に励んでいる。本書の原著にあたる『韓国出版産業の理解』は、2021年2月に刊行され、2021年度の「韓国出版学会賞―著述・研究部門賞」を受賞した。

今回、日本語版発行に伴い、データなどは2021年バージョンに増補・改訂した。

韓国出版産業の現状と変化

2022年6月10日 第1版 第1刷発行

編著者――韓国出版学会・出版政策研究会
訳 者――舘野晳・宗実麻美・山口裕美子
発行所――出版メディアパル 〒272-0812 市川市若宮1-1-1
Tel & Fax : 047-334-7094
e-mail：shimo@murapal.com
URL：http://www.murapal.com/

編集――出版メディアパル カバーデザイン＋本文組版――あむ（荒瀬光治）
CTP印刷・製本――平河工業社

ISBN 978-4-902251-41-8 Printed in Japan